KB059400

결정적 기회를 만드는 힘

결정적 기회를 만드는 힘

수닐 굽타 지음 | 박슬라 옮김

BACK ABLE

열정적 자기 확신으로
강력한 지지를 이끌어내는
7가지 원칙

비즈니스북스

옮긴이 | **박슬라**

연세대 인문학부 졸업. 영문학, 심리학 전공. 현재 인트랜스 소속 전문번역가로 활동 중. 옮긴 책으로는 《한니발 라이징》, 《마인드 세트》, 《미래를 읽는 기술》, 《회사형 인간》, 《스틱!》, 《부자 아빠의 투자 가이드》, 《부자 아빠의 금·은 투자 가이드》, 《인비저블》, 《순간의 힘》 외 다수가 있다.

일러두기

이 책에는 저자가 수년에 걸쳐 배운 것들이 담겨 있다. 몇몇 대화는 최대한 기억을 되살려 재구성한 것이다. 사생활 및 개인 정보 보호를 위해 일부 이름 및 개인적 특성은 변경했다.

결정적 기회를 만드는 힘

1판 1쇄 인쇄 2024년 8월 9일
1판 1쇄 발행 2024년 8월 16일

지은이 | 수닐 굽타
옮긴이 | 박슬라
발행인 | 홍영태
편집인 | 김미란
발행처 | (주)비즈니스북스
등 록 | 제2000-000225호(2000년 2월 28일)
주 소 | 03991 서울시 마포구 월드컵북로6길 3 이노베이스빌딩 7층
전 화 | (02)338-9449
팩 스 | (02)338-6543
대표메일 | bb@businessbooks.co.kr
홈페이지 | http://www.businessbooks.co.kr
블로그 | http://blog.naver.com/biz_books
페이스북 | thebizbooks
ISBN 979-11-6254-384-9 03320

비즈니스북스는 독자 여러분의 소중한 아이디어와 원고 투고를 기다리고 있습니다.
원고가 있으신 분은 ms1@businessbooks.co.kr로 간단한 개요와 취지, 연락처 등을 보내 주세요.

궁금해 하는 방법을 가르쳐 준 어머니께
그리고 믿음을 갖는 방법을 알려 준 리나에게
이 책을 바친다.

시작하지 않으면
달라지는 것도 없다

도망치고 싶지만 이미 늦었다. 잠시 후면 강당 가득 앉아 있는 저 실리콘밸리의 과잉 성취자들 앞에서 프로젝트 취소와 승진 탈락, 파산할 뻔했던 스타트업 등 죄다 성공 가도에서 벗어난 이야기를 들려줘야 한다. 치욕적인 내용이지만 그래도 재미날 것이다. 그럼 나는 왜 지금 와서 발을 빼고 싶은 걸까? 왜냐하면 전부 내 경험담이니까.

몇 주 전 발신자 표시 제한이 된 번호로 전화가 걸려 왔다. 나는 그동안 아무 연락도 없던 투자자 중 한 명이길 간절히 기도하며 전화를 받았다. 하지만 그는 자기가 페일콘FailCon이라는 행사를 주최하는 사람이라고 했다. 문자 그대로 실패담을 공유하는 '실패 콘퍼런스'Failure Conference였다. "아주 재미있어요." 그가 말했다. "벌써 우리 콘퍼런스 기조연설자 후보 명단에 두 번이나 오르셨답니다." 당신한테나 재미있겠지. 나는 웃지 않았다. 오히려 왜소한 인도 남자가 낼 수 있는 최대한의 저음으로 전문 기업가로서의 이미지를 심어 주기 위해 애썼다.

나는 그에게 내 새 창업 아이디어를 설명했다. 라이즈RISE는 휴대전화를 통해 개인과 영양관리사를 연결해 주는 원격의료 서비스였다. 내가 빠트린 건 이 프로젝트가 제대로 진행되지 않고 있다는 것이었다. 함께 일할 직원도 찾을 수 없었고 창업 자금을 조달해 줄 투자자도 없었다. 상대방은 본능적으로 내 절박감을 감지했는지 콘퍼런스 참가자 중에 투자자가 있을지도 모른다고 말했다. 그 말만 있으면 됐다. 나는 바로 기조연설자로 참가하겠다고 했다.

연단에 올라가기 직전, 이제껏 살아오면서 내가 한 선택들에 대해 의문이 들기 시작했다. 대체 어쩌다 이렇게 된 거지?

나는 미시간주의 교외 지역에서 자랐고 거기서 대학을 마친 뒤 디트로이트 시내에 있는 IT 회사에 취직했다. 연봉은 괜찮은 수준이었지만 매일매일이 똑같았다. 일이라고 해봤자 스프레드시트를 작성하고 데이터베이스를 관리하는 게 고작이었다. 단순하고 지루했다. 누군가가 나를 가리키며 "저 친구, 보통내기가 아니야! 저 녀석의 재능을 활용할 방법을 알아보자고."라고 말해 주기만을 기다렸지만 그런 일은 일어나지 않았다. 사무실 파티션의 망망대해 속 수많은 책상 중에 앉아 있던 나는 누군가에게 발견되기만을 기다리고 있었다.

그러다 결국 목표 없이 헤매는 사람들이 선택하는 길로 가게 되었다.

로스쿨에 입학한 것이다. 3학년 때 맨해튼 미드타운에 있는 허세 가득한 회사로부터 일자리 제안을 받았다. 사이닝 보너스signing bonus(인재를 스카우트할 때 연봉 외에 지급하는 일회성 보너스—옮긴이)만으로도 디트로이트에서 받던 월급의 두 배였다. 하지만 왠지 그 제안을 받아들인다면 3년 전과 똑같은, 지루하고 따분한 삶으로 돌아갈 것 같은 불길한 예감이 들었다. 내가 뭘 찾고 있는지는 몰랐지만 이게 아니라는 것만은 알 수 있었다.

결국 제안을 거절하고 실리콘밸리 회사들에 무작정 전화를 돌리기 시작했다. 뭐가 됐든 만들어 내고 창조하는 회사에서 일하고 싶었다. 그렇게 해서 입사한 곳이 파이어폭스 브라우저를 개발한 모질라Mozilla였다. 원래는 법무팀에서 일해야 했지만 문득 정신을 차리고 보니 건물 반대편에 있는 엔지니어와 디자이너들이 모여 있는 사무실에 와 있었다. 동료들 어깨 너머를 훔쳐보며 내가 도울 일은 없는지 물어보고 다녔다. 사소한 거라도 좋았다. 그러다 파이어폭스의 새 제품 기능을 개발 및 출시하는 프로젝트를 이끌 기회를 얻었을 땐 가슴에 불이 활활 타오르는 것 같았다. 엔지니어와 디자이너들과 함께 새로운 뭔가를 창조하는 일을 하게 되었다. 드디어 내 일을 찾은 것이다.

그리고 모질라에서 일하며 배운 덕분에 한 무명 스타트업의 제품개발 제1팀장으로 스카우트될 수 있었다. 이 스타트업은 후에 그루폰Groupon으로 성장했다. 2년도 채 되지 않아 우리는 전 세계에서 1만 명 이상의 직원을 고용했고 1년에 수천만 달러를 벌었다. 심지어 구글,

페이스북, 애플보다 더 빠르게 성장했다.《포브스》Forbes가 표지에 그루폰을 실으며 '역사상 가장 빨리 성장하는 회사'라고 수식할 정도였다. 또한 우리는 구글 이래 미국 인터넷 회사로서는 가장 큰 IPO를 성사시켰다.[1]

그러다 갑자기 모든 게 무너지기 시작했다. 130억에 이르던 그루폰의 시장가치가 1년도 되지 않아 30억 달러 이하로 추락해 자그마치 85퍼센트가 실종됐다.[2] 나를 믿고 고용한 공동 창업자이자 CEO 앤드루 메이슨Andrew Mason은 해고되었고 그 자리는 다른 사람으로 대체되었다.[3]

이제 그루폰을 떠나야 할 때였다. 스타트업에서 수년간 일한 후 나는 너무나도 두렵지만 진정으로 원하는 것이 바로 내 회사를 창업하는 것임을 깨달았다. 충분한 경험을 쌓았고 좋은 아이디어가 있으니 성공할 수 있다고 믿었다. 그러나 내가 꿈꾸는 비전에 다른 사람들을 끌어들여 열정을 발휘하게 하는 일은 어려웠다. 날마다 새로운 창업가들이 투자 자금을 유치했다는 소식을 읽을 때마다 '왜 나는 안 되는 거지?'라는 의문이 들었다. 심지어 아이디어의 땅이라는 실리콘밸리에서조차 디트로이트 사무실에 앉아 있었을 때와 똑같은 좌절감이 들었다. 또다시 나는 누군가 내게 관심을 보여 주기를, 나를 발견해 주기를 기다렸다.

그로부터 1년이 지났다. 지금 나는 페일콘 무대 왼쪽에서 대기하고 있다. 갑자기 휴대전화 진동음이 느껴졌다. 형인 산제이였다. 형은 에미상을 수상한 TV 리포터이자 〈뉴욕타임스〉 선정 베스트셀러 작가이며 심지어 신경외과 의사다. 나는 일평생 아버지에게 자랑스러운 아들이 되기 위해 노력했지만 형은 지금까지 일궈 낸 업적만으로도 인도 대륙 전체의 아버지들을 자랑스럽게 만들고도 남는다. 나는 문자를 보냈다. '나중에 전화할게.' 나는 아주 바빴다. 실패 콘퍼런스의 기조연설을 앞두고 있으니 말이다.

연설은 최대한 빨리 끝마쳤다. 투자자가 숨어 있을지 모를 관객들을 잽싸게 훑어봤지만 뭔가 열심히 적고 있던 기자의 모습은 놓치고 말았다. 그 뒤로 또다시 1년이 지났고 페일콘에 대해서는 까맣게 잊어버렸다. 당시 팀원 몇 명과 함께 라이즈를 꾸려 가고 있었지만 우리의 아이디어는 아직 추진력을 받지 못하고 있었다. 고객을 유치하는 데 애를 먹었고 자금은 빠른 속도로 바닥나고 있었다. 나와 공동 창업자는 회사를 운영하기 위해 더 많은 자금을 조달해야 했고 좋은 제품을 출시하고 믿음직한 파트너십을 맺어야 했다. 빠른 시일 이내에 돈을 마련하지 못하면 스타트업의 꿈은 여기서 끝장날 터였다.

그때 모든 것을 뒤바꿀 사건이 발생했다. 토요일 아침에 나는 아내 리나가 장모님과 전화하는 내용을 들었다. "아뇨, 엄마. 우리 이사 안 가요." 리나가 말했다. "네, 샌프란시스코 물가가 비싼 건 알아요." 내가 방 안에 들어갔을 때 리나는 그날 〈뉴욕타임스〉 신문을 넓게 펼쳐 놓고 있었다. 한 면 전체를 차지한 실패에 관한 기사 제일 꼭대기에 내 얼굴이 실려 있었다. 범죄자들이 찍는 얼굴 사진도 그보다는 더 보기 좋을 것 같았다.

그 기사는 순식간에 바이럴이 되었다. 당시 구글에서 '실패'를 검색하면 가장 먼저 뜨는 결과 중 하나가 내가 등장하는 〈뉴욕타임스〉 기사였을 정도다. 한평생 성공적인 이미지를 쌓으려고 분투했는데 한순간에 실패의 대명사가 되고 말다니. 이메일 편지함에 위로의 메시지가 쏟아져 들어오기 시작했다. 부모님은 전화해서 그달 월세를 대신 내주겠다고 했다. 옛날에 다녔던 로스쿨 교수들이 연락해서는 일자리를 찾게 도와주겠다고 말했다. 수년간 연락도 없던 친구들이 메시지를 보내왔다. '너 괜찮아?'

더 이상 이렇게 살 순 없었다. 진짜 성공을 거둘 때까지 성공한 척하며 사는 것 말이다. 그렇다면 아예 이 새로운 정체성을 활용하는 건 어떨까? 나는 크게 성공한 사람들에게 이메일을 보낼 때 평범한 소개글 대신 〈뉴욕타임스〉 기사로 대화를 트기 시작했다. '아래 첨부한 기사를 보시면 아시겠지만, 전 지금 제가 뭘 하고 있는지도 모릅니다. 저와 가볍게 커피 한잔하며 조언을 들려주시겠습니까?'

놀랍게도 효과가 있었다. 그 기사는 수백 개가 넘는 기회의 문을 열어 주었고 매력적인 사람들과 진솔한 대화를 할 수 있게 해주었다. 유니콘 스타트업의 창업자, 오스카상을 수상한 영화제작자, 요식업계 유명 인사, 국회의원, 레고나 픽사 같은 대기업 임원들 그리고 심지어는 펜타곤의 군 지휘관까지.

이때 나는 인생의 전환점이 될 사실 하나를 알게 되었다. '세상을 변화시키는 사람은 단순히 뛰어난 게 아니라 남들에게서 기회를 얻어 낸다'는 사실 말이다. 이들은 창의성과 설득력의 교차점에 있는 신기한 초

능력을 갖고 있다. 이들이 이야기할 때면 우리는 마음이 움직이는 걸 느낀다. 이들이 아이디어를 제시하면 우리는 기꺼이 행동에 나선다.

당신에게도 왠지 모르게 기회를 주고 싶은 사람이 있을 것이다. 미리 말해 두지만 나는 그런 사람이 아니다. 나는 선천적으로 내향적이고 나이에 비해 우스꽝스러울 만큼 어려 보이며, 지나친 압박을 받으면 소심하게 움츠러드는 경향이 있다. 트위터 창업자인 잭 도시Jack Dorsey와 면접을 봤을 때도 그랬다.

나는 그가 최근에 설립한 회사인 스퀘어Square의 제품개발팀에 취직하기 위해 면접을 봤었다. 당시 나는 수년간 제품개발팀을 이끈 경력이 있었음에도 이상하게 그와 마주 앉자 어떤 질문에도 조리 있게 대답하지 못했다. 심지어 소프트볼과 관련된 질문을 들었을 때마저 그랬다. 나는 겁을 집어먹었고 식은땀을 흘렸으며, 혀가 마비됐는지 한마디도 제대로 하지 못했다. 면접은 30분 정도였는데 나는 도시의 미소 띤 얼굴이 무표정으로 그리고 어리둥절한 표정으로 변해 가는 모습을 지켜보는 수밖에 없었다. 나는 충분한 능력과 자격이 있었음에도 내가 원하는 자리를 얻지 못했다.

누구나 나 같은 경험을 한 번쯤은 해봤을 것이다. 머릿속에 끝내주는 게 들어 있는데 입 밖으로는 이상하게 안 나온다. 꼭 구겨진 지폐를 자동판매기에 집어넣으려고 애쓸 때처럼 말이다. 하지만 구겨진 지폐도 그 가치는 빳빳한 새 지폐와 똑같다. 우리는 모두 다른 사람에게서 기회를 얻어 낼 수 있는 능력이 있다. 그저 나 자신의 고유한 특성을 잃거나 훼손하지 않고 나만의 스타일로 표현하기만 하면 된다.

이 책에는 내 인생과 커리어를 바꾼 7단계의 변화 과정이 담겨 있다. 각 단계를 거치면서 나는 더 이상 수줍어하고 민망해 하는 사람이 아닌 팀 미팅의 능숙한 발표자, 나아가 미셸 오바마와 팀 쿡Tim Cook 같은 거물 앞에서도 자신 있게 아이디어를 설명할 수 있는 사람으로 성장했다. 〈뉴욕타임스〉가 공인한 실패의 대명사에서 뉴욕증권거래소가 선정한 '혁신의 새 얼굴'로 재탄생한 것이다.

나는 수백만 달러의 투자 자금을 유치하기 위해 만난 투자자들로부터 수없이 거절당했다. 백전백패의 신화라고 해도 무방할 정도였다. 그러나 이후 라이즈는 NBC 모닝 쇼 〈투데이〉Today에 소개되고 애플에서 올해의 앱에 선정됐다. 오바마 대통령 시절 백악관은 우리를 비만 퇴치 운동의 협력업체로 선택했으며, IPO를 노리고 있던 원 메디컬One Medical은 라이즈를 원래 시장가치보다 몇 배 더 높은 액수로 인수했다.

이처럼 7단계 변화 과정의 위력을 실감하고 나자 이 비결을 혼자만 알고 있으면 안 되겠다는 생각이 들었다. 세상 모두에게 알려 줘야 했다. 단순히 스타트업 창업자나 기업가뿐 아니라 의사, 뮤지션, 교육자, 패션 디자이너 등 전 세계 모든 사람에게 알려 주고 싶었다. 원하는 갤러리에 작품을 전시하고 싶은 예술가도, 고객이 자신의 조언을 따르도록 만들고 싶은 회계사도, 환자의 진통제 중독 위험을 낮출 새로운 방법을 알고 있는 간호사도 알아야 했다. 지금 나는 이 7단계 변화 과정을 병원과 회사, 자선단체와 영화제작사를 비롯해 하버드 대학생들에게도 가르치고 있다.

나는 세상 사람 모두가 각자 기가 막힌 아이디어를 갖고 있다고 믿는다. 그러나 많은 사람이 그 아이디어를 말했다가 거절당하거나 무시당할까 봐 겁을 낸다. 무관심 속에 버려지거나 무시당하는 게 어떤 기분인지 다들 잘 알 것이다. 비참한 생각이 들고 자기에게는 누군가 관심을 가질 만큼 중요한 게 아무것도 없다는 생각이 든다.

세상에서 빛을 발취하지도 못하고 사라진 천재적 발상은 당신과 당신의 이웃, 세상 누구나 갖고 있다. 이는 우리의 웰빙과 사회, 나아가 인류 전체의 삶에도 엄청난 손해다. 우주왕복선 챌린저호가 발사되던 날, 나사NASA의 엔지니어 밥 이블링Bob Ebeling은 자기 차 운전대를 주먹으로 내리치며 울부짖었다. "전부 다 죽을 거야!"[4] 그 전날 이블링은 고무 재질로 만든 오링이 겨울철 기온 때문에 얼어붙어 제 역할을 하지 못할 것이라고 경고했다. 그는 데이터를 수집하고 회의를 열어 발사 계획을 연기해야 한다고 동료들을 붙잡고 설득했다. 그러나 그의 주장은 받아들여지지 않았다.

챌린저호는 발사된 지 73초 만에 폭발했고 탑승자는 전원 사망했다. 그중에는 우주여행에 선발된 최초의 민간인 교사 크리스타 매콜리프Christa McAuliffe도 있었다.[5] 이블린은 동료들을 설득하지 못했다는 자책감에 평생 시달렸다. 세상을 뜨기 전에 NPR과의 인터뷰에서는 "그일에 날 선택한 건 신이 저지른 잘못 중 하나입니다. 내가 아니라 다른사람을 선택했어야죠."라고 말했다.[6]

빌리 맥팔런드Billy McFarland는 온갖 유명 인사와 정부 기관 그리고 투자자들을 설득해 파이어 페스티벌Fyre Festival이라는 아이디어에 수백만 달러를 갖다 버리게 만든 인물이다. 맥팔런드는 세계 최고의 뮤지션과 멋들어진 백사장, 5성급 숙박 시설을 약속했다. 그러나 섬에 도착한 손님들은 끔찍한 구호용 텐트로 안내되었고 식사로 치즈 샌드위치를 받았다. 심지어 마실 물조차 부족해 깨끗한 물을 찾아다니느라 고생해야 했다. 현재 맥팔런드는 사기죄로 6년을 선고받고 복역 중이다. 전에 이렇다 할 성공을 거둔 적도 없고 별로 유명하지도 않은 사업가가 어떻게 그 많은 인사를 설득해 260만 달러를 모금할 수 있었는지는 아직도 커다란 의문으로 남아 있다.[7]

빌리 맥팔런드의 설득력을 뚝 떼어다 밥 이블링 같은 사람에게 붙여줄 수만 있다면 세상은 훨씬 더 좋은 곳이 될 것이다. 내가 이 책을 쓴 이유도 그것이다. 세상에는 훌륭한 아이디어를 팔 방법을 아는 진정성 있는 사람들이 더 많이 필요하다.

《타임》이 '개척자'라고 부른 다미얀티 힌고라니Damyanti Hingorani라는 여성의 일화는 내가 가장 좋아하는 사례 중 하나다.[8] 힌고라니는 어린 시절 파키스탄과 인도 국경 근처에서 난민 생활을 했다. 수돗물도 전기도 들어오지 않는 집에 살면서 혼자 글을 읽는 법을 배운 그녀가 생애 처음으로 완독한 책은 헨리 포드의 평전이었다. 그녀는 포드의 이야기를 읽고 꿈을 꾸기 시작했다. 누군가는 그런 시기, 그런 곳에 사는 어린 소녀에게는 현실적으로 불가능하다고 비판받을 수도 있는 꿈이었다.

하지만 그녀는 환경에 상관없이 포드 자동차 회사에서 자동차를 만드는 엔지니어가 되고 싶었다.

다행히 부모님은 딸의 꿈을 지지했고 한 푼 두 푼 돈을 모아 딸을 배에 태워 미국으로 보냈다. 그로부터 수년 뒤 힌고라니는 오클라호마 주립대학교를 졸업하자마자 기차를 타고 디트로이트로 갔다. 평생 꿈꿨던 직장에 지원하기 위해서였다. 그러나 때는 1960년대였다. 포드는 한창 전성기로 수천 명의 엔지니어를 고용하고 있었지만 그중 여성은 단 한 명도 없었다. 포드의 채용 담당자는 아주 정중한 중서부 억양으로 힌고라니에게 이렇게 말했다. "미안합니다. 여기서 일하는 여성 엔지니어는 없는데요."[9]

낙담한 힌고라니는 구겨진 이력서를 집어 들고 가방을 쥔 다음 방에서 나가려 했다. 하지만 그 순간 머릿속에 떠오르는 것이 있었다. 바로 여기까지 오는 데 들어간 모든 희생과 시간, 노력이었다. 그녀가 희생한 것, 부모님이 희생한 것 모두가 생각났다. 그녀는 몸을 돌려 채용 담당자의 눈을 똑바로 바라보며 그녀의 이야기를 들려주었다. 한밤중에 석유 등잔 불빛 아래서 T 모델에 관한 이야기를 읽었을 때, 미국행 배를 타기 직전에 마지막이 될 줄 모르고 부모님과 작별 인사를 했을 때, 공대 건물에 여자 화장실이 없어서 자전거로 캠퍼스를 가로질러야 했을 때 등…. 그 모든 것이 바로 여기, 이 방에 서기 위해서였다. 힌고라니는 말했다.

"여기서 일하는 여성 엔지니어가 없다면 '지금' 저를 고용하면 되는 거 아닌가요?"

그날 미시간주 교외 출신의 평범한 중년의 남성 관리자는 인도-파키스탄에서 온 난민 출신의 24세 여성에게 기회를 주기로 했다. 그렇게 1967년 8월 7일, 다미얀티 힌고라니는 포드 최초의 여성 엔지니어가 되었다.[10]

이후 힌고라니는 더 나은 미래를 믿고 개척하는 이민자들의 횃불이 되었다. 그녀는 엔지니어 분야의 고용 관습을 바꾸는 데 앞장섰으며 회사 내에서 유색인종 여성 직원들의 멘토가 되었다. 그녀는 여러 사고의 틀을 변화 시키는데 앞장섰다. 시간이 흘러 35년 후 퇴직할 때는 전 세계 30만 명 이상의 여성들에게 기술 교육을 제공하는 국제 비영리 단체 '코딩하는 소녀들'Girls Who Code 에게 영감을 주었다.[11]

힌고라니는 직장 문화와 이민자 그리고 여성들의 변화를 이끌었다. 나 또한 예외는 아니다. 만일 힌고라니가 그 방에서 채용담당자에게 자신을 고용하도록 설득하지 않았다면, 스스로 기회를 얻는 사람이 되기 위해 노력하지 않았다면 나는 지금 이 책을 쓰고 있지 못할 것이다. 왜냐하면 다미얀티 힌고라니는 바로 내 어머니이기 때문이다.

내가 다른 사람들의 눈에 띄기 위해 발버둥질하고 있을 때, 문자 그대로 '실패' 검색순위 1위를 달리고 있을 때 어머니는 내게 멈추지 말고 계속 나아가라고 격려해 주었다. 성공의 반대말이 실패가 아니라는 것을 알려 준 것도 어머니였다. 성공의 반대말은 실패가 아니라 지루함이다. 남들이 당신의 아이디어를 물어볼 때까지 기다려서는 안 된다. 왜냐하면 그런 날은 절대로 오지 않을 테니까. 성공을 원한다면 넓은 세상으로 나아가 당신이 보는 것을 다른 이들도 볼 수 있도록 만들어야한다. 이 책은 그 방법을 알려 줄 것이다.

CONTENTS

CONTENTS

PART 2

불꽃같은 성공을 이룬 9명과의 밀착 인터뷰

PART 1

결국 기회를 만든
사람들의 비밀

제1단계
나 자신을 먼저 설득하라

1969년 리처드 닉슨 대통령은 베트남전쟁에 들어갈 예산을 확보하기 위해 다른 비용을 마구잡이로 삭감하고 있었다. 예산 삭감 대상 1순위는 바로 공영방송 PBS였다. PBS는 린든 존슨 전 대통령이 주창한 '위대한 사회' 정책의 소산이었지만 닉슨 대통령은 이 방송국이 실용성도 떨어지고 불필요하다고 여겼다. 예산을 삭감하려면 의회의 승인이 필요했으나 형식적인 절차에 불과할 터였다. 상원 통신분과위원회의 위원장인 존 패스토어John Pastore 의원이 전쟁 지지자였기 때문이다.

다만 한 가지 장애물이 있었는데 패스토어 의원이 한 번도 들어 본 적 없는 TV 프로그램을 진행하던 조용하고 온순한 한 남성이었다.[1] 남자가 증언하기 위해 조용히 기다리는 동안 패스토어는 공격성을 감추지도 않았다. "됐습니다. 로저스." 그는 퉁명한 목소리로 말했다. "발언 하시죠."

이 로저스는 바로 〈로저스 씨의 동네〉Mister Rogers' Neighborhood(1971년 부터 2001년까지 PBS에서 방송된 미국의 유명 어린이 교육 프로그램—옮긴이) 의 진행자 프레드 로저스Fred Rogers였다. 그다음에는 어떻게 됐는지 알 것이다. 로저스는 7분짜리 연설로 PBS의 미래를 지켜 냈고 그의 연설 은 이후 수많은 기사와 책 그리고 영상물의 주제가 되었다. 기사는 그 를 '눈길을 사로잡고 설득력이 넘치는' 사람으로 묘사했다. 이후 나온 〈세서미 스트리트〉와 〈코스모스〉 같은 유명한 프로그램도 그의 연설이 없었다면 아마 존재하지 못했을 것이다.

그러나 그날로 돌아가 로저스의 연설을 보면 완전히 다른 인상을 받 을지도 모른다. 그는 불안한 듯 끊임없이 움직이고 종잇장을 부산스럽 게 넘겼다. 목소리는 단조로웠고 손을 많이 움직이지도 않았다. 많은 면에서 그의 연설 방식은 토스트마스터Toastmaster나 데일 카네기가 권 고하는 말하기와는 동떨어져 있었다. 어떻게 그의 연설은 그런 어마어 마한 위력을 발휘할 수 있었던 걸까?

이 책을 쓰기 시작했을 때 나는 기회를 얻는 사람들이 청중의 관심을 끌기 위해 사용하는 특정한 방법을 찾아낼 수 있을 줄만 알았다. 예를 들면 눈 마주침이나 손동작, 말하는 속도를 활용하는 방법 같은 것들 말이다. 그러나 더 깊이 파고들수록 실제로는 그런 게 중요하지 않다는 사실을 알게 되었다.

가장 유명하고 잘 알려진 TED 영상을 하나 골라 보면 당신도 내 말을 이해할 것이다.[2] 켄 로빈슨 경Sir Ken Robinson 같은 경우는 뻬딱한 자세로 서서 한 손을 주머니에 찔러 넣은 채 학교 교육이 어떻게 창의성을 죽이고 있는지 얘기한다. 일론 머스크가 스페이스X의 미래에 관해 얘기하는 걸 보면 그가 '대중 연설 101 수업'에서 낙제했다는[3] 《Inc.》의 헤드라인에 동의할 것이다. 애플의 오리지널 아이폰 공개 행사를 찾아보면 스티브 잡스가 최소한 80번은 "어….."라는 말을 반복하는 걸 볼 수 있다.[4] 그런데도 로빈슨의 영상은 오랫동안 최고 인기 TED 영상의 자리를 지키고 있고 머스크의 40분짜리 프레젠테이션은 200만 조회수를 기록하고 있으며[5] 잡스의 아이폰 공개는 세월이 지난 지금까지 가장 널리 회자되는 신제품 발표 행사다.

사람을 움직이는 건 카리스마가 아니라 확신이다. 기회를 얻는 이들은 자신이 하는 말을 진심으로 믿고 있으며 가장 자연스럽다고 느끼는 방식으로 표현한다. 자신이 하는 말을 진심으로 믿지 않는다면 아무리 화려한 PPT 슬라이드나 손동작도 당신을 구해 주지 못한다. 다른 사람을 설득하고 싶다면 먼저 자기 자신을 설득해야 한다.

라이즈의 자금을 조달하기 위해 뛰어다닐 때 나는 프레젠테이션의 부가 기능에 많은 시간과 공을 들였다. 눈에 띄는 시각 효과를 넣어 화려한 슬라이드를 만들고, 단번에 사람들의 관심을 사로잡을 멋들어진 슬로건도 준비했다. 거울 앞에서 손동작도 열심히 연습했다. 그러나 투자자들 앞에서 하는 프레젠테이션은 독백이 아니다. 끊임없이 문답이

오가고, 투자자 대부분은 하필 난처한 부분을 콕 짚어 묻는 질의에 아주 능숙하다. 처음 15분은 순조로워도 남은 45분간 질문과 답변을 하다 보면 계획대로 되지 않고 점점 무너지게 된다.

이제 나는 그 이유를 안다. 피터 처닌Peter Chernin은 〈히든 피겨스〉, 〈위대한 쇼맨〉, 〈포드 v. 페라리〉 같은 유명 영화를 제작한 전설적인 제작자로 판도라Pandora, 헤드스페이스Headspace, 바스툴 스포츠Barstool Sports 같은 스타트업에 투자했다. 처닌은 어떤 아이디어에 투자해야 할지 결심이 서지 않을 땐 영화제작자나 창업가에게 "이제껏 들은 중에 가장 바보 같은 아이디어요."라고 말한다고 한다. 그런 다음 그가 낙담하고 물러서는지, 아니면 강한 확신을 보여 주는지 기다리는 것이다.

라이즈를 위한 투자 유치 프레젠테이션을 했을 때 그런 일이 벌어졌다면 나는 완전히 쪼그라들었을 것이다. 화려한 슬라이드는 얼마든지 만들 수 있었지만 강한 확신은 없었던 탓이다. 나 자신부터 설득하지 못하면 당연히 다른 사람도 설득할 수 없다. 그렇다면 새로운 아이디어에 확신을 가지려면 어떻게 해야 할까?

스스로 확신하기 위한 숙고의 시간

2010년 2월 15일, 스페인 북부 바스크 지방에 있는 미쉐린 별 두 개 레스토랑 무가리츠에서 화재가 발생했다. 소방차가 다섯 대나 출동하고 소방관들이 두 시간이나 매달렸지만 이미 때는 늦었다.

주방을 비롯해 레스토랑의 가장 중요한 설비가 완전히 무너졌고 이를 복구하려면 수개월은 걸릴 터였다. 그 기간에 아무런 수입도 없을 게 뻔했지만 안도니 아두리스Andoni Aduriz 셰프는 직원들 40명에게 계속 급여를 지급했다.[6] 그는 전 세계 셰프들의 사랑을 받고 있었기에 무가리츠가 영원히 문을 닫을지도 모른다는 소문이 퍼지자 일본에서 베네수엘라에 이르기까지 세계 곳곳의 레스토랑에서 재건축 비용에 도움을 주고 싶다는 연락을 해왔다. 그러나 그는 무가리츠를 다시 연다면 그동안 잃은 것을 메우기 위해서라도 반드시 큰 성공을 거둬야 한다는 사실을 알고 있었다.

아두리스는 직원들을 불러 앞으로 4개월 동안 한시도 헛되이 보내지 않겠다고 선언했다. 그들에게는 레스토랑도, 손님도, 심지어 온전한 주방도 없었다. 남은 것이라곤 그들의 머릿속에 있는 아이디어뿐이었다. 그들은 이 사건을 기회로 아무것도 없었던 초심으로 돌아가고자 했다. 이제껏 배우고 익힌 것을 활용해 전에는 불가능하다고 여겼던 다양한 콘셉트를 구현할 생각이었다.

4개월 뒤 무가리츠가 다시 문을 열었을 때 아두리스와 팀원들은 완전히 새로운 레스토랑을 선보였다. 테이블 배치에서 요리 구성에 이르기까지 모든 것이 달랐다. 화재가 발생하기 전에는 두 가지 메뉴가 있었다. 하나는 전통적인 방식으로 만들어진 음식의 메뉴였고, 다른 하나는 참신하고 모험심으로 가득 찬 요리였다. 그러나 화재 이후 무가리츠는 안전한 메뉴를 버렸다. 그들은 4개월 동안 독창적이고 창의적인 아이디어를 한데 모았고 더는 안전하고 무난한 길을 걷지 않기로 했다. 그래서 손님이 이 레스토랑의 문을 열고 들어간다는 것은 곧 색다른 모험이 시작됨을 의미했다.

그로부터 10년 뒤 아두리스는 그 공백 기간이 어떻게 그의 레스토랑과 요리 철학에 전환점이 되었는지 내게 말해 주었다. "파괴와 창조는 함께 발생합니다. 그 화재는 우리를 더욱 진실하게 만들어 주었고 우리가 진정으로 되고 싶었던 것이 되도록 재구축해 주었지요."

바로 그런 이유로 화재가 발생한 지 1주년이 되는 날이 다가왔을 때 아두리스는 미식가들을 어리둥절하게 하고 몇몇 관광객들을 낙담시키는 일을 저질렀다. 영업을 '자발적으로' 몇 달간 중단하고 메뉴를 완전히 새로 짠 것이다. 그 후로 무가리츠는 매년 3개월은 문을 닫는다. 그 결과 매년 세계 최고의 10대 레스토랑에 이름을 올렸고 지금까지 14년 연속 그 명단에서 자리를 지킨 레스토랑은 무가리츠가 유일하다.[7]

기회를 얻는 사람들은 아두리스 셰프와 비슷한 방식으로 행동한다. 그들은 쉴 새 없이 전화기나 메모지에 아이디어를 적고 시간을 들여 숙고하고 고민한다. 그리고 사람들에게 바로 아이디어를 떠들어 대는 대신 보이지 않는 곳에서 생각을 발전시키고 구체화한다. 나중에 다시 이야기하겠지만 빌 게이츠는 이른바 '생각 주간'을 보내곤 했다. 책 한 보따리를 싸 들고 칩거하면서 새로운 아이디어를 숙고하고 정리하는 것이다.[8] 와이 콤비네이터Y Combinator의 창립자이자 인스타카트Instarcart, 스트라이프Stripe, 도어대시DoorDash, 드롭박스DropBox 같은 스타트업을 지원한 폴 그레이엄Paul Graham은 곧장 투자자를 찾아 달려가기보다 자기 회사가 왜 투자할 가치가 있는지 조용히 숙고하는 시간을 갖는 창업자가 훨씬 좋은 결과를 낸다고 말했다.[9]

머릿속에 떠오른 아이디어는 완전하지 않으며 아직 현실 세계에서 상호작용할 준비가 되어 있지 않다. 그러나 우리는 가능성이라는 것 자체에 너무 신이 난 나머지 아이디어가 아직 준비되지도 않은 상태에서 사람들에게 공유하는 실수를 저지르곤 한다. 나도 새로운 아이디어가 떠오를 때마다 곧장 사람들에게 달려가 몽땅 털어놓고 싶은 유혹에 시달리곤 한다. 그러나 이 단계에서는 상대가 아무리 좋은 의도로 말해줘도 아이디어의 핵심을 무너뜨릴 수 있다. 바라던 반응을 얻지 못하면 의욕이 꺾인다. 머릿속에 떠오른 것을 아직 구체적으로 생각해 보지 않아 미완성에 불과한데도 반응은 완벽하길 바라는 것이다. 반응이 나오지 않으면 현실은 당신의 열정에 찬물을 끼얹는다.

어느 날 아침 일어나 커피를 마시는데 머릿속에 갑자기 어떤 아이디어가 뿅 하고 떠올랐다고 하자. 당신의 눈이 커다래진다. 재빨리 사무실에 갔더니 상사인 트리샤가 있다. 당신은 그녀에게 달려가 굉장히 흥미로운 아이디어를 생각했다고 저도 모르게 털어놓고 만다. 그녀가 당신의 말을 저지하지 않자 당신은 떠올린 아이디어, 즉 팀원들이 피드백을 주고받을 수 있는 완전히 새롭고 참신한 방법을 설명하기 시작한다.

모든 게 익명으로 기재되고 사용법도 간단하며 모든 피드백은 문자메시지로 이뤄진다. 이 방법의 가장 좋은 점은 팀원들의 평가를 알기 위해 인사고과 때까지 기다릴 필요가 없다는 것이다. 아이디어를 설명하는 당신의 목소리는 한껏 고조되고 자신의 천재적인 아이디어에 스스로 고무되어 얼굴에는 함박웃음이 가득하다.

그런데 트리샤가 묻는다. "그럼 이 시스템에서는 팀원들로부터 언제 피드백을 얻어야 할까요?" 당신은 한동안 생각에 잠긴다. "아주 흥미로운 질문이네요. 어, 한 몇 달 간격이 좋지 않을까요. 아니면 자동 알람 설정을 해서…. 음, 조금 더 생각해 봐야 할 것 같아요." 트리샤는 건조한 눈빛으로 당신을 한참 쳐다보다가 무뚝뚝하게 내뱉는다. "흠."

수년간 단체나 조직에서 사람들을 교육하다 보니 깨달은 게 있다. 새롭고 참신한 아이디어는 대부분 회의실에서 살해되는 게 아니다. 그것들이 죽는 곳은 대부분 복도나 휴게실이다. 사람들은 아이디어가 생각나면 충분히 성숙시키지 않고 섣불리 털어놓고, 원하는 피드백을 받지 못하면 서랍 깊숙이 처박아 놓는 경향이 있다. 아이디어가 형편없어서가 아니다. 그저 다른 사람들에게 알려질 준비가 안 되어 있기 때문이다.

숙고 기간은 기업가에게만 중요한 게 아니다. 2017년 즈음 레고는 10년 만에 처음으로 매출 및 이익 부문 감소를 경험했다.[10] 1년 전부터 이 덴마크 장난감 회사의 계열사 마케팅 및 커뮤니케이션 대행사를 이끄는 광고회사 사장 레미 마르셀리Rémi Marcelli는 레고 임원진으로부터 해답을 찾을 수 있게 도와 달라는 요청을 받았다.[11] 그러나 그는 앞날에 대한 뚜렷한 청사진을 제시하는 대신 80년 역사를 자랑하는 이 대기업을 완전히 뒤흔들어 놓았다.

"저는 결론으로 직행하지 않습니다. 실험 과정으로 직행합니다."

마르셀리는 내게 이렇게 말했다. 회사의 실적 그래프가 하향세를 그리는 와중에도 느리게 가야 한다고 주장한 것도 이런 이유에서였다. 그는 자신이 이끄는 팀의 모든 업무를 중단하고 자그마치 두 달의 숙고 기간을 거쳐 새로운 아이디어를 들고 돌아오겠다고 제안했다.

경영진으로부터 겨우 승인을 얻어 낸 마르셀리는 아두리스와 비슷한 접근법을 취했다. 무가리츠의 요리사들은 처음에 메뉴와 관련해 약 100개의 아이디어를 떠올린 다음 차근차근 50개까지 줄여 나가곤 했다. 끝까지 남은 요리들은 대개 아두리스가 가장 도발적이라고 여기는 것들이었다. 사람의 오감을 자극하는 것들 말이다. 한번은 신선한 과일을 일부러 먹을 수 있는 균류에 오염시켰는데, 이후 인스타그램에는 귀부병에 걸려 디저트처럼 달콤한 맛이 나는 썩은 과일 사진이 폭발적으로 올라왔다.[12]

아두리스와 마찬가지로, 마르셀리와 그가 이끄는 팀 역시 기나긴 아이디어 목록을 세탁해 한 줌으로 걸러 냈다. 거기에는 사람들을 당혹스럽게 할 만한 것들도 섞여 있었다. 레고는 역사적으로 다양한 상품 라인과 지역, 마케팅 캠페인에서 매우 구체적이고 특정한 소비자 시장을 타깃으로 삼았다. 그러나 숙고 기간에 마르셀리의 팀은 열정 포인트를 중심으로 하는 거대한 규모의 홍보 캠페인에 확신을 갖게 되었다. 그들은 상품 라인이나 성별 또는 나이 구분을 완화한 광고 캠페인을 벌이면 더 큰 반향을 불러일으키리라 믿었다. 숙고 기간이 끝날 즈음 충분한 실험을 거친 마르셀리는 이것이 레고 브랜드의 새로운 아이디어를 대중에게 선보일 최고의 방법이라고 확신했다.

마르셀리는 이제껏 오랫동안 높은 효용을 입증한 공식을 깨트리자고 제안하려는 참이었다. 숙고 기간을 거치기 전에 이런 아이디어를 내놨다면 곧바로 일축되었을 것이다. 심지어 언질만 해도 그런 데 시간 낭비하지 말라는 소리만 들었을 것이다. 그러나 아이디어를 바로 내놓지 않고 이를 시험하고 개선할 충분한 시간과 공간을 확보함으로써 마르셀리의 팀은 그들이 내린 결론에 확신을 품고 회의실로 들어갈 수 있었다. 그들은 그들 자신을 먼저 설득함으로써 업계 최고의 기업이 수십 년간 유지해 온 전통을 깨트렸다.

레고는 이 새로운 방식을 통해 2017년 감소 추세에 있던 매출 및 이익을 2018년과 2019년에 다시 증가 추세로 되돌릴 수 있었다. 심지어 토이저러스Toys'R'Us의 파산과 더불어 장난감 소매 시장이 점점 더 어려워지던 시기였다.[13] 오늘날 레고 본사에 가 보면 혁신 팀부터 IT 부서에 이르기까지 회사 전체가 숙고 기간을 활용하고 있는 걸 볼 수 있다.

나도 라이즈를 창업할 때 숙고 기간을 더 많이 가졌더라면 좋았을 거라고 생각한다. 사업 아이디어를 처음 생각했을 때 너무 흥분한 나머지 빨리 다른 사람에게 가서 말해 주고 싶었다. 몇 주일도 안 돼 잠재 투자자들에게 커피나 한잔하지 않겠느냐고 연락할 정도였으니 말이다. 자금 조달을 위해 뛰어다니던 시절을 돌이켜 보면 나는 내 시간의 80퍼센트를 투자자들에게 아이디어를 소개하는 데 사용했고 나머지 시간에 실질적인 사업 구상을 다듬었다. 다시 말해 거의 모든 시간을 투자자를 설득하는 데 사용하고 나 자신을 설득하는 데는 시간을 거의 투자하지 않았던 것이다.

그러나 당신은 반대로 해야 한다. 80퍼센트의 시간을 자기 자신을 설득하는 데 쓰고 남는 시간을 그러모아 PPT와 사업 계획, 지지자를 설득하는 일에 사용하라. 높은 확신과 낮은 생산 가치가 낮은 확신과 높은 생산 가치보다 훨씬 낫다.

아두리스와 마르셀리의 일화에서 기억해야 할 부분은 숙고 기간의 기한이 정해져 있었다는 것이다. 시간이 무한정 있었던 게 아니다. 아두리스는 무가리츠를 개장할 날짜가 정해져 있었고, 마르셀리는 정해진 날짜에 레고 경영진에게 전략을 발표해야 했다. 숙고 기간이 끝나는 날짜가 정해져 있지 않다면 아이디어를 다듬거나 발전시키지 않고 하염없이 품고만 있기 쉽다. 기회를 얻는 사람들은 '얼마든지 원하는 대로' 같은 마음가짐을 피하고 달력에 마감 일자를 표시해 놓는다. 그때가 되면 자신의 아이디어에 확신하거나 다른 새로운 길을 찾아야 한다.

이는 어떤 분야에서도 마찬가지다. 투팍 샤커, 윌 스미스 같은 거물 스타들과 일하는 음반제작자이자 투자자인 트로이 카터Troy Carter는 레이디 가가가 위기의식과 집중력을 갖추고 있었기 때문에 기회를 준 것이라고 말한다.[14] 레이디 가가는 정해진 시한 내에 성공을 거둬야 했다.

당시 그녀는 데프 잼 레코드Def Jam Records와의 계약이 해지된 뒤 할머니 집 소파에서 잠을 자고 있었다. 가가의 아버지는 딸이 어려움을 겪는 걸 보고는 다른 음반사와 계약을 맺을 수 있도록 1년을 허락해 주었다. 1년 뒤에도 문제가 해결되지 않는다면 가가는 다시 학교로 돌아가야 했다.[15] 이 방법은 효과가 있었다. 가가는 현재 세계에서 제일 잘나가는 가수이며 《타임》에서 선정한, 대학을 중퇴한 최고의 유명 인사 10인 중 한 명이다.[16]

가장 어려운 질문부터 깨라

모질라에서 일했을 때 나는 카하니 무브먼트Kahani Movement라는 작은 스타트업을 세웠다. 오픈소스 소프트웨어를 사용해 다큐멘터리 영화를 더 쉽게 찍을 수 있게 해주는 회사였다. 사우스 바이 사우스웨스트South by Southwest, SXSW에 초청될 정도로 재미있는 아이디어였지만 수익 모델을 찾을 수가 없었다. 하지만 덕분에 나는 링크드인의 공동 창업자인 리드 호프먼Reid Hoffman의 눈에 띌 수 있었다. 그 역시 오픈소스의 창의성을 이용할 새로운 방법을 찾아내기 위해 열심이었다. 내 아이디어는 거기서 죽었지만 이후 호프먼은 친구이자 멘토로 남았다.

라이즈가 투자자들로부터 계속 거절당하고 있을 때 호프먼은 자신이 프레젠테이션을 통해 성공한 핵심 비결을 하나 알려 주었다. "재정적으로 부정적인 영향을 끼칠 하나 내지 세 가지 정도의 문제가 있을 거야. 그것부터 말을 꺼내." 그는 애플에서 평직원으로 일할 때 처음으로 그렇게 행동했다고 했다. "프로젝트 매니저가 되고 싶었는데 딱히 도움이 될 만한 배경이 없었지."

그건 꽤 심각한 문제였다. 채용 팀에는 늘 자격을 갖춘 후보가 넘쳐나기 때문이다. 호프먼은 이력서로는 다른 이들과 경쟁할 수 없다고 생각했다. 그래서 그는 애플 e월드 그룹의 프로덕트 매니저 제임스 아이작스James Issacs에게 접근했다. 호프먼은 뭔가 새로운 일을 할 작정이었다. 그러면서 바로 반론을 정면으로 돌파하는 것이었다. "제가 경험이 없다는 건 압니다. 그런데 만약에 제 아이디어에 관한 아주 상세한 기획서를 가져오면요? 그럼 한번 봐 주실 수 있나요?"

아이작스는 그러겠다고 대답했고 며칠 뒤 호프먼은 기획서를 내놓았다. 그가 작성한 기획서는 분명 관련 분야에서 많은 경험을 한 사람이 쓴 것은 아니었지만 그에게 잠재력이 있다는 사실을 보여 주었다. 그렇게 호프먼은 제품개발 및 관리의 길로 들어섰다. 경험이 부족하다는 걸 숨기기보다 먼저 대놓고 솔직하게 털어놓음으로써 호프먼은 그에게 회의적이었던 사람을 특별한 지지자backer로 바꿔놓았다.

수년 뒤 링크드인을 창업했을 때 호프먼은 투자자가 가장 크게 우려하는 부분이 수익이라는 사실을 알고 있었다. "그들은 닷컴 붕괴 때 입은 상처를 아직도 핥고 있었지." 투자자들은 이미 입증된 비즈니스 모델에만 집중했고 호프먼에겐 수익이 한 푼도 없었다. 그러나 그는 수익과 관련된 문제를 감추기보다 정면으로 돌파하는 쪽을 선택했다. 투자 유치 프레젠테이션을 시작할 때 제일 먼저 수익이 아직 없다는 사실을 시인했고, 뒤이어 재빨리 링크드인이 돈을 벌 수 있는 세 가지 수익 모델을 제시했다. 광고와 회원 목록 그리고 회원 가입이었다. 그는 투자자들이 이의를 제기하기 전에 선수를 침으로써 그가 반드시 방법을 찾을 것이라는 신뢰를 얻어 낼 수 있었다.

호프먼의 마지막 충고는 나중으로 미루지 말고 초반에 잡으라는 것이다. "투자자들이 가장 집중할 때는 프레젠테이션이 처음 시작되었을 때라네. 대부분 투자자는 묻고 싶은 게 많으니 그들의 우려를 이해하고 있음을 적극적으로 보여 준다면 남은 시간 내내 그들의 관심을 사로잡을 수 있어."

나는 새 아이디어를 소개할 때 주로 PPT 슬라이드를 사용하지만 그게 프레젠테이션에 아주 큰 도움이 된다고는 생각하지 않는다. 화려한 슬라이드는 반론을 정면 돌파하는 게 아니라 간결하게 정리된 포인트 설명과 멋들어진 그래픽 뒤로 숨을 수 있게 해주기 때문이다. 그래서 제프 베이조스Jeff Bezos는 고위경영진과 회의할 때 PPT를 사용하지 않는다.[17]

아마존이 단순한 인터넷 서점 이상으로 성장하면서 베이조스는 신제품 라인에서부터 수익 흐름, 첨단 기술 역량에 이르기까지 직원들로부터 항상 새로운 아이디어를 제의받았다. 그러나 특히 회의실에서 지나칠 정도로 비판적인 것으로 유명한 베이조스는 프레젠테이션하는 사람들이 그의 질문에 대답할 수 있을 만큼 철저하게 준비되어 있지 않다고 생각했다.

그래서 그는 기존에 PPT를 사용하던 아마존의 기획 프레젠테이션을 서면 형식으로 변경했다. 이제 베이조스에게 새 아이디어를 제안하고 싶은 사람들은 완전한 문장과 단락을 사용한 3~5쪽의 보고서를 제출해야 했다. 이 같은 방침을 발표하면서 베이조스는 "워드프로세서로 짧게 핵심만 작성하는 것도 파워포인트를 사용하는 것이나 다름없습니다."라고 말했다.[18]

PPT를 사용하다가 서면 원고를 사용하게 된 임원들은 아이디어의 질은 바뀌지 않았지만 프레젠테이션의 질은 놀랍도록 나아졌다고 말했다. 전 아마존 임원은 내게 이렇게 말했다. "완전한 문장으로 서면을 작성하니 제프의 질문에 더 잘 대답할 수 있다는 기분이 들더군요."

핵심 요약이 당신이 '무엇을 믿는지'를 설명한다면 완전한 문장으로 이뤄진 서술은 '왜'를 설명한다. 서술문을 작성하면 아이디어에 대해 적어도 세 개 이상의 중요한 반론을 예상할 수 있고, 거기에 대해 완벽한 답변을 준비할 수 있다. 간단하게 핵심만 추려 명사형으로 표현하는 게 아니라 '왜냐하면' 같은 단어를 써서 생각을 보다 구체적이고 세밀하게 표현하기 때문이다. 나는 발표하기 전에 다른 사람에게 내가 뭐라고 썼는지 보여 주지 않는다. 그건 나 자신을 먼저 설득하기 위한 개인적인 도구이기 때문이다.

라이즈를 위해 투자 유치 프레젠테이션에 뛰어들었을 때 나는 반론을 피하려 최선을 다했고 투자자들이 질문을 할까 봐 노심초사했다. 하지만 그들은 질문 공세를 퍼부었고 내가 대답할 수 없을 때마다 '걸렸다!'라는 듯이 내 아이디어를 폭격해 침몰시켰다.

호프먼의 충고를 들은 후 나는 사람들의 비판을 숙고하고 반대 의견을 정면으로 돌파하기 위해 자금 조달 활동을 잠시 중단했다. 라이즈는 고객과 영양관리사를 개인적으로 연결하는 서비스다. 나는 영양관리사를 모집하는 데서는 확고한 계획이 있었지만 고객들을 어떻게 유치해야 할지는 아직 알아내지 못한 상태였다. 다이어트 시장에 광고하려면 비용이 너무 많이 들었고 웨이트 와처스Weight Watchers, WW나 제니 크레이그Jenny Craig 같은 거물급과 경쟁해야 했다.

2주일의 숙고 시간을 가진 뒤 나는 고객들에게 접근할 다소 허술한 방법들을 몇 가지 생각했다. 그리고 아두리스처럼 이 아이디어들을 재빨리 시험해 보고 싶었다. 가장 먼저 떠오른 방법은 환자들에게 우리를 추천해 달라고 의사들에게 부탁하는 것이었다. 그러나 10명 이상의 의사들에게 물어본 결과 이미 수많은 건강 관련 스타트업으로부터 비슷한 요청을 무수히 받고 있었다.

목록에 있는 여러 방법을 계속해서 시험한 끝에 나는 진짜 잠재력이 있는 방안을 찾아냈다. 내 친구 하나가 '터프 머더'Tough Mudder라는 달리기 대회에 참가했다면서 사진을 한 장 보여 줬는데, 수천 명이 시카고 외곽에 있는 한 도로의 출발선 앞에 대기하고 있는 모습이었다. 조사를 약간 해보니 마라톤과 철인 3종, 터프 머더 같은 대회들이 엄청난 속도로 늘어나고 있었다. 만약 이런 대회에 참가하려고 훈련 중인 선수들에게 영양관리사를 연결해 줄 수 있다면 어떨까? 나는 이런 대회를 주최하는 단체들에 전화를 걸기 시작했고 긍정적인 대답을 받았다. 달리기를 좋아하는 사람들을 타깃으로 가벼운 페이스북 광고도 게재했는데 상당한 조회수를 기록했다.

다시 투자자들 앞으로 돌아갔을 때 나는 더 이상 고객 유치와 관련된 질문을 피하지 않았다. 나는 정면으로 돌진했다. 그 문제가 아직 해결되지는 않았지만 터프 머더와 같은 운동경기의 동향과 우리의 테스트 결과를 보여 주었다. 투자자들의 의문에 대한 완벽한 해답은 아니었다. 그러나 회피하는 대신 정면으로 돌파함으로써 투자자들의 신뢰를 얻을 수 있었고 그들의 의문점을 해결했다. 또한 덕분에 내 프레젠테이션의 장점에 집중할 수 있었다.

매일 조금씩 시도하고, 묻고, 조정하라

부커상을 수상하고 문학에 기여한 공로로 영국 왕실로부터 기사 작위를 받은 살만 루슈디Salman Rushdie는 내가 개인적으로 좋아하는 작가이기도 하다. 시카고에서 로스쿨에 다닐 때 나는 루슈디가 시카고에 와 있다는 사실을 알게 되었다. 미친 듯이 인터넷을 뒤져 그의 이메일 주소를 알아낸 다음 제발 만나서 커피 한잔하자고 애원했다. 그는 내 간청에 마음이 약해졌는지 다른 일정 중간에 15분을 내주겠다고 했다. 하지만 그는 내 첫 질문을 듣자마자 그 결정을 후회했을 것이다. 나는 이렇게 물었다.

"글을 쓸 때 어디서 영감을 얻으시나요?"

루슈디는 한참 동안 내 눈을 지그시 들여다봤고 나는 그가 무슨 말을 할지 알 수 있었다.

"글을 쓸 때 영감 같은 건 얻지 않습니다. 그냥 쓸 뿐이죠."

루슈디는 다른 직장인처럼 매일 아침 책상 앞에 앉는다고 했다. 그가 쓰는 대부분 글이 공개적으로 발표할 수 없는 수준이지만 매일매일 쌓여 가는 글 속에 계속 글을 써도 된다고 설득하는 작은 진주알들이 숨어 있다고 말했다. 그는 수년 동안 그런 작은 진주알을 모으고 줄에 꿰어 한 페이지, 한 챕터 그리고 수십 편이 넘는 소설을 창작했다.

아이디어를 다듬는 것은 능동적인 과정이다. 단순히 머릿속에서만 굴리는 게 아니라 집필이든 그림이든 코딩이든 실제 프로젝트에 착수하고 그러다 한 발짝 물러나서 '지금 내가 올바른 곳으로 가는 중인가?'라고 물어볼 수 있어야 한다. 하지만 나를 비롯해 많은 사람이 이 과정을 어려워하는 이유는 그 질문에 대한 대답이 '아니다'일 가능성이 크기 때문이다. 그러면 우리는 시간만 낭비했다고 느끼게 된다.

여섯 살 때 뉴델리에 살던 친척을 방문한 적이 있었다. 그들은 처음으로 텔레비전을 구입한 참이었다. 지붕 꼭대기에 토끼 귀 같은 안테나가 설치되어 있는 흑백텔레비전이었다. 연결 상태가 좋지 않아 늘 화면이 흐릿했기 때문에 사촌과 나는 옥상까지 줄달음쳐 올라가 토끼 귀를 이리저리 조정한 다음, 다시 계단을 뛰어 내려와 결과를 확인하곤 했다. 하지만 때로는 안테나를 움직이는 것만으로는 충분하지 않았다. 안테나를 어느 방향으로 세워 놓든 화면은 늘 부옇고 줄무늬가 난무했다. 그럴 때면 안테나를 아예 다른 곳으로 옮겨 방향과 각도를 다시 처음부터 조절해야 했다.

우리는 그 과정을 종이에 기록하길 두려워했다. 단순히 토끼 귀를 조정하는 것만으로는 부족하다는 사실을 알게 될지도 몰랐기 때문이다. 그러면 안테나를 다른 곳으로 옮겨 처음부터 다시 시작해야 했다. 그러나 우리 자신을 설득하고 확신하려면 그런 소모적인 일회성 작업이 자연스러운 과정이라는 사실을 받아들여야 한다.

내가 이 책의 원고를 편집자에게 넘길 즈음엔 지금보다 100페이지 이상이 삭제되어 있을 것이다. 하지만 그것들이 쓸데없는 내용이라는 걸 알기 위해서는 원문에 삽입된 채로 읽어 봐야 한다. 이리저리 자리를 옮겨 조정한다고 해서 애매모호한 내용이 명확해질 수는 없다. 결국엔 전부 걷어 내고 처음부터 다시 시작해야 한다.

처음 내가 그랬던 것처럼 일회성 작업을 반복해야 한다는 게 영 탐탁지 않다면 숀 라이언Shawn Ryan의 이야기가 도움이 될지 모르겠다. 라이언은 TV 프로그램의 대본을 16편이나 썼지만 하나같이 제작이 무산되거나 방영되지 못했다. 그러나 그는 마지막 두 작품인 〈뉴욕 경찰

24시〉NYPD Blue의 한 에피소드와 〈래리 샌더스 쇼〉The Larry Sanders Show를 썼을 즈음 드디어 자신의 목소리를 찾았다. 그 대본은 돈 존슨 주연의 범죄 드라마 〈내시 브리지스〉Nash Bridges 제작자의 관심을 끌었고 그들은 라이언에게 작가로서의 첫 정규 일자리를 주었다.

라이언은 시간이 날 때마다 글을 쓰고 새로운 아이디어를 숙성시켰다. 그러다 LAPD 타격기동대를 지휘하고 부패 혐의로 조사를 받게 된 빅 매키라는 반항적인 경찰에 대한 아이디어를 구체화하기 시작했다. FX가 드라마의 판권을 구입했고 라이언은 〈실드〉The Shield의 크리에이터 겸 총괄제작자가 되었다. 〈실드〉는 에미상 후보에 여섯 번이나 지명되었으며 글렌 클로즈와 포레스트 휘태커 같은 유명 영화배우를 작은 화면으로 끌어들인 최초의 TV 드라마였다.

〈실드〉의 대성공에 힘입어 라이언은 하룻밤 만에 할리우드의 총아가 되었다. 하지만 그가 그 자리에 오를 수 있었던 것은 오랫동안 일회성 작업을 반복해 왔기 때문이다. 라이언에게 다른 대본들에 대해 질문하자 그는 "어떤 노력도 헛된 건 없었습니다."라고 대답했다. 왜냐하면 중간에 거친 모든 과정이 결국 그를 〈실드〉로 이끌어 주었기 때문이다. 라이언은 작가 지망생(또는 아이디어를 가지고 있는 사람들)에게 이렇게 조언한다. "바깥세상과 아이디어를 공유하기 전에 미리 일을 해두십시오. 자기 일에 가장 열정적인 옹호자가 되십시오. 남에게 영감을 주기 전에 스스로 영감을 얻어야 합니다." 즉 먼저 나 자신을 설득해야 하고 이를 위해 필요한 일들을 해야 한다.

당신의 감정적 생존 기간은 얼마인가?

스타트업 세계에서 우리는 재정적 생존 기간financial runway에 집착한다. 수익 없이 얼마나 오랫동안 은행에 있는 돈만으로 버티며 사업을 유지하고 직원들에게 급여를 줄 수 있을까? 그러나 우리는 감정적 생존 기간에 대해서는 별로 이야기하지 않는다. 새로운 아이디어를 발전시키고 버틸 에너지와 활력 말이다.

많은 창업가가 사업 자금보다 에너지가 먼저 바닥나 나가떨어지는 모습을 나는 오랫동안 봐 왔다. 세상에 새 아이디어를 선보이려면 엄청난 체력과 끈기가 필요하다. 주변의 의구심과 갈등 그리고 마감을 헤쳐 가야 하고, 그러면서도 높은 수준의 확신과 자신감을 유지해야 한다. 그런 활력과 에너지를 유지하는 유일한 길은 아이디어에 대한 열정으로 힘을 보충하는 것뿐이다. 지적인 흥미도 중요하지만 그것으로 충분하진 않다. 감정을 투자해야 한다.

심리학자들은 인간의 뇌가 이성과 감성이라는 두 가지 체제로 운영된다고 주장해 왔다. 사회심리학자 조너선 하이트Jonathan Haidt는 저서 《행복의 가설》에서 이 두 체제를 코끼리에 탄 기수로 설명했다. 기수는 문제를 해석하고 선택 옵션을 비교하고 해결책을 논하는 이성이다. 그러나 새로운 아이디어를 계속 발전시킬 수 있도록 당신에게 에너지를 제공하는 것은 감성을 담당하는 코끼리다.[19]

새로운 콘셉트를 생각해 낸 초기 단계에서는 코끼리와 기수가 한 몸으로 똘똘 뭉쳐 있을지도 모른다. 우리는 미래에 대한 가능성과 비전에 신이 나 있다. 그러나 비즈니스 모델이나 경영 같은 현실적인 문제를 깊이 접할수록 기수가 통제권을 쥐게 된다. 아이디어의 논리적인 측면에만 집중하게 되고 감성적인 시각을 쉽게 잊어버린다.

그러나 자기 자신을 설득하려면 두 가지 측면이 모두 필요하다. 아이디어가 시장에 적합한지 아닌지를 알아내는 것만으로는 충분하지 않다. 그 아이디어가 당신과 잘 맞는지 아닌지를 알아야 한다. 새 아이디어가 당신 내면의 무언가를 깊이 자극하는가? 린마누엘 미란다Lin-Manuel Miranda는 "살기 위해 사랑에 빠진다."라고 말했다. 뮤지컬 〈해밀턴〉 Hamilton과 같은 아이디어가 탄생하는 데는 수년이 걸리며 아이디어가 떠오르면 그것과 진정으로 사랑에 빠진다고 그는 말했다.[20]

아이디어와 사랑에 빠지면 기회를 주는 사람들은 이를 알아본다. 그래서 투자자들이 자기 사업에 애착을 보이는 창업가에게 매력을 느끼는 것이다. 벤처캐피털 회사인 앤드리슨 호로위츠Andressen Horowitz의 파트너 마지트 웬마허스Margit Wennmachers는 내게 '프로펠'Propel에 대해 말해 준 적이 있다. 프로펠은 미국에서 푸드 스탬프를 받는 저소득층이 혜택을 관리할 수 있도록 돕는 스타트업이다. 창업자인 지미 첸Jimmy Chen이 벤처캐피털 회사의 파트너들 앞에서 프레젠테이션했을 때 확실히 그는 이 사업에 매우 깊은 애착이 있어 보였다. 아마도 그의 가족 역시 생계에 어려움을 겪은 적이 있었기 때문일 것이다.[21]

물론 개인적인 경험이 있어야 열정을 느낄 수 있는 것은 아니다. 다만 아이디어로 남들을 설득하려면 심금을 울릴 수 있어야 한다. 영화 〈불편한 진실〉과 〈인사이드 빌 게이츠〉의 감독 데이비스 구겐하임Davis Guggenheim은 내게 이렇게 말했다. "우리는 모두 머릿속에 다양한 목소리를 갖고 있죠." 그는 자신의 똑똑한 목소리가 항상 '끝내주는 샷이야'라든가 '이런 건 내가 처음일걸' 같은 말을 한다고 말했다. 그러나 구겐하임은 목소리의 볼륨을 낮추고 자신이 아이디어에 어떤 감정을 느끼는지를 생각하려고 노력한다. "그것 때문에 밤에 잠을 잘 수가 없다면, 아니면 화가 나거나 울게 된다면…, 그 본능적인 애정은 결코 실망시키는 법이 없죠."

그러니 아이디어가 자신에게 잘 맞는지 파악하고 그 아이디어와 사랑에 빠졌는지 자문해 보라. 더욱 열정적으로 깊이 몰두해서 코끼리를 확인하라. 새로운 도전이 에너지를 북돋는지, 아니면 낙담시키는지 끊임없이 점검하라.

과거에 나는 코끼리가 아니라 기수에게 통제권을 완전히 넘겨줬다. 새로운 스타트업을 구상하고 있을 때였는데 나는 스프레드시트를 만들고 비즈니스와 관련된 아이디어들을 적었다. 시장 규모(클수록 좋다)와 경쟁률(작을수록 좋다)처럼 창업과 관련된 전형적인 요소들이었다. 하지만 이 스프레드시트를 멘토에게 보여 주자 그가 물었다. "이 중에 어떤 게 당신의 열정이 불타오르게 만들죠?" 스프레드시트를 훑어보자 매정한 현실이 나를 강타했다. 그중 무엇에도 열정을 느낄 수가 없었다. 당시 나는 그루폰에서 일하고 있었고 염두에 두고 있던 아이디어는 전부 전자상거래와 연관되어 있었다. 그러나 머리로는 전자상거래에 관심이 있었을망정 그 시장을 사랑하지는 않았다.

만일 그 아이디어들을 계속 밀고 나갔다면 얼마 안 가 나는 감정적 생존 기간의 한계에 도달했을 것이다. 결국 스프레드시트를 전부 지우고 새 파일을 만들었다. 이번에는 시장 규모나 경쟁사 같은 것은 입력하지도 않았다. A 열에는 아이디어를, B 열에는 단순한 질문('사랑에 빠졌는가?')과 그에 대한 대답('예' 또는 '아니요')을 적었다. 그러곤 내가 진정으로 살아 있다는 느낌을 주는 아이디어에 대해 숙고하기 시작했다. 바로 그때 우리 아버지가 어떻게 영양관리사 덕분에 목숨을 구했는지가 떠올랐다.

스스로 확신하기 위한 숙고의 시간

아이디어를 숙성시키지 않고 섣불리 공개하면 미적지근한 반응을 얻을 뿐이다. 그 결과 열정이 식거나 아예 사라질 수 있다. 사람들을 설득하는 것은 카리스마가 아니라 확신이다. 본인 스스로 확신을 갖지 못하면 남을 설득할 수도 없다. 아두리스는 매년 3개월 동안 레스토랑 문을 닫고 새로운 메뉴를 선보이기 전에 확신과 자신감을 다진다. 대부분의 새로운 아이디어가 회의실이 아니라 복도와 휴게실에서 죽는다는 사실을 명심하라. 충분한 숙고 기간을 갖고 아이디어를 발전시켜라.

가장 어려운 질문부터 깨라

잠재적 지지자의 입장이 되어 당신의 아이디어에 대한 세 가지 주요 반론을 예상하라. 프레젠테이션을 할 때 반대 의견을 피하지 말고 신중하게 귀를 기울여라. 회피는 더 많은 질문으로 이어질 뿐이며 상대방이 남은 시간 내내 당신의 프레젠테이션을 탐탁지 않게 생각할 가능성만 높인다. 링크드인의 투자 유치를 위해 처음 프레젠테이션을 했을 때 리드 호프먼은 회사가 매출을 한 푼도 못 올리는 문제를 피하지 않고 정면으로 부딪쳐 수익을 올릴 방법을 제시했다. 잠재적인 비판에 미리 선수를 친다면 신뢰를 얻을 수 있다.

매일 조금씩 시도하고, 묻고, 조정하라

아이디어 초반에는 당신이 만들어 낸 대부분 결과물이 쓸모없다는 사실을 알아야 한다. 그러나 계속해서 버려지는 일회성 작업물은 시간 낭비가 아니라 과정의 일환이다. 살만 루슈디는 글을 쓸 때 영감을 얻는 게 아니라고 말했다. 그저 꾸준히 앉아서 글을 쓸 뿐 그중 대부분이 쓰레기통에 버려질 운명이라는 것을 그는 안다. 그러나 개중에는 분명 작은 진주알이 있고 그것들을 꿰면 문장과 단락 그리고 한 편의 작품이 된다.

당신의 감정적 생존 기간은 얼마인가?

지적인 관심은 중요하지만 그것만으로는 충분하지 않다. 아이디어를 실현하기 위해서는 감정을 투자해야 한다. 새로운 것을 세상에 소개하려면 엄청난 양의 에너지가 필요하다. 그 과정에서 의심과 갈등 그리고 마감 시한이 생겨나기 때문이다. 확신을 보충할 수 있는 것은 아이디어에 대한 당신 자신의 열정뿐이다. 린마누엘 미란다는 아이디어가 완성되려면 수년이 필요하고 거기에 필요한 노력을 투자하려면 "그것과 사랑에 빠져야 한다."라고 말했다. 새로운 콘셉트를 개발할 때는 시장보다 당신 자신과 어울리는지를 먼저 파악해야 한다.

제2단계

이야기의 중심 캐릭터를 창조하라

커스틴 그린Kirsten Green은 스타트업 세계의 킹메이커다. 2010년 그린은 포러너 벤처스Forerunner Ventures를 설립해 80개가 넘는 회사에 투자했으며 6억 5,000만 달러 이상의 자금을 조성했다. 《타임》에서 선정한 가장 영향력 있는 인물 100인에 오른 바 있고 테크크런치TechCrunch에서는 그녀를 '올해의 VC'(벤처 캐피털리스트)로 선정했다.

커리어 초반에 그녀는 새로운 면도날 판매 스타트업에 관해 들었는데 그때는 투자할 생각이 '전혀' 없었다. 한때 애널리스트였던 그녀는 면도날이 마진이 낮은 상품이고 전자상거래와는 어울리지 않는다고 생각했다. 설령 회사를 창업하더라도 질레트Gillette 같은 거물 회사와 경쟁을 벌여야 했다.

그러나 면도날 사업에 대해 들은 지 이틀 뒤 그린은 샌프란시스코에서 열린 디너 파티에서 그 회사의 창업자인 마이클 더빈Michael Dubin과 마주쳤다. 그녀는 더빈의 설명을 듣고 10분 만에 수표를 써 주기로 했다. 그날 대화를 마치면서 속으로 '이 사람이랑 꼭 같이 사업을 해야겠어'라고 생각했다고 한다.

더빈이 그린의 마음을 바꾼 것은 "온라인에서 고품질의 면도날을 더 저렴하게 판매해 수십억 달러 시장을 교란하고 싶습니다."라고 말했기 때문이 아니다. 그는 그린에게 그가 만든 중심 캐릭터를 소개했다. 그 캐릭터는 무엇을 먹고 몸에 무엇을 사용하는지를 포함해 건강에 지대한 관심을 가진 20세 남성으로, 부모나 조부모 세대보다 자신의 사생활과 편의성을 중요하게 여긴다. 더빈은 이렇게 캐릭터를 설정한 다음 그 남성이 잡화점에서 면도날을 살 때마다 얼마나 번거롭고 귀찮은 단계를 거쳐야 하는지를 생생하게 이야기했다.

먼저 그 남성은 면도기 섹션에서 구식의 오래된 선반을 뒤진다. 마침내 면도날을 발견했지만 자물쇠로 잠겨 있는 안전 케이스 안에 담겨 있다. 케이스를 열어 물건을 꺼내려면 버튼을 눌러 직원에게 도움을 요청해야 한다. 게다가 케이스 안에는 면도날만 있는 게 아니라 콘돔과 설사약도 같이 들어 있다. 그는 사람들의 눈총을 받으며 통로에서 할 일 없이 서성인다. 열쇠를 가진 직원이 언제 올지 알 수 없기 때문이다. 그러다 드디어 호출을 받은 직원이 와서 케이스를 열어 주고, 그가 무엇을 살지 고민하는 동안 어깨 너머로 그를 감시한다.

더빈의 생생한 묘사는 어째서 면도날 구매 경험을 새로 정의할 필요가 있는지를 알려 준다. 그는 그린에게 '번거롭고 시대에 뒤처진 경험'과 같은 판에 박힌 말을 늘어놓기보다는 눈앞에 보이는 듯한 구체적인 과정을 설명하고 스스로 결론을 끌어낼 수 있도록 했다. 그렇게 더빈은 "문화의 규칙을 새로 쓰는 것"[1]을 사명으로 여기는 거물 투자자에게 면도날 판매 사업을 매력적인 제안으로 탈바꿈시켜 어필했다.

사람들은 개인적인 일화나 이야기를 좋아한다. 이런 경향은 인류가 모닥불 주위에 둘러앉아 시간을 보내던 시대로까지 거슬러 올라간다. 즉 우리의 DNA에 새겨져 있는 것이다. 우리가 영화를 보고 감동받을 때 이는 대개 여러 사람이 아니라 특정한 인물에게 공감하고 이입하기 때문이다.

가령 두 개의 뉴스 기사가 있다고 하자. 첫 번째는 안데스산맥에서 승객 50명이 탄 비행기가 추락했으나 전원 생존한 것으로 추정된다는 내용이고, 두 번째 기사는 한 명의 승객을 태운 비행기가 안데스산맥에 추락했고 그 승객이 살아 있는 것으로 추정된다는 내용이다. 그러면 우리는 그 살아남은 한 명의 승객이 누구인지 궁금해 한다. 그 사람은 어디 출신이지? 왜 안데스산맥으로 여행을 간 걸까?

기자들이 한 명의 시선을 통해 트렌드를 다루는 것도 이런 이유에서다. 〈뉴욕타임스〉 독자 기고란의 전 편집자 트리시 홀Trish Hall은 이렇게 말했다. "사실이 세상을 바꿀 수 있다고 생각하지 않는다면 언론 일을 할 수가 없습니다. 그러나 사실만으로는 사람들의 마음을 바꿀 수 없죠. 감성과 감정도 사실 못지않게 중요합니다. 어쩌면 더 중요할 수도 있고요."**2**

디너 파티가 있은 지 얼마 되지 않아 그린은 달러 셰이브 클럽Dollar Shave Club(1만 유료 고객을 유치한 마이클 더빈이 창업한 회사— 옮긴이)의 1차 투자 라운드에서 제일가는 투자자가 되었고 더빈의 이사회에도 합류했다. 4년 뒤 회사는 유니레버Unilever에 10억 달러에 매각되었다.

─────────

우리는 익명의 소비자가 아닌 '한 사람'에게 공감한다

어느 날 빌 게이츠가 딸에게 소아마비에 걸린 한 어린 소녀에 관한 영상을 보여 주었다. 아이는 다 망가진 나무 목발을 짚고 흙길 위를 힘겹게 걸어가고 있었다. 영상을 본 딸이 아빠를 쳐다보며 물었다.

"그래서 뭘 하셨어요?"**3**

게이츠는 딸에게 그가 세운 재단이 소아마비 근절을 위해 어떻게 노력하고 있는지 설명했다. 재단이 기부하고 있는 수억 달러와 그들의 목표 그리고 나이지리아의 소아마비 발생 건수가 1년에 700건에서 30건 이하로 줄어든 것까지, 이제껏 달성한 숫자와 통계치를 세세히 설명해 주었다.

"아니, 아니, 그런 거 말고요."

딸이 아빠의 말을 가로막고는 영상을 가리키며 물었다.

"'쟤'를 위해 뭘 하셨느냐고요."

훌륭한 스토리텔러는 한 명의 중심인물에게 집중할 뿐만 아니라 한 명의 청중에게 집중한다. 수백만 명이 아니라 단 한 명에게 이야기를 들려주고 있다고 가정하고 말하는 것이다. 이 개념을 이해하는 데 내게 도움을 준 인물은 팀 페리스Tim Ferris 였다.

처음 만났을 때 페리스는 페이스북과 쇼피파이Shopify, 트위터를 비롯해 수십 개의 스타트업에 투자하고 있었다. 나는 그가 라이즈를 후원해 줄 완벽한 지지자라고 생각했으나 그는 내 의견에 동의하지 않았다. 이번에도 돌아온 답은 '패스'였다. 대신에 그는 아이디어 홍보에 대한 내 생각을 송두리째 바꾸는 이야기를 들려주었다. 그때는 몰랐는데 5년 동안이나 〈뉴욕타임스〉 베스트셀러 목록에 있었던 페리스의 《나는 4시간만 일한다》는 사실 출판사 26곳에서 잇달아 거절당했다고 한다.[4]

"난 최대한 많은 사람을 위한 책을 쓰려고 했죠." 그 결과 스토리텔링은 밋밋했고 인간미가 없었다. 그래서 페리스는 다른 방식으로 접근했다. 폭넓은 독자층이 아니라 그의 친구 두 명을 위한 책을 쓰기로 한 것이다. 한 명은 기업가이고 다른 한 명은 은행에서 일했다. 두 사람 모두 직장에 갇혀 있다는 느낌을 받고 있었고, 페리스는 노트북 앞에 앉아 그들에게 보내는 이메일을 작성했다. 그 이메일은 책의 한 챕터로 이어졌다.

특정한 독자를 염두에 두면 더 예리하고 설득력 있는 이야기를 만들 수 있다. 놀라운 것은 페리스가 두 친구를 위해 그 책을 썼는데도 독자

들에게 가장 많이 들었던 감상이 "마치 나한테 하는 말 같았어요."였다는 것이다.[5]

나도 이 교훈을 활용해 프레젠테이션을 준비하는 초보 스타트업 창업가를 도운 적이 있다. 우버에서 소프트웨어 엔지니어로 일하다가 그만둔 대니얼은 여러 회사로부터 함께 일하자는 수많은 요청을 받고 있었다. 그러나 그는 다른 것을 기다리고 있었다. 바로 투자자의 답장이었다. 대니얼은 참신한 아이디어를 갖고 있었다. 비유하자면 밀레니얼 세대를 위한 피델리티Fidelity(에드워드 존슨 2세가 창업한 미국 내 3위 안에 드는 자산운용회사—옮긴이)와 비슷했다. 그는 사람들이 수수료 없는 투자를 통해 학자금 융자를 갚아 나가도록 돕고 싶었다. 자산 배분 비율을 선택하기만 하면 앱을 통해 자산을 재조정할 시기를 자동으로 알려주는 서비스였다.

우리는 샌프란시스코 엠바르카데로 근처에 있는 커피숍에서 만났다. 투자 유치를 위한 만남의 장소로 유명한 곳이었다. 약속 시간보다 일찍 도착한 나는 주변 테이블에서 들려오는 홍보와 설득의 교향곡에 귀를 기울였다. 테이블마다 개성이 있었지만 그중 '블록체인'이 가장 시끄러운 연주를 하고 있었다. 깊은 생각에 빠져 있던 터라 대니얼이 내 어깨를 툭툭 두드렸을 때 화들짝 놀랐다. 그는 웃는 얼굴에 활기가 넘쳤으며 통화에서 느껴졌던 좌절감은 전혀 느껴지지 않았다.

그러나 그가 프레젠테이션을 시작한 지 5분도 되지 않아 나는 혼란을 느꼈다. 대니얼은 그의 아이디어를 열정적으로 설명했지만 나는 그 아이디어라는 게 뭔지 제대로 이해할 수가 없었다. 그가 거창한 숫자를 늘어놓으며 제품에 대한 자세한 설명을 시작했을 즈음 나는 잠깐만 멈춰 달라고 부탁했다. 그러곤 누구를 위해 서비스를 만들고 있느냐고 물었다. 그는 내가 전에도 무수히 들은 대답을 내놓았다.

"밀레니얼 세대요."

"그중 한 명만 골라 봐요. 당신이 잘 알고 있고 당신 제품을 사용할 만한 사람이요. 당신의 아이디어 덕분에 인생이 바뀔 사람 말이에요."

잠시 후 그는 옛 여자 친구인 케이티를 선택했다.

"좋아요. 그럼 케이티가 어떤 사람인지 설명해 봐요."

"어, 네…."

대니얼의 목소리에서 어리둥절한 기색이 느껴졌다. '이게 아이디어에 관한 비즈니스 사례를 설명하는 데 무슨 도움이 되는 거지?'라고 생각하는 듯했다. 나는 그에게 나를 믿으라고 말했다. 어쨌든 내가 바라는 건 그가 투자자들 앞에서 성공적으로 프레젠테이션을 하는 것뿐이었으니까. 대니얼은 천천히 값비싼 녹차를 홀짝이고는 케이티에 대해 말하기 시작했다. 케이티의 아버지는 전기기술자고 어머니는 교사였다.

"세상의 소금 같은 가족이죠."

뒤이어 핵심이 등장했다. 대니얼이 이 사업을 하려는 이유였다.

"케이티가 열다섯 살 때 아버지가 심한 관절 통증에 시달렸어요. 통증이 너무 심해서 무거운 물건을 옮기거나 사다리를 오를 수 없었고 심지어 직장에서 다리를 구부리지도 못할 정도였죠. 그래서 가계 수입이 줄기 시작했는데 반대로 병원비는 점점 불어났어요."

케이티의 이야기에 집중하면서 대니얼의 태도도 변화하기 시작했다. 그는 아까보다도 더 진지해졌고 열정이 느껴졌다. 그가 이 사업을 선택한 이유 또한 더욱 명백해졌다. 대니얼이 대학에서 케이티를 만났을 때 케이티는 학자금 융자를 받지 않으려고 종일 일하고 있었다. 빚이 가족에게 어떤 어려움을 떠안길지 알고 있었기 때문이다. 그럼에도 그녀는 4만 달러 이상의 빚을 진 채 대학교를 졸업했고 이후 10년간 월급으로 근근이 살아가면서도 사회복지사로서 재정 문제를 겪고 있는 다른 사람들을 도왔다. 그동안 빚은 거의 두 배로 불어났다.

좋은 이야기는 이야기 속 캐릭터를 보게 해준다. 그리고 이야기 속에서 내 모습을 보게 해준다. 대니얼이 이야기를 하는 동안 나는 과거에 아내와 함께 시카고 리버노스 지역에서 있는 한 ATM기 앞에 서 있던 때를 떠올렸다. 밖에는 눈이 오고 있었고 우리는 빨리 현금을 인출해서 나가고 싶었다. 당시 우리는 가정을 꾸릴 계획을 세우고 있었는데 문제는 돈이 부족하다는 것이었다. 은행 계좌를 확인해 보니 예금이 고작 3,000달러도 안 되었다. 하지만 학자금 융자는 최소한 3만 달러 이상이 남아 있었다. 그때 내 심정을 표현하기에 불안이란 지나치게 단순한 단어다. 나는 케이티의 이야기에 구구절절 공감할 수 있었다.

그때 대니얼이 내게 통계치를 제시했다.

"미국에만 5,000만 명 이상이 케이티 같은 삶을 살고 있어요."

그가 처음에 보여 준 프레젠테이션이 '못생긴 공작부인'이었다면 이건 가히 '모나리자' 급이었다.

숫자보다 스토리를 보여 줘야 하는 이유

스타트업 아이디어는 파도처럼 한꺼번에 밀려오는 경향이 있다. 더 편안한 매트리스, 더 스마트한 칫솔, 아동 친화적인 소셜 네트워크 등. 몇 년 전에는 슈트케이스 스타트업이 유행이었던 것 같다. 한 투자자는 약 4개월 동안 회사에 슈트케이스 스타트업에 대한 투자 유치 요청이 여러 번 들어왔다고 말했다. 사실 그들은 슈트케이스 업계에 관심이 있었다. 고마진 상품인 데다 온라인 판매에도 적합해 보였기 때문이다. 문제는 프레젠테이션마다 항상 똑같은 말만 반복한다는 점이었다. "우리는 수십억 달러 가치를 지닌 거대한 시장을 교란하고 싶습니다!"

다만 그중에서 눈길을 사로잡는 프레젠테이션이 하나 있었다. 이 투자 유치 프레젠테이션은 시장이 아닌 고객을 중심에 두고 있었다. 마이클 더빈이 달러 셰이브 클럽을 홍보했을 때처럼 이 프레젠테이션도 한 고객의 이야기를 시각적으로 나열하고 있었다. 그가 브런치로 무엇을 먹었고(아보카도 토스트), 어떤 종류의 개를 키우고 있고(유기견 출신의 귀염둥이), 언젠가 꼭 가 보고 싶은 여행지는 어디인지(아이슬란드) 말이다. 심지어 이 스타트업의 공동 창업자인 젠 루비오Jen Robio는 인스타그램

계정까지 만들어 이 가상 고객의 이야기를 전달했다.

"아이디어 자체도 거대했습니다. 단순한 슈트케이스가 아니었죠."

투자자는 내게 이렇게 말했다. 그의 회사는 루비오의 어웨이Away에 최초로 수표를 써 주었고 얼마 안 가 어웨이는 시장에서 가장 잘나가는 여행 가방 회사가 되었다.

어웨이의 프레젠테이션은 눈에 띄게 독특하지만 기회를 얻는 사람들의 패턴을 명확하게 따르고 있다. 이들은 단순히 고객에 대해 서술하는 게 아니라 듣는 사람이 고객 경험을 시각적으로 따라가게 만든다. 나는 이 기법을 '스토리보딩'storyboarding이라고 부르는데, 이 같은 방법은 투자자뿐만 아니라 스카우터와 파트너, 회사 동료들에게도 강한 설득력을 발휘한다.

마이클 더빈은 내게 달러 셰이브 클럽의 첫 자금 조달 라운드를 성공시킨 후에도 스토리보딩을 그만두지 않았다고 말했다. 그는 회사의 모든 마케팅과 광고에 중심 캐릭터를 설정했고 그들의 광고는 수천만 번 이상 노출되었다.

에어비앤비 스토리에서 스토리보딩이 중요한 부분을 차지하는 것도 이런 이유 때문이다. 약 8년 전에 나는 샌프란시스코 포트레로 힐에 있는 에어비앤비의 첫 본사 건물을 방문한 적이 있었다. 그곳 사무실 벽에는 에어비앤비 호스트가 알아야 할 주요 사항을 그림으로 설명한 스토리보드가 붙어 있었다. 설명을 순서대로 옮기면 다음과 같다.

- 기존에 에어비앤비 호스트를 경험해 본 친구들에게 어땠는지 물어봅니다.
- 호스트가 되기로 했다면 집의 사진과 자세한 세부 사항을 업로드합니다.
- 관심 있는 손님으로부터 문의를 받고 그들의 프로필을 확인합니다.
- 거래를 진행하고 대금을 지불받습니다.
- 당일이 되면 손님을 맞이하고 열쇠를 직접 건네줍니다.
- 이틀 뒤에 돌아와 집을 점검합니다.
- 에어비앤비 앱을 열어 고객에 대한 리뷰를 남기고 그들이 호스트에 대해 남긴 리뷰를 확인합니다.

에어비앤비가 스토리보드를 만든 계기는 디즈니였다.[6] CEO 브라이언 체스키Brian Chesky가 연휴 기간에 월트 디즈니 평전을 읽다가, 디즈니가 동료들에게 스튜디오 최초의 장편 만화영화인 〈백설 공주〉에 대해 설명할 때 만화책 스타일의 한 페이지짜리 개요를 사용했다는 이야기에 깊은 인상을 받은 것이다. 디즈니가 사용한 도구에서 영감을 받은 체스키는 픽사 출신의 애니메이터를 고용해 스토리보드를 짜는 데 도움을 받았다.[7]

특히 스토리보딩은 각별한 주의가 필요한 중요한 순간들을 식별할 수 있도록 도와주었다. 호스트가 대금을 수령한 후 자기 집을 다시 에어비앤비 명단에 올릴지 말지를 결정하는 순간, 이용자가 빌린 집 안으로 처음 걸어 들어가는 순간 같은 경우 말이다. 이 같은 중요 단계를 시 각화하여 표현함으로써 에어비앤비는 디자이너건 영업사원이건 엔지니어건 모두가 이해할 수 있는 방식으로 경험을 재창조할 수 있는 지점을 짚어 낼 수 있었다.

스토리보딩의 핵심은 지지자와 고객을 잇는 '공감의 다리'로 작용한다는 것이다. 빌 게이츠의 딸과 나이지리아에 사는 이름 모를 소녀를 연결해 준 짧은 동영상처럼 말이다. 이는 다른 사람의 눈으로 세상을 보게 해주고 다른 사람이 느끼는 것을 느끼게 해준다. 스토리보딩의 이런 점은 프레젠테이션할 때 특히 중요한데 대부분 경우 지지자는 당신의 고객이 아니기 때문이다. 벤처 투자자는 그가 개인적으로 사용하지 않을 애플리케이션에 투자한다. 출판인들이 자신이 읽고 싶은 책만 출간하는 것은 아니며, 제작사 사장도 자신이 보고 싶은 영화만 만드는 것은 아니다. 당신을 후원할 사람들은 스토리보드를 통해 당신이 상품을 제공하고자 하는 사람들과 연결된다.

나 역시 스토리보딩 기법을 배운 뒤에 내 방 벽 가득 포스트잇을 붙여 전형적인 라이즈 고객의 경험을 시각화했었다. 이 이야기는 1차 의료기관에서 일하는 내과 의사가 내 고객에게 당뇨병에 걸릴 위험을 줄이려면 체중을 8킬로그램 줄여야 한다고 조언하는 데서부터 시작한다. 고객은 집에 가서 인터넷으로 다이어트의 종류를 검색해 본 다음 케토 식이요법을 시도해 보기로 한다. 몇몇 경험담을 읽고 용기를 얻은 그는 쇼핑 목록을 작성해 대형 마트로 향한다. 새로운 식이요법을 시작하고 처음 2주일 정도는 기분도 몸 상태도 아주 좋다. 하지만 4주 차의 어느 바쁜 날 그는 다시 탄수화물 가득한 식단으로 돌아가고 만다. 6주 차가 되었을 때는 다이어트를 완전히 포기한다.

나중에 투자자들이 가득 앉아 있는 회의실에서 이 스토리보드를 설명했을 때 나는 여기저기서 고개를 끄덕이는 걸 볼 수 있었다. 그들은 내 이야기에 공감했다. 스토리보딩은 이처럼 지지자와 고객 사이에 공감대를 형성할 수 있는 좋은 방법이다. 공감대를 형성하고 나면 관련 숫자와 통계를 보다 효과적으로 전달할 수 있다.

한 가지 명심할 점은 아무리 좋은 이야기라도 사실과 정보를 대신할 순 없다는 것이다. 코끼리와 기수는 양쪽 다 중요하다. 어웨이는 여행자 캐릭터를 소개한 후 밀레니얼 세대에게 여행이 최고의 가처분소득 사용처가 되고 있다는 사실을 알려 주었고, 마이클 더빈은 달러 셰이브 클럽의 중심 캐릭터를 설정한 후 미국의 수백만 남성이 매달 가게에 가서 면도날을 사야 하는 번거로운 경험을 하고 있음을 제시했다.

라훌 보라Rahul Vohra는 '슈퍼휴먼'Superhuman이라는 급속도로 성장하는 이메일 서비스를 소개하면서 투자자들에게 한 고객의 이메일 받은 편지함을 보여 주었다. 그리고 10억 명 이상의 직장인이 하루에 3시간 이상을 이메일을 읽고 쓰는 데 소비한다는 사실을 주지시켰다. "그건 제게 큰 설득력을 발휘했습니다." 연쇄창업가이자 퍼스트 라운드 캐피털First Found Capital의 파트너 빌 트렌차드Bill Trenchard는 내게 이렇게 말했다. "제가 투자를 할 수 있게 감성적으로 건드린 뒤에 사업이 실제로 성과를 거둘 수 있을 거라는 증거를 보여 주었죠."

다시 한번 강조하지만 객관적인 자료는 필수다. 특히 아이디어가 무르익을수록 그렇다. 그러나 아이디어의 초기 단계에서 사람들의 관심을 끄는 건 고객에 관한 이야기다. 루스 헤들스턴Russ Heddleston은 중요 문서를 안전하게 공유하는 독센드DocSend의 CEO다. 수만 개의 투자 유치용 자료와 투자 계약 조건 문서가 이 서비스를 통해 오갔고, 이는 헤들스턴에게 한 가지 아이디어를 떠올리게 해주었다. 만일 효과적인 프레젠테이션 자료와 그렇지 않은 자료를 구분할 방법이 있다면 어떨까? 헤들스턴은 하버드 경영대학원과 함께 관계자들의 허가 아래 수천 개의 스타트업 투자 유치 프레젠테이션을 분석해 자료의 길이와 형식, 이미지의 사용이 실제 투자 유치의 성공에 얼마나 큰 영향을 끼치는지 조사했다.[8]

개인적으로도 분석적인 성향이 강한 헤들스턴은 이런 자료 세트가 특히 재무 및 통계 자료를 어떻게 활용했는지 주목했다. 놀랍게도 그가 발견한 사실은 성공을 거둔 대부분의 프레젠테이션 자료가 재무 상황이나 통계를 중점적으로 다루지 않는다는 것이었다. 사실 대부분의 프레젠테이션 자료는 그런 통계치를 포함하고 있지도 않았다. 창업가들은 먼저 흥미로운 이야기를 활용해 투자자의 관심을 끌어 프레젠테이션 기회를 잡은 다음 회의실에서 숫자와 통계를 제시하는 경우가 많았다. 이는 헤들스턴과 스타트업 업계에 놀라움을 안겨 주었고 테크크런

치에 게재된 관련 기사는 그해 해당 사이트에서 가장 높은 조회수를 기록했다.[9]

누구를 위해 시작했는지 항상 상기하라

효과적인 중심 캐릭터는 단순한 프레젠테이션용이 아니라 마케팅 전략과 투자 접근법, 주주 관계를 구축하게 돕고 나아가 강력한 채용 메시지를 전달한다.

리나와 내가 학자금 융자의 덫에서 빠져나올 수 있었던 것은 그루폰에 취직한 덕분이었다. 입사 첫해에는 《포브스》에서 그루폰 창업자인 앤드류 메이슨을 표지 인물로 선정하기도 했다.[10] 그런데도 내가 면접을 봤을 때 메이슨은 회사의 폭발적인 성장과 거대한 시장 규모, 또는 수익이 매달 두 배씩 증가하고 있다는 사실에 대해 입도 벙긋하지 않았다. 대신 그는 회사 건물에서 몇 블록 떨어진 곳에 있는 빵집에 관해 이야기했다.

"그 집 주인이 빵집을 연 건 마케팅이나 고객을 유치할 방법을 알아내는 걸 좋아하기 때문이 아닙니다. 그가 빵집을 연 건 빵 만드는 걸 좋아하기 때문이죠. 우리는 그가 좋아하는 일에 집중할 수 있도록 그 밖의 다른 일을 해결해 주는 회사입니다."

우리는 책상을 두고 마주 앉거나 회의실에서 면접을 보지 않았다. 우리는 시카고 시내를 돌아다니며 대화를 나눴고 메이슨은 그루폰을 사용하는 지역 레스토랑과 상점, 운동 스튜디오 등에 대해 말해 주었다. 사무실로 돌아왔을 때 나는 회사 벽에 직원들의 사기 증진을 부르짖는 포스터가 붙어 있지 않다는 사실을 발견했다. 회사 벽면은 지역 상점들과 동네 구멍가게의 이야기들로 채워져 있었다. 직원들에게 그들이 누굴 위해 일하고 있는지 상기시키기 위해, 즉 그들이 집중해야 할 중심 캐릭터들의 일상을 상기시키기 위해서였다.

사실 그때까지만 해도 다른 회사에 더 관심이 있었지만 나는 그날 시카고로 이사해 메이슨을 위해 일하기로 마음먹었다. 통계 수치나 타당성 때문이 아니라 면접 중에 그가 말해 준 중심 캐릭터 때문이었다. 나는 그 사람을 위해 일하고 싶었다.

그러나 시간이 지나고 회사가 성장하면서 그런 중심 캐릭터에게 집중하기가 점점 어려워졌다. 100명 남짓 일하던 회사가 1만 명 이상의 직원을 고용하게 되고 작은 스타트업을 넘어 IPO를 하게 되자, 지역 상점을 돕는 일에 집중하던 우리는 얼마 안 가 분기별 실적에 더 관심을 두게 되었다. 우리는 열심히 살아가는 소규모 상점에 품은 공감대를 잃었고, 기존에 돕고자 했던 바로 그 사람들을 희생시키며 마진과 이익을 쥐어짜고 있었다. 그 결과 우리는 중심 캐릭터들의 신뢰를 잃고 더불어 회사 가치의 절반을 잃었다. 이후 나는 회사의 사기가 추락하고 투자자들의 믿음이 증발하고 유능한 직원들이 떠나가고 메이슨이 회사와 결별하는 것을 목격했다.

이처럼 중심 캐릭터는 너무도 강력해서 회사 전체의 문화를 구축할 수도, 반대로 무너뜨릴 수도 있다. 2017년에 우버의 CEO였던 트래비스 캘러닉Travis Kalanick이 옷을 잘 차려입은 어떤 사람에게 고함을 지르는 동영상이 유출되었다.[11] 그냥 지나가던 사람이 아니었다. 그는 우버 드라이버였다. 그 영상이 공개된 후 캘러닉은 말 그대로 바닥으로 추락했다. 그가 고함을 지른 사람이 다른 사람이었다면 그 정도로 내몰리진 않았을 것이다. 그러나 '그 운전사'는 우버가 회사의 핵심 가치로 내세운 중심 캐릭터였다.

우버의 직원들은 우버 드라이버의 삶을 보다 생산적이고 풍요롭고 행복하게 만드는 것이야말로 그들의 사명이라고 교육받았다. 그런데 그런 깃발을 흔들던 사람이 갑자기 영상 속에서 그들의 중심 캐릭터를 질책하며 "어떤 놈들은 똥을 싸고 뒤처리하는 법도 모르고" "자기 인생이 엉망인 걸 남 탓밖에 할 줄 모른다."라고 윽박지른 것이다.[12] 그 후 몇 달 안 되어 수많은 인재가 우버를 떠났고 우버의 가장 큰 경쟁사인 리프트Lyft에 투자 자금이 몰렸다. 캘러닉은 결국 사퇴했다.

라이즈의 프레젠테이션을 위해 내가 준비한 자료들은 지금 와서 살펴보면 "다이어트 산업은 300억 달러 가치를 지닌 거대 시장으로 매년 성장세에 있으며 이제 교란될 시기가 무르익었습니다." 같은 문장으로 시작된다. 투자자와 보내는 시간이 많아질수록 나는 애초에 나를 라이즈로 이끈 중심 캐릭터와 점점 멀어지고 있다는 느낌을 받았다.

중학교 때 아버지가 나를 학교에 데려다준 날이 기억난다. 우리는 오후 3시에 그 자리에서 다시 만나기로 약속했다. 수업이 끝나고 나는 몇 시간이 지났는지도 모르는 채 똑같은 자리에 서서 미시간주의 초가을 하늘이 점점 어두워지는 모습을 지켜보았다. 이모님이 나를 데리러 허둥지둥 주차장으로 달려왔을 즈음 아버지는 이미 수술대에 누워 있었다. 나중에 알았지만 아버지는 그날 아침 의사와 약속이 있었고 심장 스트레스 검사를 받다가 쓰러졌다.

아버지는 심장 수술을 받고 9일 뒤 완전히 달라진 모습으로 병원에서 퇴원했다. 고작 40대에 불과한데도 때때로 80대 노인처럼 보일 정도였다. 병원을 나올 때 우리의 손에는 '환자의 식이요법 및 주의 사항'이라는 제목의 종이가 들려 있었다. 거기엔 아버지가 조심해야 할 음식이 알파벳 순서대로 나열되어 있었는데 '브로콜리'와 '방울다다기양배추'로 시작하고 있었다. 그러나 우리는 인도인 가족이고 인도 음식을 먹었다. 브로콜리와 방울다다기양배추는 먹지도 않았다. 그렇게 아버지가 먹는 모든 음식을 감시하는 수년간의 노력이 시작됐지만 어떤 방법도 썩 탐탁지 않았다. 의사들은 아버지가 식이요법을 지속할 방법을 찾아내지 못하면 다시 수술실로 실려 갈 수 있고 어쩌면 그게 조만간일지도 모른다고 경고했다.

나는 회의실에서 나의 중심 캐릭터를 조명하기로 했다. 투자자들에게 아버지의 이야기를 들려주었다. 아버지가 수술실에 누운 날부터 수개월 동안 시도했던 온갖 식이요법과 마침내 아버지의 건강을 되돌리는 데 도움을 준 영양관리사를 만나게 된 이야기까지, 그렇게 스토리보드를 거친 뒤에는 통계와 숫자를 제시했다.

굽타 집안에 위기가 몇 번 찾아오긴 했지만 우리는 결코 혼자가 아니었다. 매년 환자 수만 명이 심장 수술을 받고 우리와 비슷한 식이요법 계획을 세우며 병원에서 퇴원한다. 다섯 명 중 한 명은 심장 수술을 받은 지 약 65일 안에 다시 병원에 입원한다. 좀 더 시야를 넓히면 매년 미국에서 4,500만 명이 식이요법을 시도한다. 그들은 1년에 평균 4번을 시도하고 실패하는데 이는 수백만 명 이상이 700억 번 이상의 시도를 통해 좌절과 우울감 그리고 심부전을 경험한다는 의미다.

이것이 바로 투자자들의 관심을 사로잡는 프레젠테이션이다. 한 명의 인물, 즉 내 아버지에게서 시작해 얼마나 많은 사람이 그와 똑같은 고통을 겪고 있는지 점점 더 넓게 확장해 보여 주는 것이다.

무사히 사업 자금을 조달하고 나서 1년 뒤 나는 한 칵테일파티에서 한 투자자와 마주쳤다. 그는 노드스트롬Nordstrom의 한 임원과 대화를 나누는 중이었다. 노드스트롬의 임원이 대화에 활기를 더하기 위해 투자자에게 어쩌다 라이즈에 투자하게 되었느냐고 묻자 그는 잠시 머뭇거리더니 이렇게 대답했다.

"그분 아버지 이야기가 가슴에 박히더군요."

우리는 익명의 소비자가 아닌 '한 사람'에게 공감한다

우리는 모두 타인과 감정적으로 연결되어 있다. 수백만 부 이상 판매된 《나는 4시간만 일한다》는 사실 팀 페리스가 직장 생활에 환멸을 느끼던 친구 두 명을 위해 쓴 책이다. 최고의 아이디어는 우리가 아이디어와 인간적인 연결을 느낄 수 있도록 한 명의 중심 캐릭터에서 이야기를 시작한다.

숫자보다 스토리를 보여 줘야 하는 이유

고객 경험을 단계적이고 구체적으로 설명하라. 커스틴 그린은 처음에 달러 셰이브 클럽에 전혀 관심이 없었지만 마이클 더빈의 설명을 듣고 마음을 바꿨다. 더빈은 그의 핵심 고객이 약국에서 어떤 끔찍한 경험을 하는지 차근차근 들려주었다. 스토리보드는 당신의 지지자와 고객을 연결하는 '공감대 다리'로, 당신이 도움을 주고 싶은 사람들과 깊이 연결되어 있다. 그들이 무엇을 보는지 보고 무엇을 느끼는지 느껴라.

누구를 위해 시작했는지 항상 상기하라

그루폰과 우버는 중심 캐릭터를 중심으로 기업문화를 구축했지만 그들이 도움을 주고자 하는 이들의 신뢰를 잃고 커다란 타격을 입었다. 중심 캐릭터를 설정해 놓고 이야기 중간에 그들을 외면하거나 버리지마라. 그들을 항상 영웅으로 만든다면 주변 모든 사람에게 꾸준히 영감을 줄 수 있다.

상대를 홀리는 나만의 비결을 습득하라

수년 전 급속도로 성장 중이던 한 스타트업의 일자리를 얻기 위해 면접을 본 적이 있었다. 핏빗Fitbit처럼 활동 추적 스마트밴드를 만드는 회사였는데 CEO와 면접을 보게 되어 미리 인터넷으로 정보를 찾아봤다. 관련 기사를 읽고 동영상을 시청하고 내 의견을 문서로 정리하다가 면접 전날, 한 가지 사실을 깨달았다. 적어도 한 회사의 CEO라면 내가 면접에 대비해 조사한 모든 정보를 이미 알고 있을 거라는 점이었다.

그래서 나는 좀 다른 방법을 시도하기로 했다. 그 방법은 유저테스팅닷컴UserTesting.com에 접속하는 것이었다. 이 사이트에서는 다른 사람을 고용해 당신의 제품을 테스트하고 피드백을 얻을 수 있다. 내가 그 스타트업의 웹사이트에 대한 테스트를 요청하자 몇 시간 뒤 세 개의 피드백 동영상을 받을 수 있었다. 각각의 동영상을 살펴보니 하나의 패턴이 보였다. 테스터들은 활동 추적기의 기능을 마음에 들어 했지만 제품을 어떻게 쇼핑 카트에 넣어야 할지 몰라 당혹스러워 했다. 즉 물건을 실제로 구매하는 과정이 명확하지 않다는 문제가 있었다.

다음 날 나는 일반적인 조사 결과뿐만 아니라 구글 검색으로도 결코 습득할 수 없는 신선한 통찰력을 갖춘 채 면접실로 들어섰다. 면접이 절반 정도 진행되었을 때 나는 CEO에게 웹사이트의 인터페이스에 문제가 있음을 언급했다. 그는 내 이야기를 듣고도 처음에는 크게 신경 쓰지 않는 것 같았다. 어쨌든 회사 웹사이트에는 담당자가 따로 있으니 말이다. 나는 전화기로 뭔가를 보여 줘도 괜찮겠느냐고 물었고 그의 승낙을 받았다. 이윽고 어색한 분위기 속에서 나는 길쭉한 회의실 탁자를 돌아 그에게 다가갔다.

그리고 첫 번째 동영상을 재생했다. 고객의 당혹스런 목소리가 들렸다. "여기서 결제 페이지로 어떻게 가는지 모르겠어요." 두 번째 영상의 고객은 첫 번째 고객보다 더 짜증이 난 것 같았다. 그는 무겁게 한숨을 쉬며 말했다. "페이지를 새로고침해서 처음부터 다시 시작해야 할 거 같은데요." 세 번째 영상을 불러냈을 즈음 CEO는 내 전화기 화면을 보고 있지 않았다. 그는 나를 쳐다보고 있었다.

"이 영상이 어디서 났죠?"

그가 물었다. 나는 직접 피드백을 수집했다고 대답했다.

"수백 명과 면접을 봤지만 이런 것을 가져온 사람은 처음입니다."

하지만 '이런 것'을 준비하는 데 그리 큰 노력이 필요하지도 않았다. 약 한 시간과 50달러 정도가 다였다. 그렇게 수집한 자료도 천지가 개벽할 만한 내용은 아니었다. 그러나 내가 뻔한 정보 말고 다른 것을 알아내기 위해 각별한 노력을 기울였음을 보여 주었다.

면접을 마치고 몇 시간 뒤 나는 일자리 제의와 함께 CEO의 따뜻한 메시지를 받았다. 어떤 면접에도 합격할 수 있는 비밀 암호를 푼 듯한 기분이 들었다. 이제껏 내가 날린 수많은 기회 그리고 단순한 행동 하나가 어떻게 모든 것을 바꾸는지에 대해 생각했다. 이처럼 기회를 얻고자 한다면 인터넷 검색을 넘어 나만의 것이라고 부를 수 있는 참신한 통찰력을 습득해야 한다.

이후 나는 그 회사에 입사하지 않고 직접 스타트업을 창업했지만 그때의 깨달음은 강력했다. 수년 뒤 나는 벤처 투자자이자 앤드리슨 호로위츠의 공동 창업자 벤 호로위츠Ben Horowitz에게 더욱 명확한 설명을 들을 수 있었다. 인턴들과의 대화에서 누군가 그에게 이런 질문을 던졌다. "기업가로서 어떻게 아이디어를 얻는가?" 호로위츠는 훌륭한 아이디어는 대개 세상에 나가 '다른 사람들은 모르는 무언가를 배움으로써' 알게 되는 '습득한 비결'에서 나온다고 대답했다. 그리고 약 10년 전 초창기에 투자한 에어비앤비의 사례를 예로 들었다.

호로위츠는 에어비앤비의 기본 개념이 처음에는 별로 마음에 들지 않았다고 한다. "에어매트리스에 공기를 채운 다음 우리 집 마룻바닥에 깔고 다른 사람한테 빌려준다니. 허, 그런 아이디어가 실패할 리가 없죠!"라며 농담도 던졌다.[1] 그런데도 호로위츠가 관심을 가진 이유는 창업자들이 그 아이디어에 도달한 '과정' 때문이었다.

그들은 온라인 검색이 아니라 개인적인 경험을 통해 놀라운 통찰력에 도달했다. 브라이언 체스키와 조 게비아Joe Gebbia는 로드아일랜드 디자인 스쿨을 졸업한 후 직장도 없이 무작정 샌프란시스코로 이사를 왔다. 집주인이 집세를 올려 달라고 하자 서둘러 현금을 마련해야 했고 그러다 산업 디자인 콘퍼런스 때문에 시내 호텔이 전부 만원이 되었다는 이야기를 들었다. 이에 그들은 에어매트리스를 몇 개 산 다음 손님들에게 잠잘 공간을 빌려주고 1인당 80달러를 받았다.

놀랍게도 이 아이디어는 성공을 거뒀다. 많은 사람이 에어매트리스에서 자겠다고 기꺼이 돈을 지불했을 뿐만 아니라 체스키가 광고를 냈을 때 약 500건에 이르는 문의가 들어왔다.[2] 투자자들에게 이 아이디어를 프레젠테이션했을 때 체스키는 시장조사 결과조차 제시하지 않았다. 그는 아이디어의 발단이 되었고 이를 심화한 통찰력을 제시했다.

이처럼 아이디어에 도달하는 과정은 아이디어 자체만큼이나 중요하고 의미 깊을 수 있다. 나는 제임스 캐머런이 영화 〈타이타닉〉의 제작을 위해 피터 처닌을 설득한 이야기를 평생 잊지 못할 것이다. 당시 〈타이타닉〉의 제작비는 역대 최고 수준이었다. 처닌은 만일 그 영화가 실패했다면 20세기폭스의 사장 겸 CEO 자리에서 쫓겨났을 거라고 내게 털어놓았다.

처닌이 주목한 것은 캐머런이 그 주제에 개인적으로 지독히 몰입해 있다는 것이었다. 처음에 만났을 때 그들은 영화에 관한 이야기도 그리 많이 하지 않았다. 그저 '타이타닉'이라는 선박과 그 침몰 사고에 대해 열띤 대화를 나눴다. 처닌은 나중에 내게 타이타닉의 침몰에 관한 캐머런의 지식이 엄청났다고 말했다. 캐머런은 타이타닉의 선박 구조를 완벽하게 설명하고 사건이 발생한 순서를 세세하게 읊었다. 그리고 이런 지식과 통찰력 덕분에 소득 불평등이라는 핵심 주제에 가닿을 수 있었다.

영화 속에서 그의 로미오와 줄리엣은 서로 다른 경제적 배경을 가지고 있었다. 이는 그들이 배에서 각자 다른 위치에 있는 선실에 묵게 되고 그 결과 생존할 가능성에 차이가 생긴다는 뜻이었다. "내가 들어 본 중 가장 인상적인 프레젠테이션이었습니다."라고 처닌은 말했다.

나는 스마트밴드 회사의 CEO와 면접을 준비하며 개인적으로 수집한 사용자 테스트 피드백을 보고 있을 때 바로 이렇게 타이타닉의 잔해를 눈으로 직접 확인하기 위해 수중 잠수까지 한 캐머런이 된 듯한 기분을 느꼈다. 또 자기 집 바닥에 에어매트리스를 깔고 손님들에게 대여한 체스키가 된 것 같기도 했다. 그때부터 나는 나만의 비결을 터득하기 위해 할 수 있는 일들을 배우기 시작했다.

구글 검색에서 찾을 수 없는 것을 찾아라

수디르 벤카테시Sudhir Venkatesh는 박사학위를 위해 시카고 대학교에 있는 스티븐 레빗Steven Levitt의 교수실을 찾아갔다.[3] 머리를 엉덩이까지 기른 헤비메탈 팬이었던 벤카테시는 레빗에게 갱 사회의 경제학을 연구하고 싶다고 말했다. 대부분 대학원생에게 연구란 설문 조사지를 나눠 주고 포커스그룹을 운영하고 발견한 내용을 스프레드시트에 정리하고 분석하는 것이다. 그러나 벤카테시가 그의 연구 주제를 위해 무엇을 할지는 아무도 예측하지 못했다. 그는 약 7년간 시카고에서 가장 무자비하다는 갱단 중 하나인 블랙킹스와 어울려 다녔다.[4]

그 후 수년이 지나 나는 벤카테시와 노스웨스턴 대학교에서 커피 타임을 가졌다. 그는 갱단 리더들의 회의에 참석한 일부터 차를 타고 가다 총격을 당한 일 그리고 연구 중에 발견한, 기존에 알려지지 않은 미시경제학에 이르기까지 자신의 경험담을 단편적으로 들려주었다. 갱단들과 함께 지내며 연구에 몰두한 끝에 그는 대부분의 갱단 사람들이 길거리에서 마약을 판매해 버는 돈이 맥도널드 시급보다도 더 적다는 사실을 알게 되었다.

우리가 만났을 때 벤카테시는 이미 학계에서 떠오르는 스타였다. 그는 미국 전역을 돌아다니며 입석 전용 강당에서 강의했고 그의 연구 결과는 베스트셀러 《괴짜경제학》에 실려 큰 반응을 얻었다. 그러나 그의 이야기에서 진정 놀라운 점은 그가 발견한 사실이 아니라 '사실을 발견한 방식'에 있었다. 벤카테시는 연구 주제에 깊이(그리고 위험하게) 몰두함으로써 연구 방식과 관련해 학계 전반에 새로운 시각을 제공했다. 이제는 책상 뒤에 앉아 있는 것만으로는 충분하지 않다.

수년 뒤 나는 베벌리힐스에 있는 영화·TV 제작회사 이매진 엔터테인먼트Imagine Entertainment에서 브라이언 그레이저Brian Grazer를 기다리고 있었다. 그는 〈아폴로 13〉과 〈뷰티풀 마인드〉, 〈못 말리는 패밀리〉 등을 제작했고 그가 제작한 영화 및 텔레비전 드라마는 총 40개의 아카데미상과 190개의 에미상 후보에 올랐다. 대기실은 그레이저에게 새로운 아이디어를 보여 주고 싶어 안달이 나 있는 사람들로 북적거렸다. 하지만 내가 여기 있는 것은 다른 이유 때문이었다. 이 저명한 할리우드 제작자는 어떤 아이디어에 기회를 주고 싶어 할까?

햇빛이 잘 드는 회의실로 안내되었을 때 나는 속으로 생각했다. '오늘 브라이언 그레이저에게 프레젠테이션을 한다면 어떻게 해야 그의 관심을 사로잡고 흥분시킬 수 있을까?' 나는 회의실에서 그를 만나자마자 이렇게 물었다.

"저 밖에 빨리 이 방에 들어와 프레젠테이션하고 싶어 하는 사람들이 잔뜩 있던데, 그들에게 어떤 조언을 해주시겠습니까?"

그레이저가 잠시 생각에 잠기더니 대답했다.

"구글에서 찾을 수 없는 걸 보여 달라고 말하고 싶군요. 저는 독특하고 참신한 아이디어가 보고 싶습니다. 구글 검색에서 찾을 수 있는 거 말고요."

내가 사례를 듣고 싶어 한다는 것을 알자 그레이저는 몸소 프레젠테이션 모드로 돌입했다.

"조지아주 애틀랜타에 한 고등학교가 있는데 우리가 아는 많은 래퍼가 거기 출신이죠. 안드레 3000, 빅 보이…, 다 같은 고등학교를 나왔어요. 이거 알았습니까?"

몰랐다. 그레이저의 이야기가 흥미롭게 느껴졌다. 더 듣고 싶었다. 브라이언 그레이저와 벤 호로위츠는 서로 다른 분야에 종사하고 서로 다른 아이디어를 접하지만 본질적으로 똑같은 것을 추구한다. 그들은 수디르 벤카테시를 원한다. 책상 앞에서 구글 검색을 하기보다 더 깊이 파고들 사람, 개인적으로 이야기와 깊은 관련을 맺고 대부분 사람은 모르는 것을 발견하는 사람 말이다.

다시 말하지만 아이디어에 도달하는 과정은 아이디어 그 자체만큼이나 중요하고 의미 깊다. 로건 그린Logan Green은 짐바브웨를 여행하던 중 지역 주민들이 미니버스 공유 네트워크를 이용하고 있음을 알게 되었다. 콤비스Kombis라고 불리는 이 차량 호출 네트워크는 대중교통 시설이 부족하고 자가용을 가진 사람이 극히 드문 환경에서 아주 유용했다. 그린은 여기에 깊은 인상을 받은 나머지 집으로 돌아와 차량 통행이 점점 늘어나고 있는 캘리포니아에서도 비슷한 시스템을 적용해 보기로 했다. 그는 이 서비스의 이름을 짐바브웨에서 따와 '짐라이드'Zimride라고 불렀고 직접 첫 번째 드라이버가 되었다.

내가 투자인인 앤 미우라코Ann Miura-Ko에게 어쩌다 짐라이드에 관심을 가졌느냐고 묻자 그녀는 그린이 "가장자리에서 얼쩡거리지 않고 아이디어를 향해 곧장 직행했기 때문"이라고 대답했다. 미우라코는 그린

이 직접 승객들을 태우고 LA 지역을 누비며 피드백을 받은 행동을 높이 평가했다.[5] 그녀는 짐라이드의 첫 투자자였고 이후 회사는 리프트로 이름을 바꿨다.

비슷한 이야기로, 감독인 친구 하나가 내게 전화를 건 일이 생각난다. 그는 새 다큐멘터리 제작에 참여하게 되어 신이 나 있었다. 2016년 미국 대선 때 위스콘신주가 민주당 우세 주에서 공화당 우세 주로 바뀐 사건에 관한 이야기였다. 나는 그가 비슷한 주제로 다양한 아이디어를 물색했다는 사실을 알고 있었기에 왜 하필 이 작품을 선택했느냐고 물었다. 그러자 그는 이렇게 대답했다. "이 사람들은 이유를 알아보려고 캘리포니아에서 위스콘신으로 이사까지 갔거든."

그러니 당신을 아이디어로 이끈 통찰력을 다른 사람들에게 알려 줄 때면 이렇게 자문해 보라. '이게 구글에서 찾을 수 있는 내용인가?' 만일 그렇다면 더 깊고 자세히 조사하고 연구하라. 전문가를 만나 인터뷰를 하고 여행을 가고 아이디어와 관련된 비영리단체에 참여하라.

만일 암호화폐에 관심이 있다면 논문이나 보고서를 읽는 데 그치지 말고 직접 계좌를 만들고 거래를 시도해 보라. 자율주행 차량에 관심이 있다면 뉴스레터를 받아보는 것만으로는 충분하지 않다. 공장을 방문하고 직접 차량을 운전해 보라. 만일 대마초에 관심이 있다면… 음, 여러 옵션을 선택할 수 있는 주州가 점점 늘고 있으니 고려하길 바란다. 아무튼 구글 검색만으론 부족하다. 한층 더 깊이 들어가야 한다. 비결은 바로 거기에 있다.

성실하게 노력하는 사람은 거절하기 어렵다

일단 구글을 넘어서고 나면 프레젠테이션에 당신의 노고가 드러나게 만들어야 한다. 아이디어뿐만 아니라 당신이 얼마나 열심히 노력했는지, 여기까지 오기 위해 무슨 일을 했는지 보여 주어라. 당연한 이야기 아니냐고? 하지만 신기하게도 많은 사람이 이 점을 간과하곤 한다.

몇 달 전 나는 두 번째 프레젠테이션을 앞둔 자동차회사의 한 임원과 통화했다. 그는 아직도 첫 프레젠테이션에서 좌절한 경험에서 헤어 나오지 못하고 있었다. "PPT를 보여 주면서 말을 더듬었다니까요. 그런데 전 원래 안 그러는 사람이거든요." 나는 편한 사람 앞에서 연습해 보라고 제안했다. "안 그래도 아내 앞에서 연습하고 있습니다. 그런데 점점 더 나빠지기만 해요."

우리는 디트로이트 외곽에 있는 조용한 커피숍에서 만나기로 했다. 그의 프레젠테이션은 이제껏 내가 본 것 중 가장 이해하기 쉬웠다. 그는 회사에서 생산하는 자동차 부품의 공급망을 철저히 분석하고 세분화해 연간 수백만 달러의 비용이 드는 병목 지점을 체계적으로 보여 주었다. 대형 홈런이었다. 다만 이상하게 말투에 자신감이 없고 머뭇거리는 데가 있었다. 이유가 궁금했다.

"현장에서 데이터를 수집했다고 하셨죠. 어떻게 한 겁니까?"

그는 쭈뼛거리며 슬라이드 8번으로 넘어가 재무 모델을 보여 주었다. 나는 잠깐만 컴퓨터에 손을 대지 말라고 말했다.

"데이터를 '어떻게' 수집하셨죠?"

내 질문에 그는 당혹스러워 하며 말했다.

"무슨 뜻인지 모르겠는데요. 그냥 공장에 가서 공정을 보고 숫자를 계산했죠."

"알겠습니다. 그럼 공장을 방문한 일에 대해 더 자세히 말씀해 주시겠어요?"

알고 보니 그는 조립 라인에 거의 매일 들렀다고 한다. 출근하기 전 혹은 퇴근한 뒤 여유 시간을 거의 전부 투자했다. 그는 어떻게 하면 보다 효율적인 공정이 될 수 있을지 도표를 그리고 공장 직원들과 함께 머리를 맞대고 논의했다. 몇 달간 그러다 보니 조립 라인에서 일하는 직원들의 얼굴과 이름을 알게 되었고, 한 관리자와는 아주 친해져서 다음 주에는 그의 아들 생일 파티에도 참석할 예정이었다. 이런 이야기를 하는 그는 어느새 말을 더듬지 않고 있었다. 그는 자신감 있는 말투로 무엇을 보고 관찰했는지 명확하게 말했고 그가 제안하는 새로운 공정으로 도움을 받을 사람들에게 진심으로 감정을 이입했다.

그가 거부당한 첫 번째 프레젠테이션에는 데이터가 전부 포함되어 있을지 몰라도 개인적인 발품과 노력은 쏙 빠져 있었다. 그가 얼마나 적극적으로 책상에서 일어나 행동했는지, 즉 구글에서 벗어나 행동했는지가 없었다. 공장에서 보낸 모든 시간에 눈에 잘 띄는 커다란 제목을 붙여야 했건만 그는 작은 각주로 만들어 보이지 않는 곳에 집어넣었다. 관객들이 보기에 그는 몇 번의 통화와 통계 계산만으로 아이디어를 도출한 것 같았다.

우리는 남은 시간 동안 커피숍에서 그의 프레젠테이션을 손봤다. PPT 슬라이드는 단 한 장도 수정하지 않았다. 그저 새로운 권고 사항을 세안할 때 몇 가지를 추가로 구두 설명하도록 덧붙였을 뿐이다. 예를 들어 한 공정 과정에서 발생한 병목 현상에 관한 데이터를 슬라이드로 보여 줄 때 그가 공장을 방문해 직접 목격한 일화를 끼워 넣는 식으로 말이다. "8년간 이 조립 라인에서 근무한 리사와 함께 컨베이어 벨트를 검사했을 때 리사가 지적한 사항입니다…."

다음 주 월요일 아침 그는 수정한 프레젠테이션을 선보였다. 그날 밤 팀 임원이 그에게 기획안을 승인하겠다는 이메일을 보내왔다. 이메일은 다음과 같은 말로 끝맺고 있었다. '그건 그렇고 아주 훌륭한 프레젠테이션이었습니다. 나도 곧 프레젠테이션을 앞두고 있는데 당신만큼 잘할 수 있을지 모르겠군요.'

경험에서 비롯된 아이디어는 책상머리에서 고안해 낸 것보다 기회를 얻기가 훨씬 쉽다. 다만 중요한 것은 굳이 허풍을 떨지 않더라도 당신의 노고를 어필할 수 있다는 것이다. 그런 건 숨기려야 숨길 수가 없다.

조너선 카프Jonathan Karp는 사이먼앤드슈스터Simon & Schuster 출판사의 CEO다. 그는 편집 보조에서 시작해 편집장까지 오른 인물로, 브루스 스프링턴Bruce Springton과 마리오 푸조Mario Puzo 같은 유명 인사들과 함께 일했었다. 그러나 12년이 넘도록 노력했는데도 그의 제안을 계속 거절한 사람이 한 명 있었다. 바로 하워드 스턴Howard Stern이었다.

카프는 어릴 적 〈하워드 스턴 쇼〉를 들으며 자랐고 이 스타 라디오 사회자가 진짜 이야깃거리를 갖고 있을 거라는 생각이 들었다고 내게 말했다. 그러나 스턴은 이미 자신의 이름으로 두 권의 베스트셀러를 낸 터라 저작 목록에 새 책을 추가할 필요를 느끼지 못했다. 세부 사항에 집착하는 완벽주의자인 스턴에게 책을 집필하는 과정은 고문이나 다름 없었고 전작의 성공에 부응해야 한다는 부담감도 느끼고 싶지 않았다.[6] 그리고 현재 완벽한 직업을 갖고 있으니 새 책을 쓰느라 시간과 에너지를 들이고 싶지 않았다.

카프는 지난 12년 동안 스턴의 마음을 돌리려고 온갖 수단을 동원했다. 수없이 편지를 쓰고 책을 보내고 심지어 스턴의 에이전트인 돈 부흐발트Don Buchwald와 식사도 했다. "스턴이 내 '모비딕'이 됐달까요." 그는 내게 이렇게 말했다. 거의 10년에 걸친 구애와 거절 끝에 카프는 전술을 바꾸기로 했다. 카프가 스턴의 책에 대해 갖고 있던 비전은 간단히 말해 스턴과 저명한 게스트들과의 인터뷰 모음집이었다. 다시 말해 대부분 작업이 이미 다 완료되어 있다는 뜻이었다. 스턴은 카프와 언쟁을 벌이기보다 차라리 두 팔을 걷어붙이고 직접 보여 주기로 했다.

카프는 편집자 숀 매닝Sean Manning과 함께 기존에 스턴이 참여한 수백 개의 인터뷰를 검토해(100만 단어가 넘는 분량이었다) 서적으로 엮을 대목들을 발췌했다. 전부 수작업이었기에 대형 출판사 수장이 직접 손 댈 일은 아니었지만 카프는 여기서 멈추지 않았다. 그는 편집한 원고를 제본해 반짝반짝한 책가위와 고화질 이미지, 잘 정돈된 목차와 함께 아름다운 양장본으로 만들었다. 그런 다음 스턴에게 원고를 써 달라고 설득하는 대신 이 책을 보냈다. 직접 쓴 메모도 함께였다. "아주 간단할 겁니다. 당신은 아무것도 안 해도 돼요." 스턴은 이미 정리된 원고에 개인적인 회상만 보태면 됐다. 그러면 책이 완성될 터였다.

사실 그 밖에도 스턴이 할 일은 많았지만 그 샘플에 결국 설득당했다. 나중에 스턴은 카프의 접근법을 "사람을 홀리는" 스타일이라고 말했다. "출판 역사상 책을 쓰게 하려고 이렇게까지 정성을 들인 건 처음일 겁니다."[7] 그러나 그럴 만한 가치가 있었다. 《다시 찾아온 하워드 스턴》Howard Stern Comes Again은 출간되자마자 〈뉴욕타임스〉 베스트셀러에 등극했다.

어쩌면 당신도 아이디어는 똑같은데 그 기저에 있는 노고가 어떻게 큰 차이를 만들어 내는지 궁금할 것이다. 자동차회사 임원이 제안한 권고 사항은 바뀌지 않았다. 책에 대한 카프의 비전도 변함이 없었다. 그러나 그들은 기대 이상의 노력으로 그들의 신념과 헌신을 입증했다. 그리고 캐릭터와 시각 정보를 통해 더욱 흥미로운 이야기를 들려주었다. 사람들은 진심으로 아이디어를 믿고 거기 흠뻑 빠져 있는 사람을 보면 쉽사리 거절하지 못한다. 벤 호로위츠가 에어비앤비에 호감을 느낀 이유는 브라이언 체스키가 문제에 직접 뛰어들었기 때문이다. 《괴짜경제학》 저자들이 수디르 벤카테시에게 매혹된 이유는 그가 연구 주제를 몸으로 직접 겪었기 때문이다. 카프와 마찬가지로 그들은 구글을 벗어나 그들 자신의 노력을 이야기에 엮어 넣었다. 아이디어에 도달하는 과정은 아이디어 그 자체만큼이나 중요하다.

나 역시 8월의 어느 날 오후 팰러앨토의 한 회의실에서 라이즈에 관한 프레젠테이션을 했을 때 이를 깨달을 수 있었다. 이미 몇몇 투자자들이 단호히 거절하긴 했지만 나는 아직 낙관적이었다. 이번 투자자는 건강관리에 지대한 관심이 있었기 때문이다. 그러나 프레젠테이션을 시작하고 몇 분이 지나자 그가 지루해 하고 있다는 온갖 신호가 포착됐다. 그는 내게 아무것도 묻지 않았고 기계적으로 고개를 끄덕였으며 혹시 궁금한 게 있냐고 물을 때마다 "아뇨, 괜찮습니다."라고 대답했다.

한창 프레젠테이션에 열중해 있는데 그가 휴대전화를 집어 드는 걸 보고 이번에도 글렀다는 생각이 들었다. 프레젠테이션을 일찍 접어야겠다는 생각이 들었다. 하지만 그러면 꼴사나울 것 같았다. 어차피 연습도 해야 했으니까. 그런데 다음 슬라이드로 넘어가기 직전에 그의 비서가 회의실로 고개를 들이밀더니 "4시에 약속한 분이 일찍 도착하셨습니다."라고 말했다. 나는 혹시 그가 아까 휴대전화로 비서에게 '제발 나 좀 구해 줘'라고 문자메시지를 보낸 건 아닌지 궁금해졌다. 비서가 사라지자 투자자는 휴대전화를 집어 들고 메모장도 닫지 않은 채 의자에서 일어났다.

"미안합니다. 계약을 마무리하는 중이라서요. 빨리 가 봐야겠군요."

문을 향해 걸어가던 그가 마지막으로 고개를 돌려 화면에 떠 있는 슬라이드를 쳐다보았다. 슬라이드의 제목은 '시범 프로그램'이었고 초기 테스트에 참여한 고객들을 분류해 정리한 표가 그려져 있었다. 자리를 일찍 뜨게 되어 미안했는지 그가 지나가는 투로 툭 물었다.

"저기 참여한 고객들을 어디서 찾았죠?"

내가 좋아하지 않는 질문이었다. 대답이 너무 보잘것없었기 때문이다. 그러나 이 투자자는 이미 분명한 거절 의사를 보였고 진짜로 관심이 있는 건지도 불확실했기 때문에 나는 다소 무뚝뚝하게 대답했다.

"웨이트 와처스 건물 밖에서 기다렸습니다."

그가 놀라서 전화기 화면에서 고개를 들었다.

"뭐라고요?"

그의 어조에 나는 즉시 대답한 걸 후회했다. 하지만 벌써 사실을 밝혔으니 어쩔 수가 없었다.

"웨이트 와처스 모임이 있는 건물 앞에서 기다렸다가 들어가려는 사람을 붙잡고 짧은 데모 화면을 보여 줘도 되겠냐고 물었습니다. 그렇게 첫 번째 고객들을 찾았죠."

"고객을 찾으려고 건물 밖에서 무작정 기다렸다고요?"

그가 다시 물었다. 나는 고개를 끄덕였다. 이쯤 되자 진심으로 한심한 대답을 한 게 후회가 됐다. 그는 내가 그런 아마추어 같은 일을 했다는 데 충격을 받은 것 같았다. 아마 퇴근 후에 술친구들을 만나(아마 같은 투자자들이겠지) 내 이야기를 늘어놓으면서 껄껄 웃겠지. 그런데도 나는 지금 여기서 최첨단 혁신 IT 앱의 CEO인 척하고 있으니 얼마나 한

심한 일인가. 그는 마치 길거리에서 터키 샌드위치를 반값에 판다는 글귀가 적힌 간판을 들고 있는 호객꾼을 보는 듯한 눈빛으로 나를 빤히 쳐다봤다. 나는 무안해진 나머지 노트북을 닫고 주섬주섬 물건을 챙기기 시작했다.

"잠깐만요. 잠깐 시간 됩니까?"

나는 어리둥절한 표정으로 그렇다고 답했다. 그는 다시 의자에 앉았다. 그리고 전화기를 탁자 위에 올려놓지 않고 주머니에 넣었다.

"시범 프로그램부터 다시 한번 설명해 줄 수 있겠어요?"

나는 그의 말대로 했다. 다만 이번에는 시범 프로그램에 참여할 고객을 어떻게 찾았는지 일부러 숨기거나 에둘러 말하지 않았다. 웨이트 와처스 건물 앞에서 기다리다가 고객들이 건물 안에 들어가기 전에 재빨리 붙잡아 말을 거는 내 어설픈 계획에 대해서도 자세하게 설명했다. 어떨 때는 쫓겨났다는 이야기도 솔직하게 털어놓았다. 알고 보니 웨이트 와처스 회원이 아닌 사람에게 접근했던 일화도 말해 주었다. 그는 내가 이야기하는 동안 미소 짓지 않았다. 큰 소리로 박장대소했다.

중간에 비서가 다시 고개를 들이밀었다. 비서는 안에서 웃음소리가 났다는 것과 그가 아직도 나와 이야기를 하고 있다는 데 놀란 듯했다. 그는 몸을 돌려 비서에게 말했다.

"잠깐만 있다 가지."

며칠 뒤 그는 내게 투자를 제안했다.

구글 검색에서 찾을 수 없는 것을 찾아라

훌륭한 아이디어는 스스로 터득한 비결에서 비롯된다. 직접 경험을 통해 깨달은 숨겨진 통찰력과 깨달음 말이다. 아이디어를 제안할 때면 타이타닉의 잔해를 찾아 해저 다이빙을 했던 제임스 캐머런이 되었다고 상상해 보라. 책상 앞에 앉아서는 결코 발견할 수 없는 것들을 찾아라. 브라이언 그레이저는 이렇게 말했다. "독특하고 참신한 아이디어가 보고 싶습니다. 구글 검색에서 찾을 수 있는 거 말고요."

성실하게 노력하는 사람은 거절하기 어렵다

출판인 조너선 카프는 새 책을 집필하고 싶지 않았던 하워드 스턴을 설득하기 위해 수천 개에 이르는 스턴의 과거 인터뷰 원고를 모으고 선별해 가편집된 책을 보냈다. 그렇게 지극한 정성을 들인 끝에 그는 그가 바랐던 베스트셀러를 만들어 낼 수 있었다. 아이디어에 이르는 과정은 아이디어만큼이나 중요하며 사람들에게 깊은 인상을 남길 수 있다는 점을 명심하라. 나는 투자자들에게 라이즈의 초기 고객을 모집하기 위해 웨이트 와처스 건물 앞에서 무작정 사람들을 기다렸다는 사실을 알려 주고 싶지 않았다. 그런 나의 어설픈 시도에 대해 다소 창피하게 생각했다. 하지만 놀랍게도 그 사실은 투자자들이 내 프레젠테이션에서 가장 좋아한 부분이었다.

왜 이 아이디어가 '불가피'한지 증명하라

애덤 로리Adam Lowry와 그의 사업 파트너 에릭 라이언Eric Ryan은 30만 달러의 신용카드 채무를 지고 있었고 그들이 운영하는 스타트업의 은행 계좌에는 겨우 16달러밖에 남지 않았다. 공급업체들은 밀린 대금을 지불하지 않으면 제품을 공급하지 않겠다고 통보했다. 그들이 운영하는 브랜드 세제 회사를 지원해 줄 지지자가 필요했으나 경기는 바닥을 치고 있었고 그들이 발명한 제품은 이미 유행이 지났다. 심지어 그들은 아직 그럴싸한 실적을 낸 적도 없었다. 로리가 최근에 커리어를 위해 노렸던 가장 큰 목표(시도만 했을 뿐 성취하지는 못한)는 올림픽 요트팀에 선발되는 것이었다. 그러니 투자 유치 프레젠테이션을 성공시키기는 거의 불가능했다.

그래서 나는 로리가 프레젠테이션 때 아무 자료도 가져가지 않았다고 말했을 때 이상하다고 생각했다. 대신 그는 투자자들에게 요즘 추세를 다루는 트렌드 도서를 한 권 건넸다. 책 안에는 레스토레이션 하드웨어Restoration Hardware, 윌리엄스소노마Williams sonoma, 워터웍스Waterworks 등의 사진이 끼워져 있었다. 전부 경기가 안 좋은 시기에 시장에 뜻밖의 돌풍을 일으킨 회사들이었다.

경제 거품이 터지자 사람들은 결국 집으로 돌아올 수밖에 없었다. 예전에는 백화점에서 가구를 샀다면 이제는 집을 꾸밀 때 새로운 홈 스토어를 찾았다. 소비자 행동에 뚜렷한 변화가 감지되자 가정에 초점을 맞춘 새로운 미디어 출간물이 부상하기 시작했다. 예를 들면《월페이퍼》Wallpaper,《드웰》Dwell,《리얼 심플》Real Simple 같은 잡지들이었다.

보통 프레젠테이션은 어떤 아이디어가 새롭고 참신하다고 주장한다. 그런데 로리의 프레젠테이션은 그의 아이디어가 시대적 흐름에 '필연적'이라고 주장했다. 사람들은 거실과 침실을 새로운 스타일로 꾸미고 싶어 했고 이런 경향이 욕실과 부엌에까지 확대되는 건 시간문제였다. 그래서 로리는 손님들이 왔을 때도 부엌 테이블에 자랑스럽게 올려놓을 수 있는 고급 주방 세제를 디자인했다. 시대를 앞서간 이 세제는 밝고 반짝반짝한 색깔에 오이와 귤, 유자 향기가 났다. 그리고 당대 최고의 산업디자이너인 카림 라시드Karim Rashid가 디자인한 투명하고 예쁜 용기에 담겨 있었다.

로리가 투자자에게 전하는 메시지는 간단했다. '이미 시장이 이쪽으로 움직이고 있으니 당신도 빨리 합류하라. 우리는 이 파도를 함께 타고 나아갈 것이다.' 메시지는 효과적이었다. 로리는 세제 브랜드 메소드Method의 불가피함을 믿는 저명한 투자자들로부터 투자를 유치할 수 있었다.

'안락의자 인류학자'처럼 세상을 관찰하라

티나 샤키Tina Sharkey는 지난 25년 동안 기회를 얻을 만한 아이디어를 제시하고 판매해 왔다. 커리어 초반에 그녀는 소비자 브랜드인 아이빌리지iVillage를 설립했고 이를 통해 경영진의 신임을 받아 세서미 워크숍Sesame Workshop 내 디지털 부서를 이끌었다. 이후에는 온라인 사업 회사 AOL을 거쳐 베이비센터BabyCenter를 맡았다. 내가 샤키에게 어떻게 그렇게 계속 성공을 거둘 수 있었느냐고 물었을 때 그녀는 '문화인류학자 모자'가 주효했다고 답했다.

샤키는 그 역할이 다음과 같은 질문에서 시작된다고 말한다. '세상에서 일어나고 있는 어떤 변화가 내 아이디어를 중요하게 만드는가?' 그러곤 곧장 해결책을 알아내기 위해 뛰어드는 대신 인류학자의 모자를 쓰고 세상이 어떻게 변화하고 있는지 관찰하고 파악한다. 그런 다음에 세상의 거대한 변화에 자신의 아이디어를 맞추는 것이다.

처음에 나는 반대가 되어야 하는 게 아닌가 생각했다. 내 목표가 특정한 아이디어를 제시해 상대방을 설득하는 것이라면 나를 지지해 줄 사람의 시간을 굳이 그런 거시적인 전망으로 낭비할 필요가 있을까? 그러나 대기업, 중소기업 가릴 것 없이 여러 분야에서 기회를 얻은 사람들을 만나 얘기를 나눠 본 결과, 그들 모두가 이런 '안락의자 인류학자'armchair anthropologist(원래는 연구실 의자에 앉아 기록에 의존해 연구하는 인류학자를 비꼬는 말이나 여기서는 실전에 나서기 전에 흐름을 조망하는 태도를 뜻한다. — 옮긴이)가 되어 투자자에게 세상이 지금 어떻게 변화하고 있는지를 먼저 보여 준다는 사실을 알게 되었다.

샤키가 베이비센터를 인터넷 서비스에서 안정적인 모바일 제품으로 확장하기 위해 가장 먼저 한 일은, 광고는 시대를 아직 따라잡지 못했지만 부모들은 이미 변화를 만들어 가고 있음을 보여 주는 것이었다. 앞서 로리는 사람들이 집 안 곳곳을, 심지어 눈에 잘 보이지 않는 곳마저 꾸미고 있음을 투자자들에게 보여 주었다. 에어비앤비의 창업자들은 낯선 사람과 집을 공유한다는 무섭고 불안한 아이디어가 어떻게 널리 받아들여졌는지를 보여 주었다. 에어비앤비 프레젠테이션의 4번 슬라이드에는 다음과 같은 정보가 포함되어 있었다.

- 카우치서핑닷컴(couchsurfing.com)에 등록된 이름: 63만 건
- 샌프란시스코와 뉴욕시 크레이그리스트[1]에 등록된 임시 숙박 목록: 1만 7,000건

기회를 얻는 사람들은 언제나 인류학자처럼 행동하며 새로운 트렌드와 변화를 찾아다닌다. 제니퍼 하이먼Jenniffer Hyman은 동생이 방금 산 새 드레스를 보여 주었을 때 바로 이 인류학적 깨달음을 얻었다. 가격표에 2,000달러라고 적힌 드레스를 본 그녀는 동생이 옷에 그런 거금을 들일 여유가 없다는 걸 알고 있었다(그랬다간 신용카드 빚에 허덕일 터였다). 그래서 있던 옷을 입고 친구 결혼식에 가면 되지 않느냐고 물었다.[2] 동생의 옷장에는 아직 사람들이 보지 못한 옷이 많을 테니까.

하지만 틀렸다. 동생은 소셜미디어에서 활발하게 활동하고 있었다. 즉 결혼식에 초대된 사람들은 모두 동생의 페이스북을 팔로우하고 있으며 동생이 똑같은 드레스를 두 번 입었다는 사실을 금방 알아차릴 것이었다. 동생은 그런 사태를 피하기 위해서라면 신용카드를 한도액까지 사용할 용의도 있었다.

그제야 하이먼은 세상이 변했다는 사실을 깨달았다. 소셜미디어의 압박이 의류비를 늘렸고 심지어 어떤 이들은 위험한 수준에까지 이르렀다. 이 같은 인류학적 발견을 한 하이먼은 다음 수순으로 창의성 모자를 쓰고 해결책을 모색하기 시작했다. 그녀는 여성들이 특별한 이벤트를 위해 옷을 빌릴 수 있는 의상 대여 서비스라는 아이디어를 떠올렸다. 비유하자면 고급 의류를 빌릴 수 있는 넷플릭스였는데[3] 하이먼은 이것을 '렌트 더 런웨이'Rent the Runway 라고 불렀다. 하이먼은 청중과 지지자들에게 이 아이디어를 제시할 때 곧장 해결책을 말하지 않았다. 그보다 먼저 지금 일어나고 있는 변화를 언급했다.

만약 고급 의류를 살 여유가 없는 이들에게 옷을 대여하는 서비스라는 해결책을 바로 제시했다면 지지자들은 왜 하필 지금이냐는 의문을 품었을 것이다. 어쨌든 고급 브랜드 옷은 예전이나 지금이나 항상 비싸니까. 그러나 하이먼은 동생 덕분에 깨달은 통찰력을 먼저 설명했다. 패션을 중요하게 여기는 이들이 예전에는 일주일에 한 번 소셜미디어에 포스팅했다면 이제는 날마다 사진과 글을 올린다. 그리고 그들은 소셜미디어 피드에 똑같은 옷을 여러 번 올리고 싶어 하지 않는다. 이런 변화를 고려하면 드레스 대여 서비스는 그냥 기발한 발상이 아니라 불가피한 미래였다.

투자자들은 하이먼의 사업에 수백만 달러를 투자했다. 오늘날 렌트 더 런웨이는 고급 의상을 넘어 평상복과 액세서리, 심지어 가정용품에 이르기까지 인스타그램에 올릴 수 있는 거의 모든 물품으로 사업을 확대했다.

라이즈를 위한 투자 유치 프레젠테이션에 나설 때 나는 변화를 건너뛰고 곧장 해결책을 제시하곤 했다. 내가 만들고 싶은 애플리케이션과 내가 꿈꾸는 팀 그리고 성공을 위한 로드맵을 설명했다. 그러나 나는 아주 중요한 단계를 간과했다. 아마도 투자자들은 왜 하필 지금 이런 서비스가 필요하다는 건지 궁금했을 것이다.

내가 이런 실수를 저지른 건 처음이 아니었다. 2007년에 아이폰이 처음 출시되었을 때 나는 소니 픽처스 텔레비전Sony Pictures Television에서 일하고 있었다. 아이폰은 아직 초창기였지만 나는 회사가 휴대전화 화면에 알맞은 콘텐츠를 창조하는 데 필요한 중요 리소스에 투자를 시작해야 한다고 믿었다. 그러나 고위경영진에게 이 같은 아이디어를 제시했을 때 나는 변화에 관해 이야기하지 않고 곧장 해결책으로 넘어갔다. 내 프레젠테이션 자료에는 짧은 스토리가 있는 샘플과 그것이 아이폰 화면에서 보이는 모습, 프로젝트 전체에 들어갈 예상 비용 등이 포함되어 있었다.

하지만 나는 아이폰이 곧 모든 것을 뒤바꿀 것이며 앞으로 모바일 콘텐츠 시장으로의 변화가 불가피하리라는 사실을 충분히 이해시키지 못했다. 그 결과 경영진은 더 큰 맥락을 놓쳤고 내 프레젠테이션은 개인적인 프로젝트에 불과하다는 인상만을 남겼다. 재무 계획 부문에 이르러서는 한 임원이 이렇게 외쳤다. "그 정도 이익으로는 오늘 세트장 점심값도 안 되겠군!" 만약 거시 트렌드를 먼저 제시했다면 그도 다르게 생각했을지 모른다.

음반 회사가 아이팟을 무시하는 실수를 저질렀기에 우리는 아이폰에서도 똑같은 실수를 저지르고 싶지 않았다. 그러나 나는 무슨 일이 일어나고 있는지, 앞으로 무슨 일이 불가피하게 발생할 것인지 정확히 전달하지 못했다. 그 결과 내 해결책은 불필요한 것이 되어 버렸다.

나는 인류학적 모자를 쓰지 않는 실수를 저질렀지만 애덤 로리는 평생 그 모자를 벗는 일이 없었다. 그는 메소드를 매각한 후 또 다른 변화 추세를 발견했다. 점점 더 많은 사람이 간헐적 채식 또는 작가 마이클

폴란Michael Pollan이 말한 "진짜 음식을 먹고, 특히 채소를 많이 먹고 과식하지 말 것"이라는 방식을 따르고 있음을 알게 된 것이다. 로리는 거실을 꾸미는 트렌드가 부엌 찬장을 꾸미는 트렌드로 옮겨간 것처럼, 채식주의 트렌드가 식물성 우유로까지 확장될 것이라 생각했다.

로리는 새 아이디어를 설명할 때도 메소드를 프레젠테이션했을 때와 똑같은 방식을 사용했다. 그는 가장 먼저 변화 추세를 설명했다. 예전에는 유당불내증(몸속에 유당을 분해하는 효소가 없거나 부족한 증상―옮긴이)이 있는 소비자만이 식물성 대체 유제품을 찾았다면 이제는 85퍼센트 이상의 비유제품 고객들이 유당불내증을 앓고 있지 않다는 사실을 설명했다.[4] "그들이 식물성 제품을 사는 이유는 그래야 하기 때문이 아니라 그러고 싶기 때문입니다. 게다가 맛이나 영양분을 포기하지도 않을 거고요."

로리는 메소드 때와 마찬가지로 먼저 거시 트렌드를 설명한 다음 동물성 우유와 같은 수준의 단백질 함유량을 지닌 새로운 식물성 우유 리플Ripple을 소개했다. 리플은 약 1억 달러의 투자 자금을 조성했으며 현재 미국 전역의 홀푸드와 타깃 매장에서 판매되고 있다.

홀로 뒤처질지 모른다는 두려움을 이용하라

대니얼 카너먼Daniel Kahneman은 인간의 의사결정 기제를 연구해 노벨상을 받은 심리학자다. 그의 핵심 이론 중 하나는 심리학자들이 '손실 회피'loss aversion 라고 부르는 것이다. 간단히 말하면 우리가 손실로 인해 느끼는 심리적 고통은 이득으로 인해 느끼는 기쁨보다 '두 배' 더 크다는 이론이다. 카너먼은 대부분 사람이 "40달러 이상을 벌 수 있다는 확신이 없다면 20달러를 잃을 도박을 거부한다."라고 설명한다.[5]

손실 회피는 우리 자신과 동료, 친구들의 많은 행동을 이해하는 데 도움이 된다. 사고를 한 번도 낸 적 없는 모범 운전자가 어째서 추가 비용을 내고 교통사고 보험을 드는 걸까? 사람들은 왜 하락세인 주식을 팔지도 않고 계속 가지고 있는 걸까? 또한 이 이론은 잠재적 지지자들이 왜 안전하다고 확신할 수 없는 것에 투자하길 꺼리는지 알려 준다. 위험 부담이 크고 수익률이 높은 투자를 찾는 대담한 벤처 투자자들마저도 실은 대부분의 놀라운 아이디어를 퇴짜 놓는다. 인스타그램, 페이스북, 아마존은 수많은 투자자로부터 거절당했다. 한 유명 벤처 투자자는 내게 이렇게 말하기도 했다. "제가 접하는 아이디어를 전부 다 안 된다고 100퍼센트 거절해도 그중 99퍼센트는 제가 옳을 겁니다."

잘못된 아이디어에 투자하는 두려움이 아이디어의 성공으로 얻는 기쁨보다 두 배나 강력하다면 성공의 기쁨으로 실패에 대한 두려움을 상쇄할 순 없을 것이다. 실패에 대한 두려움을 상쇄할 유일한 것은 실패에 대한 두려움뿐이다.

포모증후군Fear Of Missing Out(이하 FOMO), 이른바 고립공포감에 대해 생각해 보자. 투자자들에게는 뭔가를 놓칠지도 모른다는 두려움만큼이나 강력한 것은 바로 혼자서만 놓치는 것이다. 할리우드의 어떤 제작사가 〈스타워즈〉 같은 영화를 놓치고 싶을 것이며 어떤 대학이 아인슈타인을 거절하고 싶겠는가. 블록버스터Blockbuster 경영진이 넷플릭스를 5,000만 달러에 인수할 기회를 놓쳤던 것을 생각해 보라.[6] (현재 블록버스터는 망했고 넷플릭스는 2,000억 달러 가치를 자랑한다.)

우리는 날마다 모든 곳에서 FOMO를 목격한다. 어떤 사업에 투자자가 붙으면 다른 사람들도 참여하고 싶어 한다. 다른 업체로부터 일자리 제안을 받은 직원은 지금 회사에서 연봉 인상을 협의할 가능성이 크다. 부동산 중개업자가 구매 제안을 넣으면 대개 다른 곳에서도 연락이 온다.

FOMO는 너무도 강력해서 새로운 산업을 탄생시킬 수도 있다. 자율주행 차량은 사실 50년 전에도 있었지만 오늘날에야 모든 자동차 대기업이 우선 전략으로 삼게 된 건 FOMO 때문이다. 1976년 GM이 "운전자가 쉬는 동안에도 전자 안내 시스템이 고속도로 위를 달릴 수 있게 해주는 기능"[7]을 탑재한 파이어버드 III를 공개했다.[8] 포드 역시 같은 시기에 자율주행 프로젝트를 준비 중이었다.

그러나 수십 년 뒤 구글과 애플 같은 실리콘밸리 회사들이 자율주행 산업에 뛰어들자 포드와 GM은 자율주행 차량 프로젝트를 R&D에서 전략적 필수 과제로 끌어올렸다. GM은 크루즈 오토메이션Cruise Automation이라는 자율주행 스타트업을 10억 달러에 인수해 선수를 쳤고[9] 이후 FOMO에 걸린 다른 자동차회사들도 그 뒤를 따랐다. 포드는 아르고 AIArgo AI라는, 넉 달도 안 된 스타트업에 10억 달러를 투자하겠다고 밝

혔고¹⁰ 피아트 크라이슬러Fiat Chrysler는 구글의 자율주행 부문인 웨이모Waymo와 손잡았으며¹¹ 메르세데스Mercedes는 자율주행 차량을 생산하기 위해 우버와 손을 잡았다.¹² 포드와 GM은 다른 회사들이 기술 인재를 독점할 수 없도록 실리콘밸리에 지점을 개설했다. FOMO는 겨우 몇 달 사이에 자율주행 차량의 시장 가능성을 0에서 60퍼센트까지 끌어올렸다.

크리에이터로서 우리의 임무는 FOMO를 사람들을 조종하는 데 사용하지 않고 나쁜 선택에 대한 두려움을 중화시키는 데 사용하는 것이다. 조금 이상하게 들릴지 몰라도 이 고립공포감은 위험한 도박을 더 안전하게 느끼게 해주는 힘이 있다. 혼자만 뒤처질 위험을 방지해 주기 때문이다. 이렇게 피할 수 없다는 느낌과 두려움은 우리가 세상을 바꿔야 한다는 주장보다는 우리가 있건 없건 세상이 이미 변하고 있다는 주장에서 비롯된다.

내가 소니 픽처스 텔레비전에서 아이폰 관련 프레젠테이션을 하고 얼마 뒤에 컴캐스트Comcast에서 일하던 샘 슈워츠Sam Schuwartz가 아주 뛰어난 프레젠테이션을 했다. 사업개발팀을 이끌고 있던 그는 모바일 서비스를 출시해야 장소에 구애받지 않고 고객들에게 서비스를 제공할 수 있다고 고위경영진을 설득하려 했다. 하지만 그는 나와는 달리 모바일 서비스가 '반드시' 필요하다고 주장하지 않았다. 이미 그런 흐름이 진행 중이라고 말했다.

슈워츠는 모바일 트렌드에서 유럽이 미국보다 최소 5년은 앞서고 있으며 이미 유무선을 결합한 서비스를 보급하고 있다고 지적했다. 또 AT&T와 버라이즌Verizon이 미국에서 비슷한 서비스를 제공하려는 움직임을 보인다고도 했다. 만일 컴캐스트가 빨리 움직이지 않는다면 홀로 시대에 뒤처질 것이라고 그는 힘주어 말했다. 프레젠테이션 장소에 있던 모두가 이 같은 변화를 시인한 뒤에야 슈워츠는 그가 고안해 낸 해결책으로 넘어갔다. 바로 엑스피니티 모바일Xfinity Mobile이었다.

이상하다는 생각이 들지도 모르지만 변화가 불가피하다는 것은 당신의 비전이 독특하거나 창의적인 것이 아님을 의미한다. 그저 다른 이들에 비해 아주 약간 앞서 있다는 뜻일 뿐이다. 애덤 로리는 메소드가 있건 없건 머지않아 주방 세제가 인테리어 소품으로 사용될 것임을 보여주었다. 샘 슈워츠도 컴캐스트가 어떤 정책을 쓰든 유무선의 통합이 불가피하게 발생할 것임을 알려 주었다. 제니퍼 하이먼 역시 렌트 더 런웨이가 있건 없건 브랜드 시장이 판매에서 대여의 방향으로 불가피하게 이동할 것이라고 선언했다.

미래를 조금 빨리 앞당기는 것, 그것이 그들이 한 일이었다. 10년 후 의류 대여 산업은 수십 개 회사가 활동하는 400억 달러 규모의 시장이 되었고 이제는 어반 아웃피터스Urban Outfitters, 바나나 리퍼블릭banana Republic 같은 전통적인 의류회사들까지도 대여 서비스를 제공한다.[13]

티엔 추오Tien Tzuo는 마크 베니오프Marc Benioff가 '변화는 일어난다'는 문화를 정착시킨 세일즈포스Salesforce에서 커리어를 시작했다. 회사 최초의 최고마케팅책임자였던 추오는 인류학자의 관점으로 소프트웨어 구입 방식의 변화를 관찰했고 현재의 추세 속에서 두 가지 커다란 변화를 발견했다. 첫째, 오랜 역사를 지닌 유명 대기업들이 사라지고 있었다. 둘째, 집카Zipcar와 넷플릭스처럼 '구독'이라는 새로운 비즈니스 모델을 장착한 새로운 브랜드들이 성장하고 있었다.

추오는 현상을 더욱 깊숙이 탐구하면서 구독이 단순히 스타트업만을 위한 도구가 아니라 시장에서 생존을 원하는 어떤 대기업도 피할 수 없는 트렌드라고 확신했다. 그는 이런 트렌드에 '구독 경제'라는 이름을 붙이고 회사들이 이를 활용하게 돕는 주오라Zuora라는 회사를 설립했다. 오늘날 주오라는 상장회사가 되어 줌부터 〈가디언〉Guardian에 이르기까지 다양한 분야의 회사를 돕고 있다.[14] 그러나 주오라가 잠재 고객에게 보내는 메시지는 변함없이 똑같다. 당신이 있든 없든 세상은 변화한다. 당신은 흐름에 동참할 것인가, 아니면 홀로 뒤처질 것인가?

'우리는 이미 시작하고 있습니다'

FOMO와 피를 나눈 형제는 바로 추진력이다. 당신의 아이디어가 반드시 필요하다는 것과 계속 전진하고 있음을 알려 줘야 한다. 추진력은 FOMO가 진짜라고 느끼게 한다. 추진력이 없다면 당신의 주장은 전혀 호응을 얻지 못할 것이다.

2017년 보노보스Bonobos는 3억 달러가 넘는 액수로 월마트에 인수

됐다. 그러나 10년 전 보노보스를 창업한 앤디 던Andy Dunn은 투자자를 찾지 못해 애를 먹고 있었다. 당시 온라인으로 판매되는 의류는 전체의 7퍼센트에 불과했고 이는 비즈니스 기회를 내세우기엔 너무 적은 비율이었다. 그보다 더 큰 걸림돌은 보노보스가 '몸에 딱 맞는 바지'를 판매하는데도 소비자는 실제로 옷을 사기 전에는 입어 볼 수 없다는 사실이었다. 보노보스는 오직 온라인에서만 바지를 판매했고 사람들이 몸에 안 맞을지도 모르는 옷을 입어 보지도 않고 구매할지는 미지수였다.

던은 그런 논리에 반박하는 대신 세상이 변화하고 있음을 지적하면서 온라인 신발 판매점인 자포스Zappos를 예로 들었다. "당시 투자자들은 사람들이 온라인으로 신발을 구매할 거라고 생각하지 않았습니다." 던은 보노보스의 성공에 회의적인 이들에게 자포스의 성공 신화를 들려주었다. 처음에 사람들은 소비자들이 신발을 신어 보지 않고는 사지 않을 것이라고 예상했으나 자포스는 예상을 뒤엎고 빠른 속도로 성장했다. 그리고 나중에 아마존에 10억 달러 가까운 액수로 인수됐다.[15] 인류학자 모자를 쓴 던은 이 같은 사례를 제시하며 만약 신발이 온라인 판매에서 성공을 거둘 수 있다면 바지도 그럴 수 있다고 자신과 다른 이들을 설득했다.

불가피한 변화로 인해 투자자들이 '자포스가 랄프 로렌을 만나다'라는 콘셉트를 믿게 됐다면, 보노보스가 바로 그 브랜드가 될 수 있다고 믿게 만든 것은 적극적인 행동과 추진력이었다. 투자 유치 활동을 시작했을 때 던과 공동 창업자 브라이언 스팰리Brian Spaly는 바지를 자동차

트렁크에 싣고 다니며 팔거나, 아니면 친구 집에서 '바지 파티'라고 불리는 행사를 열었다. 그래봤자 실리콘밸리 투자자들이 관심을 보이기에는 턱없이 부족한 수준인 10만 달러 정도의 수익밖에 올리지 못했지만 그럼에도 이는 그들이 PPT 이상의 것을 갖고 있음을 보여 주었다. 그런 추진력을 보여 주지 못했다면 "아무도 관심을 두지 않았을 겁니다."라고 던은 말했다.

FOMO를 자극하고 불가피성의 징후를 보여 주기 위해 거창한 추진력이 필요한 것은 아니다. 보노보스의 바지는 재활용한 식료품점 종이 가방에 담겨 판매됐고 메소드는 몇 개 안 되는 상점에서 유통되었으며 렌트 더 런웨이는 뉴욕과 뉴헤이븐, 보스턴에서 겨우 시험 삼아 선보인 정도였다.[16] 하지만 그것만으로도 이들이 단순히 책상머리에서 만들어진 아이디어 이상이라는 사실을 입증하기엔 충분했다. 불가피성의 파도를 타려면 행동으로 보여 줘야 한다.

창업자의 비전은 공상이 아닌 '현실'이어야 한다

위워크WeWork는 두 개의 거대하고 불가피한 변화를 기반으로 탄생했다. 첫째는 프리랜서 경제의 폭발이다. 2019년 미국에서는 노동자 5,700만 명이 긱 경제Gig Economy(기업들이 정규직보다 계약직 혹은 임시직으로 사람을 고용하는 경향이 커지는 경제 상황—옮긴이) 시장에서 일하고 있었다.[17] 이런 사회경제학적 변화는 2008년 경기침체 때 시작되어 이 때부터 많은 프리랜서가 작업 공간을 찾게 되었다. 둘째, 대기업이 빠른 속도로 노동력을 분산하기 시작했다. 코로나19가 덮치기 전부터 재택근무는 흔한 일이었고 기업들은 새로운 인재를 고용하기 위해 원격 근무 제도를 채택했다.

이 두 가지 트렌드는 위워크의 스토리에 반영되어 있다. 위워크가 약 470억 달러로 미국에서 가장 높은 시장가치를 지닌 스타트업에 등극했을 때[18] 미국 노동력의 3분의 1 이상이 프리랜서와 밀레니얼 세대였다.[19] 당시만 해도 세계가 어떤 방향으로 변화하고 있고 위워크가 어떤 위치를 차지할지는 매우 명백해 보였다.

그러나 갑자기 스토리가 모호해지기 시작했다. 위워크의 창업자인 애덤 뉴먼Adam Neumann이 공동 작업 공간을 학교와 지역 은행 그리고 화성 왕복선까지 확대하겠다고 발표했기 때문이다. 지지자들은 회사의 새로운 방향과 목표, 자원 사용처에 경악했다. 위워크의 비전은 더 이상 이 세계가 향하는 곳이 아니라 뉴먼이 생각하기에 '가야 하는 곳'에 바탕을 두고 있었다. 뉴먼과 대화를 나눈 한 투자자는 비전이 있는 창업자와 공상가인 창업자는 다르다고 내게 말했다.

뉴먼의 주변에서는 새로운 비전에 환호했는지 몰라도 위워크가 상장을 신청했을 때 월스트리트의 반응은 달랐다. 특히 애널리스트들은 뉴먼의 계획이 비현실적이라고 생각했다. IPO는 취소되었고 기업가치는 곤두박질쳤으며 수천 명이 해고되었다. 뉴먼은 사퇴를 종용받았고 더

위 컴퍼니The We Company를 다시 처음으로 되돌리기 위해 새로운 리더가 투입되었다.[20]

내가 이 책을 쓰고 있을 때 뉴먼과 가까이 지내던 사람에게서 들은 말이 있다. 뉴먼은 단지 "스티브 잡스라면 했을 일"을 하려고 남들과 다르게, 더 넓게 생각했을 뿐이라는 것이다. 그러나 사람들은 아이폰이 시대적으로 필연적인 제품이며 현실에 깊이 뿌리박고 있다는 사실을 쉽게 간과한다. 2007년 아이폰이 처음 출시되었을 때 IBM은 이미 터치스크린이 있는 스마트폰을 출시한 상태였고 3,000만 명 이상이 팜파일럿PalmPilot(휴대용 개인 단말기, PDA ― 옮긴이)을 구매했다.[21] 노키아는 레스토랑 위치를 검색하고 레이싱 게임을 하고 립스틱을 주문할 수 있는 터치스크린 스마트폰의 데모 제품을 만들었다.

1994년 《와이어드》Wired는 제너럴 매직General Magic에 대한 특집 기사를 냈는데 이 제품은 지금 보면 초기 아이폰과 거의 똑같은 모습을 하고 있다. 이 스타트업의 두 리더인 토니 퍼델Tony Fadell과 앤디 루빈Andy Rubin은 회사 운영 자금이 바닥나자 애플과 구글을 찾아가 각각 아이폰과 안드로이드 사업을 이끌었다. 실제로 오늘날 사용되고 있는 스마트폰의 99퍼센트가 스티브 잡스가 아니라 이 두 명의 개발자들에게 빚을 지고 있다.[22]

그러나 이미 시작된 흐름에 박차를 가한 것은 잡스다. 그는 아이폰의 최초 공개 프레젠테이션에서 세상이 이미 아이폰의 방향으로 움직이고 있으며 지금은 완전히 아이폰이 점령했다고 말했다. 그러곤 이렇게 마무리 지었다. "제가 좋아하는 웨인 그레츠키Wayne Gretzky의 명언이 있습니다. '나는 퍽(하키에서 사용하는 볼—옮긴이)이 놓인 곳이 아니라 퍽이 날아가야 할 곳으로 움직인다.'"

라이즈를 창업하기 위해 고군분투하던 시절 나는 잡스의 연설을 수도 없이 돌려 봤다. 티나 샤키를 비롯해 기회를 따내는 사람들이 불가피한 변화와 아이디어를 연결 짓는 게 얼마나 중요한지를 내게 가르쳐 줬다면, 유튜브 속 잡스는 건강관리 업계에서 퍽이 어디로 갈지 끊임없이 촉각을 곤두세워야 한다는 것을 가르쳐 주었다.

나는 의료인의 의사소통 방식이 불가피한 변화를 겪고 있음을 발견했다. 이제 의사는 환자들과 이메일을 주고받고 간호사들은 영상으로 상황에 대처하며, 정형외과 의사들은 휴대전화로 엑스레이 사진을 확인한다. 기존에는 의료진이 환자들을 직접 대면하고 긴 간격으로 진료를 봤다면 이제는 빠르게 원격진료로 이동하고 있었다. 더불어 대부분의 원격진료가 영상을 통해 이뤄지므로 나는 의료인과 환자가 필연적으로 문자메시지와 사진을 통해 소통할 것이라는 결론을 내렸다.

나는 이런 자명한 변화를 투자자들에게 설명했고 SMS의 사용 빈도 증가와 노인 인구의 원격진료 증가 현상에 대해 언급했다. 그리고 이런 트렌드를 기본 배경으로 설정한 뒤 내 아이디어를 소개했다. 먹는 식단을 사진으로 찍어 개인 영양관리사에게 보내면 문자로 피드백을 받을 수 있는 서비스였다.

'안락의자 인류학자'처럼 세상을 관찰하라

일반적인 프레젠테이션은 아이디어의 참신함을 강조한다. 기회를 얻는 프레젠테이션은 아이디어가 '필연적'임을 보여 준다. 에어비앤비의 창업자는 투자자들에게 앞으로 사람들이 낯선 이를 자기 집에서 재울 것이라고 설득해야 했다. 그들은 세상이 어떻게 변화할지를 보여 주는 게 아니라 이미 그렇게 변하고 있음을 알려 주었다. 그들의 프레젠테이션 자료는 카우치서핑닷컴과 크레이그리스트에서 주택 공유가 이미 성장 중임을 보여 주었다.

홀로 뒤처질지 모른다는 두려움을 이용하라

잘못된 아이디어에 투자할지도 모른다는 두려움은 좋은 아이디어의 성공에서 얻는 기쁨보다 두 배 더 크다. 두려움을 상쇄할 수 있는 것은 또 다른 두려움뿐이다. 지지자들에게 당신의 아이디어가 왜 필연적인 흐름인지를 설명해서 FOMO를 조성하라. 샘 슈워츠는 컴캐스트가 됐든, 아니면 다른 회사가 됐든 엑스피니티 모바일과 같은 서비스가 시대적으로 불가피하다고 주장했다. 실패할지도 모른다는 불안감에 비할 만큼 강력하게 사람을 움직이는 게 있다면 혼자서만 뒤처질지도 모른다는 두려움이다.

'우리는 이미 시작하고 있습니다'

추진력을 보여 주지 않는다면 이 흐름이 불가피하다는 주장도 호응을 얻을 수 없다. 지지자에게 세상의 변화가 불가피하고 당신이 이미 남들보다 앞서 나가고 있음을 보여 주어라. 앤디 던은 보노보스가 불가피한 아이디어임을 보여 주었지만 실제로 투자자들을 설득할 수 있었던 것은 그가 자동차 트렁크에 옷가지를 싣고 다니며 판매했다는 사실이었다. 그런 작지만 강한 추진력을 발휘하지 않았다면 던은 결코 기회를 얻을 수 없었을 것이다.

창업자의 비전은 공상이 아닌 '현실'이어야 한다

스티브 잡스의 아이폰은 트렌드를 창조하지 않았다. 트렌드를 가속화한 것뿐이다. 웨인 그레츠키는 "나는 퍽이 가야 할 곳으로 움직인다."라고 말했다. 우리가 선견지명이 있다고 여기는 대부분 사람은 그저 퍽이 가야 할 곳으로 움직인 것뿐이다.

제5단계
그들을 같은 팀으로 끌어들여라

창의성은 두 단계로 구성된 공식이다. 바로 훌륭한 아이디어와 훌륭한 실행이다. 그러나 그 두 단계 사이에 '비밀 단계'가 숨어 있으니, 바로 아이디어가 실행 단계에 이르렀을 때 모두 함께 도달하도록 외부인을 내부인으로 끌어들이는 것이다. 당신이 알고 있는 모든 위대한 조직과 사회운동, 캠페인들도 모두 이 비밀 단계를 거쳤다.

1940년대에 즉석 케이크 믹스가 미국 전역의 식료품 가게에 유통되어 대대적인 마케팅 활동을 펼쳤다. 맛있는 케이크를 만들기 위해 소비자가 할 일이라곤 믹스에 물을 섞어 반죽을 팬에 담아 굽는 것뿐이었다. 겨우 30분이면 케이크 하나가 뚝딱 만들어졌다. 그런데 이 제품이 전혀 팔리지 않자 마케터들은 경악했다.

그 원인을 파헤친 것은 심리학자인 어니스트 디히터Ernest Dichter였다. 전국의 주부들에게 이유를 물은 결과 디히터는 충격적인 결론에 도달했다. 케이크 믹스는 요리를 '지나치게' 쉽게 만들어 주었다. 다시 말해 소비자들에게서 창조적 과정을 전부 박탈했던 것이다. 그 사실을 알게 된 제조사는 이번에는 새로운 접근법을 시도했다. 케이크 믹스에서 달걀 성분을 제거해 만드는 사람이 직접 달걀을 깨트려 섞도록 만든 것이다. 그러자 매출량이 급격히 치솟았다.[1]

그 뒤로 수십 년 동안 연구자들은 이런 패턴이 수없이 반복되는 것을 경험했다. 하버드 경영대학원의 마이클 노튼Michael Norton과 동료 두 사람은 이 같은 현상을 '이케아 효과'라 부르면서[2] 사람들이 완성품을 구입하기보다 직접 조립한 제품에 약 다섯 배나 더 큰 가치를 부여한다는 사실을 입증했다. "사물을 다루는 데 소요된 시간"은 "소유와 가치에 대한 감각"을 부여한다.[3]

그렇다면 지지자도 다른 사람의 아이디어에 주인의식을 느낄 수 있을까? 처음에 나는 그 연결 고리를 보지 못했다. 그래서 크고 작은 세부 사항을 모두 고려해 철저한 계획을 세웠다는 사실을 보여 주는 데 주력했다. 기회를 얻으려면 철벽같은 준비를 해야 한다고 믿었다.

그러나 지지자들에게 아이디어를 소개하면서 새로운 사실을 깨달았다. 계획이 확정되어 있을수록 청중으로부터 열정적인 반응을 끌어내기가 더 어려웠다. 프레젠테이션 결과가 가장 좋을 때는 적어도 하나 이상의 열린 의문이 남아 있고 이를 지지자들에게 제시했을 때였다. 그런 경우는 대개 프레젠테이션이 시작되었을 때 탁자 반대쪽에 앉아 있던 지지자들이 결국엔 다 같이 내 노트북이나 전화기 주위에 머리를 맞대고 몰려 있는 상황으로 끝나곤 했다. 여기서 나는 기회를 얻고자 하는 이들에게 도움이 될 교훈을 얻었다. 사람들은 주인의식을 느끼는 아이디어를 옹호할 때 가장 열렬히 싸우는 경향이 있다는 것이다.

이 사실이 왜 중요할까? 설령 지지자들이 당신의 아이디어를 좋아하더라도 그들 역시 늘 다른 사람을 설득해야 하기 때문이다. 벤처 투자자가 당신의 창업 아이디어를 좋아한다면 그는 자신의 파트너를 설득해야 한다. 당신 회사의 CEO가 당신의 신제품 아이디어를 좋아한다면 그는 다른 경영진에게서 동의를 받아야 한다. 편집자가 당신이 제안하는 책의 콘셉트를 마음에 들어 하더라도 실제로 기획에 들어가려면 팀원들을 설득해야 한다.

바로 그런 이유로 프레젠테이션을 할 때 단순히 당신의 아이디어를 좋아해 줄 사람을 찾아서는 안 된다. 당신에게는 적극적인 지지자가 필요하다. 당신의 아이디어를 당신과 똑같은 열정으로 설파하고 다닐 사람 말이다. 살만 루슈디가 이런 글을 쓴 적이 있다. "우리 삶에서 중요한 대부분의 일은 우리가 없을 때 발생한다."[4] 우리는 프레젠테이션을 할 수는 있을지 몰라도 복도에서 이뤄지는 대화나 다른 회의실에서의 모임, 아이디어의 운명을 결정짓는 이메일 소통에는 끼어들지 못한다. 당신의 지지자는 함께 아이디어를 생각하고 실행하는 같은 팀이 될 때 더욱 열렬한 옹호자가 될 것이며 직접 달걀을 깨고 믹스에 넣어 섞을 것이다.

다큐멘터리 〈불편한 진실〉의 촬영을 마친 데이비스 구겐하임은 이번에는 개인적인 관심을 지닌 주제로 시선을 돌렸다. 바로 전자기타였다. 그는 세상에서 가장 위대한 기타리스트들에 관한 영화를 찍고 싶었다. 그가 원하는 명단의 가장 꼭대기에는 역대 최고의 기타리스트가 자리 잡고 있었다. 바로 레드 제플린의 지미 페이지였다.

처음 구겐하임이 이 아이디어를 동료들에게 말했을 때 모두가 불가능하다고 말했다. "지미 페이지와 영화를 찍는 건 제 꿈이었습니다." 구겐하임은 내게 이렇게 말했다. "하지만 우리가 그를 설득할 수 있으리라곤 아무도 믿지 않았죠. 그는 대중에게 노출되는 걸 극히 꺼리니까요." 실제로 페이지가 50년이 넘는 세월 동안 했던 인터뷰는 두 손으로 꼽을 정도다. 그리고 그중 무엇도 영화 한 편 길이의 다큐멘터리에 필요한 정보와 깊이를 담고 있지는 않았다.

그러나 구겐하임은 단념하지 않고 페이지의 매니저와 연락할 방법을 알아냈다. 구겐하임이 페이지를 직접 만나 의견을 타진할 수 없겠느냐고 묻자 매니저는 이렇게 대답했다. "그럼 한 시간 드리죠." 매니저는 그가 LA에서 런던까지 비행기로 10시간이나 되는 거리를 날아올 거라고는 상상도 하지 않았다. 그러나 구겐하임은 승낙이 떨어지자마자 히드로 공항으로 가는 가장 빠른 비행기를 예약했다.

그는 런던에 있는 호텔 로비에서 페이지를 만났고 두 사람은 잉글리시 티를 앞에 두고 대화를 나눴다. 이 로큰롤 스타에게 평생 해본 적 없는 일을 하도록 설득해야 한다는 부담감이 구겐하임을 짓눌렀다. 어쩌면 페이지는 다소 강압적인 설득을 당하리라 예상했을지도 모른다. 그러나 그런 일은 벌어지지 않았다.

"지미, 이게 어떤 영화가 될지는 나도 모르지만…, 스토리에 대해서는 우리 같이 이야기해 봅시다. 그냥 간단한 대화부터 나누는 게 어떨까요? 마이크를 차고 얘기만 하면 됩니다. 별로 신경 쓸 필요도 없어요. 그냥 얘기만 나누는 거예요. 내용이 어떻게 될지는 그때부터 차근차근 살펴보는 거죠. 언제든 마음에 안 들면 그만둬도 됩니다."

구겐하임은 그 순간이 전환점이었다고 말했다. 페이지가 입을 뗐다.

"알겠습니다. 자연스럽게 하자는 거군요."

구겐하임과 페이지는 작은 호텔 방을 빌려 사흘 동안 대화를 나눴다. 약속대로 딱히 대화의 목적도, 촬영 스태프도 없었다. 그저 두 사람이 이야기를 나누고 과거를 회상하면서 옛날에 있었던 일화를 떠올리는 정도였다. 바로 거기서 영화 〈잇 마이트 겟 라우드〉It Might Get Loud 의 도입 부분이 시작된다. 영화는 여러 영화제에서 수상 후보로 지명되었고 "진정으로 마음을 사로잡는 가슴 벅찬 90분짜리 스펙터클"이라는 평을 받았다.[5]

구겐하임의 일화를 듣고 나는 커리어의 성공을 결정짓는 중요한 교훈을 깨달았다. 중요한 사람들을 창조적인 과정에 참여시켜 당신의 아이디어에 주인의식을 느끼도록 해야 한다는 것이다. 조금 불편하게 느껴지더라도 당신의 프로젝트에 다른 이들의 흔적을 남기는 걸 두려워하지 마라. 지지자들을 같은 팀으로 끌어들이면 그들은 당신의 성공에 투자한 것처럼 느낄 것이다. 〈스타워즈: 깨어난 포스〉 같은 할리우드 블록버스터를 제작한 토미 하퍼Tommy Harper는 내게 이렇게 말했다. "그 사람들이 자기 아이디어라고 여기더라도 뭐, 어차피 모두가 원원이니까요."

아이디어의 명확성보다 가능성을 제시하라

조엘 스타인Joel Stein은 《타임》에 글을 기고하던 작가다. 뉴욕과 LA에 거주하다 결국 엔터테인먼트 업계에 발을 들여 텔레비전 프로그램을 기획하기 시작했다. 그는 내게 CBS에 35세의 인디록 스타이자 마약중독자를 주인공으로 하는 시트콤 아이디어를 프레젠테이션한 이야기를 들려주었다. 정식으로 프레젠테이션을 시작하기 전에 어쩌다 그런 아이디어를 떠올렸는지 경영진과 잡담 삼아 대화를 나누게 되었는데, 그는 지나가듯 이렇게 말했다.

"어른들이 디즈니 애니메이션을 보고 컵케이크를 먹는 세상에서 마약중독을 극복하려는 사람이야말로 어른이 되려고 노력하는 유일한 사람이죠."

이 말을 계기로 진정한 어른이란 무엇인가에 관한 열띤 토론이 시작되었다. 스타인은 인디록 스타이자 마약중독자에 대한 이야기를 계속할 완벽한 기회를 얻었다. 프레젠테이션을 마치고 나와 주차해 놓은 차에 타기도 전에 그에게 전화가 걸려 왔다. 그의 시트콤을 구입하고 싶다는 제안이었다. 다만 한 가지 함정이 있었다.

"그들은 제 프레젠테이션을 사려는 게 아니었습니다. 제가 프레젠테이션을 하기 '전에' 말한 걸 전부 사고 싶다고 했어요."

알고 보니 CBS는 35세의 인디록 스타 플롯에는 관심이 없고 '어른이 되려고 노력하는' 부분에 관심이 있었다. 그들은 스타인에게 같은 주제를 다루되 다른 방향으로 일을 진행하고 싶다고 말했다. 그래서 그들은 스타인이 기획한 시트콤을 원래의 플롯만 빼고 《타임》에서 받던 연봉보다 더 많은 돈을 주고 구입했다.

스타인이 앞선 대화 없이 곧장 프레젠테이션을 시작했다면 결과는 달랐을 것이다. 프레젠테이션 전에 나눴던 대화가 경영진을 창조적인 과정에 끌어들였다. 거의 우연이긴 하지만 스타인은 기회를 얻는 방법에 관한 가장 중요한 원칙을 배웠다. '정확히 어떻게 할 것인가'가 아니라 '어떻게 될 수 있을지'를 이야기해야 한다는 것이다.

나도 스타인처럼 우연한 기회에 이 교훈을 배웠다. 나는 기회를 얻기 위해서는 아이디어에 대해 철저한 계획을 세우고 모든 세부 사항을 미리 파악해야 한다고 생각했다. 그러나 나중에 새로이 깨달은 사실은 세부 사항을 미리 생각하는 건 물론 중요하지만 이를 굳이 다른 사람에게 알려 줄 필요는 없다는 것이었다. 아이디어가 앞으로 어떻게 진행될지 개괄적인 수준만 공유하라. 그런 다음 지지자들이 직접 토론하도록 하라.

스타트업의 프레젠테이션 자료에는 일반적으로 백업 섹션이 있다. 프레젠테이션을 끝낸 뒤 토론에 사용할 수 있는 자료다. 처음 라이즈의 투자 유치를 위해 뛰어다니고 있을 때 내 프레젠테이션에서 백업 섹션이 차지하는 비율은 약 10퍼센트 정도에 불과했다. 하지만 기회를 얻는 사람들의 도움을 받아 프레젠테이션을 정비하고 나자 거의 절반 이상이 백업 섹션으로 자리를 옮겼다. 나는 세부 사항을 처음부터 전부 공개하는 게 아니라 기본적인 아이디어와 비전을 설명한 다음에야 논의에 들어갔고, 그 결과 프레젠테이션은 발표라기보다는 협업 활동처럼 보이기 시작했다.

스티브 잡스가 애플의 브랜드 정체성을 구상하기 위해 마케팅 컨설턴트인 레지스 매케나Regis McKenna를 고용했을 때도 이런 방식이 효과가 있었다. 매케나가 만든 인텔 광고가 마음에 들었던 잡스는 매케나를 애플로 끌어오고 싶었다. 그러나 당시 애플은 잘 알려지지 않은 브랜드였던 반면 매케나는 이미 안정적인 대기업 고객들을 보유하고 있었다.[6] 그럼에도 매케나는 잡스를 만난 지 5분도 안 되어 애플과 함께 일하기로 했다.

그 이유가 무엇이었을까? 잡스는 매케나에게 애플이 어떤 브랜드인지 구구절절 늘어놓지 않았고 애플이 '어떤 브랜드가 되어야 하는지' 열정적으로 설명했다. '무엇이 가능한가'라는 스토리는 매케나를 단순한 외부 기여자가 아니라 함께 협업하는 동지이자 한 팀으로 끌어들였다.[7] 그리고 실제로 그는 애플 로고를 디자인하는 것은 물론 회사의 첫 번째 사업 계획을 구상하는 데 기여했다.[8]

이 책을 쓰면서 나는 조너선 도탄Jonathan Dotan을 만났다. 그는 당신이 알고 있는 평범한 할리우드 각본가가 아니다. 그는 원래 HBO 드라마 〈실리콘밸리〉에 기술 부문 고문으로 고용되었다. 'IT 전문가를 다루는, IT 드라마를 사랑하는, IT 전문가인 얼리어댑터 시청자'들을 납득시키기 위해서였다. 드라마에서 단 한 부분이라도 기술적 고증이 잘못된다면 레딧Reddit(미국의 최대 인터넷 커뮤니티 사이트—옮긴이)에서 폭발적인 항의가 빗발칠 터였다. 기술 설계와 영화라는 두 가지 부문 모두에 발을 걸친 도탄은 드라마 속 사실들이 실제 현실에 기반하고 있는지 확인하고 테스트를 했다.

시즌 피날레에서 작가들은 주인공인 리처드 헨드릭스가 프로그램 개발에서 획기적인 돌파구를 발견하길 바랐다. 그가 운영하는 스타트업이 개발 중인 데이터 압축 알고리즘은 다른 어떤 회사의 것보다 뛰어나야 했다. 작은 스타트업으로서는 상당히 어려운 일이었다.

도탄의 업무는 철저한 조사를 거쳐 관련 콘셉트를 작가들에게 전달하는 것이었다. 그건 마치 레슬링 게임을 치르는 것과도 같았다. 여러 방향에서 수많은 아이디어가 동시다발적으로 쏟아졌고 대부분은 탈락했다. 논의는 정신없었고 날카로운 위트가 오갔으며 작가들의 목소리는 시끄러웠다. 작가실에서는 열정은 둘째치고 아주 약간의 관심이라도 얻을 수 있다면 운이 좋은 것이었다.

압축 프로그램을 조사하던 도탄은 놀라운 사실을 발견했다. 오늘날 우리가 사용하는 수많은 소비자 기술을 구성하는 알고리즘은 지난 수십 년 동안 거의 변함이 없었다. 작가들을 특정 플롯 라인으로 유도하고 싶다는 생각이 들 정도로 흥미로운 사실이었다. 하지만 그는 자신이 알게 된 사실을 그저 정직하게 작가들에게 알려 주었다. "권위적인 느낌을 주고 싶지 않았습니다. 자유로운 대화와 토론을 열고 싶었죠." 나중에 도탄은 내게 이렇게 말했다.

그는 작가진 회의에서 현존하는 압축 프로그램은 두 가지 방식을 사용하고 있다고 설명했다. 톱다운top-down과 보텀업bottom-up 방식이었다. 그러곤 이렇게 덧붙였다. "1970년대 이후로는 여기서 크게 발전이 없었죠." 선임 작가인 마이크 저지Mike Judge와 알렉 버그Alec Berg의 창의성에 불을 붙이기에 충분한 말이었다. 도탄의 프레젠테이션 내용을 곰곰이 생각하던 두 사람은 그에게 말했다. "톱다운과 보텀업이란 말이죠. 그럼 미들아웃middle-out은 어때요?"

이후 수 주일 동안 도탄과 작가들은 완전히 새로운 유형의 압축 프로그램 엔진을 발명하고 검토했다. 그 결과 '미들아웃' 에피소드는 시즌의 대미를 장식했다. 이 작품은 에미상 5개 부문 후보로 올랐고 주 시청자층의 신뢰를 얻었다. 심지어 일부 시청자에게는 이 새로운 압축 엔진을 기반으로 하는 스타트업을 창업하도록 영감을 주기도 했다.[9]

도탄은 시즌의 마무리에서 중요한 역할을 했다. 그는 자신의 아이디어를 밀어붙이지 않았다. 정해진 해결책을 들고 작가실로 쳐들어갔다면 작가들은 결코 미들아웃 엔진이라는 결론에 도달하지 못했을 것이다. 대신에 그는 아이디어가 어떻게 나아갈 수 있는지 개념 수준의 발상을 공유했다.

가장 중요한 것은 '우리'의 이야기다

역사상 가장 훌륭한 정치 연설은 세 가지 스토리를 담고 있다. '내 이야기', '당신의 이야기' 그리고 가장 중요한 '우리의 이야기'다. 즉 '우리가 함께 힘을 합치면 어떻게 될까?'가 핵심이다. 존 F. 케네디의 대통령 취임 연설은 그 최고봉 중 하나라고 할 수 있다. 그는 원대한 꿈과 목표를 제시하며 세계 시민들에게 '우리가 인류의 자유를 위해 무엇을 함께 할 수 있는지'를 물어보라고 외쳤다.[10]

창업자들은 자주 '내 이야기'를 하고 때때로 '당신의 이야기'를 하지만 '우리의 이야기'를 하는 경우는 거의 없다. 그들은 지지자에게 왜 '그(그녀)'가 다른 사람보다 더 이 아이디어에 적합한지 설명할 기회를 놓친다. 우리의 이야기를 할 기회를 놓치면 상대를 같은 팀으로 끌어들일 기회를 잃는다.

존 팰프리John Palfrey는 맥아더 재단의 소장이다. 맥아더 재단은 매년 창조적인 일에 남다른 독창성을 발휘하고 헌신한 약 20명에게 62만

5,000달러의 상금을 수여한다. 지난 40년 동안 이 상을 받은 인물로는 치마만다 응고지 아디치에Chimamanda Ngozi Adichie와 팀 버너스리Tim Berners-Lee, 린마누엘 미란다 등이 있다.

나는 팰프리가 만일 누군가 이미 확실한 성공의 길을 밟고 있다면 이 상을 받기 힘들 것이라고 말했을 때 조금 놀랐다. 그는 상을 받을 확률이 가장 높은 후보는 '…가 없다면' 테스트를 통과하는 인물이라고 말했다. "우리는 '우리의 지원'이 없다면 잠재력을 온전히 발휘하지 못했을 사람들을 지원합니다."

다른 선발 프로그램 역시 이와 비슷한 거름망을 사용한다. 스탠퍼드 경영대학원에는 매년 수천, 수만 장의 지원서가 접수되지만 그중 합격증을 받는 학생은 고작 몇백 명뿐이다.[11] 나와 대화를 나눈 입학사정관은 대부분의 지원서가 지원자가 어떤 일을 했는지 나열한 것에 불과하다고 말했다. 그러나 최고의 지원서는 당신의 부족한 점과 프로그램의 강점이 어디서 만나는지를 보여 줘야 한다. 다시 말해 '스탠퍼드의 독특한 강점이 당신의 성장이 필요한 곳에 어떤 기여를 할 수 있는가?'라는 질문에 분명히 답할 수 있어야 한다.

아스펜 연구소Aspen Institute의 헨리 크라운 펠로십 프로그램Henry Crown Fellowship Program에서도 이와 똑같은 기법이 사용된다. 이 상을 받은 인물로는 코리 부커Cory Booker 의원과 넷플릭스의 CEO 리드 헤이스팅스Reed Hastings를 들 수 있는데, 이 펠로십의 기준 중 하나는 후보가 커리어의 변곡점에 있어야 한다는 것이다. 즉 이 상을 받으려면 '완

전히 무르익지' 않아야 한다.[12]

당신의 계획에 지지자가 중요한 역할을 한다는 사실을 알려 주는 과정은 세 가지 단계로 이뤄진다.

첫째, 당신의 아이디어에서 지지자의 장점과 직접적으로 관련이 있는 공백을 파악하라. 마케팅 전략이든, 인재 채용 부문이든 다 좋다.

몇 달 전 한 피부과 의사가 자금 조달과 관련해 조언을 부탁한 적이 있었다. 그는 지금 운영 중인 병원을 대형 의료 체인으로 확장하고 싶었다. 그의 아이디어에서 가장 큰 공백은 의료 부문이 아니라 소매 부문에 있었다. 그는 다른 동료 의사들에게 자신의 서비스에 투자해 달라고 설득 중이었지만 대부분 성공하지 못하고 있었다. 우리는 전략을 수정하기로 했다. 의사가 아니라 소매사업 경험이 있는 투자자들에게 접근한 것이다. 이 방식은 그의 의료 경험과 투자자들의 소매 전문 지식을 결합해 '우리의 이야기'를 할 수 있게 해주었다. 투자자들이 바라는 윈윈 조합이었다.

둘째, 투자자들을 만나기 전에 최대한 많은 것을 배우고 이해해야 한다. 당신에게 부족한 부분을 강조하면서도 사람들을 올바른 질문과 논의에 참여시키려면 철저한 준비가 필요하다. 실제로 나는 프레젠테이션 그 자체보다도 차후 토론 및 논의에 더 많은 준비가 필요하다는 사실을 배웠다.

앞서 예로 든 피부과 의사가 "전 소매 부문에 대해서는 아무것도 모릅니다."라면서 소매 사업 전문 투자자들에게 접근했다면 아무 호응도 얻지 못했을 것이다. 그러나 그는 수 주일에 걸쳐 최대한 소매 전략을 배우고 또 조사했다. 관련 배경을 지닌 친구들에게 전화를 걸었고 온라인 소매 세미나에 참석했으며 동네 상점 주인들과 대화를 나눴다. 그리고 회의에 참석하기 전에 그는 용의주도한 전략을 생각해 냈다. 부족한 부분이 있어도 어쩔 수 없다면서 어깨를 으쓱하기보다 그게 무엇인지 직접적으로 드러내기로 한 것이다. 그는 문제를 해결하기 위해 최선을 다했음을 어필함으로써 소매 사업에 전문성을 지닌 투자자들을 논의에 끌어들였다.

마지막으로, 지지자와 만날 때 솔직하게 '우리의 이야기'를 하라. 당신의 약점과 그들의 강점이 어떻게 맞아떨어지며 그 둘을 결합하면 어떻게 아이디어를 성공시킬 수 있을지 설명하라. 지지자가 알아서 점과 점을 이을 수 있다고 지레짐작하지 마라. 설령 그들이 그렇게 할 수 있더라도 당신이 그 둘의 조합이 효과적임을 이해하고 있다는 사실을 알려 주는 게 중요하다.

앞서 피부과 의사는 잠재 투자자들에게 보내는 이메일에서 '여러분의 소매 판매 배경'과 '자신의 의학적 배경'이 얼마나 훌륭하게 맞아떨어지는지 강조했다. 그들이 협업을 통해 밀접한 관계를 구축할 수 있으며 나아가 그가 얼마나 열심히 공부하고 연구했는지를 설명했다. 그는 단순히 전화번호부를 뒤져 눈에 보이는 모든 투자자에게 똑같은 이메일을 복사해 붙여 보낸 게 아님을 알렸다.

뷰티 블로그 '인투 더 글로스'Into the Gloss를 운영하는 에밀리 와이스Emily Weiss는 앞에서도 언급한 달러 셰이브 클럽의 투자자이자 '미다스의 손'인 커스틴 그린에게 접근할 때도 이 방법을 활용했다.[13] 당시 인투 더 글로스는 매달 높은 조회수를 기록하고 있었고 와이스는 사업을 여러 방향으로 확장할 계획이었다. 그중 하나는 소비자 제품을 직접 생산하는 것이었다.[14] 하지만 그녀는 충성스런 고객층을 구축하고 유지하는 법에 대해서는 잘 알고 있었으나 제품 생산에 대해서는 아는 것이 별로 없었다.[15] 반면에 그린은 든든한 소매사업 배경을 갖추고 있었고 버치박스Birchbox와 와비 파커Warby Parker, 세레나 앤드 릴리Serena & Lily 같은 소비자 제품 회사에 투자하고 있었다.[16]

와이스는 그녀의 공백과 그린의 강점을 결합해 '우리의 이야기'를 전달했다. 공식적인 프레젠테이션을 준비하는 게 아니라 인투 더 글로스 구독자들을 관찰해서 얻은 통찰과 구독자들이 원하는 것 그리고 이를 어떻게 충족시킬 수 있는지 다양한 해결책을 고민했다. 그녀는 그린과 만났을 때 이런 옵션들을 제시했고 그들이 온라인 뷰티 트렌드에서 무엇을 함께 구축할 수 있을지에 대한 이야기를 나눴다.

서로의 장점을 주고받을 방법을 논의한 끝에 와이스와 그린은 화장품과 스킨케어 제품이야말로 시장 진출에 가장 적합한 제품이라는 데 의견을 모았다. 오늘날 글로시어Glossier의 시장가치는 약 12억 달러에 이르며[17] 의류 및 보디케어, 향수 분야에도 진출했다. 《포춘》Fortune에 따르면 글로시어는 "뷰티 산업계에서 가장 시장 파괴적인 브랜드"다.[18]

스스로 이야기 속 영웅이 되어라

수년 전 미셸이라는 디자이너를 만났다. 그녀는 회사 내에서 인기가 많았고 모든 팀에서 그녀를 끌어가려고 혈안이었다. 나중에야 나는 사람들이 미셸의 뛰어난 창의성도 좋아하지만 그녀가 뭔가를 만들어 내는 과정을 무척 좋아한다는 사실을 알게 되었다.

미셸은 디자인에 대한 논의를 나눈 뒤에는 항상 피드백을 받았다. 그런 다음 후속 회의가 열리면 전에 받은 피드백을 활용한 체크리스트를 작성해 새 디자인에 그들의 의견을 어떻게 반영했는지 설명했다. 피드백을 반영하지 않기로 했을 때는 그 이유마저도 설명했다. 사람들은 늘 미셸의 의견에 동의하는 건 아니었지만 적어도 자신의 견해가 무시되지 않고 충분히 고려되었다고 느꼈다. 즉 그들의 피드백은 중요한 역할을 했고 그들은 미셸의 업무에 한 팀처럼 참여했다고 느꼈다.

전 TED 미디어 책임자이자 현재 웨이트왓WaitWhat의 CEO인 준 코언June Cohen은 이 이야기의 핵심을 말해 주었다. 그는 인상 깊은 커리어를 만들려면 "당신과 협업하는 모든 사람을 영웅으로 만들어야 합니다. 당신의 이야기뿐만 아니라 그들의 이야기 속에서도요."라고 말했다. 《오즈의 마법사》에서 도로시가 허수아비, 양철 나무꾼, 사자의 도움을 얻을 수 있었던 건 그들이 각자의 이야기 속에서 영웅이 되었기 때문이다. 코언은 이렇게 말했다. "만일 허수아비가 두뇌를 구하려 하지 않았다면 그리고 양철 나무꾼이 심장을 얻으려 하지 않았다면 날개 달린 원숭이의 공격에 용감하게 대처하지 못했을 겁니다!"[19]

영웅이 된 것처럼 느끼게 만들려면 어떻게 말하고 행동해야 깊은 인상을 줄 수 있는지 알아내야 한다. 유명한 기금조성 연구가인 퍼넬러피 버크Penelope Burk는 우리가 영웅이 된 것처럼 느낄 때 어떤 변화가 만들어질 수 있는지 보여 주었다. 20년 전 버크는 비영리단체 운영자들이 대부분 시간과 자원을 이미 존재하는 후원자가 아니라 새로운 후원자를 모집하는 데 사용하고 있다는 사실을 발견했다. 그 결과 일반 자선단체의 약 70퍼센트에 이르는 후원자들이 다시는 기부하지 않았고 비영리단체 운영자는 후원자 기반을 처음부터 다시 구축해야 했다.

"말도 안 되는 상황이었지요." 버크는 내게 이렇게 말했다. 그래서 그녀는 비영리단체가 시간과 노력을 들여 기존 후원자들과의 관계를 개선한다면 어떻게 될지 연구하기 시작했다. 먼저 버크는 건강 관련 비영리단체에 기부 중인 사람들을 연구 대상으로 선정했다. 이 대상에 선정된 사람은 자선단체의 운영위원회로부터 개인적인 전화를 한 통 받게 된다. 통화 내용 중에 더 많은 기부금을 요청하거나 암시하는 말은 한마디도 없다.

이 부분이 가장 중요하다. 전화는 뭔가를 요구하기 위해서가 아니라 순수하게 감사를 표하기 위한 것이다. 그 사람은 진심에서 우러나온 감사 인사를 받게 되고 자신의 기여가 얼마나 큰 변화를 일구었는지 알게 된다. 버크는 후원자들에게 전화를 돌린 뒤 결과를 숨죽여 기다렸다.

결과는 놀라웠다. 2년 뒤 운영위원회에서 전화를 받은 사람 중 70퍼센트 이상이 해당 단체에 여전히 기부하고 있는 반면 그렇지 않은 사람 중에 기부를 지속한 사람은 18퍼센트에 불과했다. 그뿐만 아니라 그때까지 남아 있는 후원자들은 처음 기부를 시작했을 때보다 42퍼센트나 더 많은 액수를 기부하고 있었다.[20]

버크에게 이 이야기를 들었을 때 나는 어떻게 단 한 번의 통화가 그런 엄청난 변화를 가져올 수 있었는지 물었다. 그녀는 질문에 대한 대답으로 책상 위에 놓여 있던 감사 편지를 읽어 주었다. 한 지역사회 운동가가 동료에게 보낸 것인데 이렇게 시작되고 있었다. "당신의 역할은 때때로 기부자와 자원봉사자들이 영웅이 된 것처럼 해주는 것이지요. (⋯) 실제로 그들은 훌륭한 영웅입니다."

사람들에게 그들이 얼마나 큰 영향력을 미칠 수 있는지 이해하도록 돕는 것은 비즈니스가 아닌 인간적인 개념이다. 우리는 누구나 자신의 말과 행동이 중요하다고 느끼고 싶어 한다. 후원자의 경우 사명이든 전략이든 제품이 됐든 자신의 의견이 충분히 고려되고 유용하게 쓰인다는 사실을 아는 것만으로도 이런 기분을 느낄 수 있다.

이런 효용을 내가 처음으로 알게 된 것은 고등학교 때였다. 나는 존 딩겔John Dingell이라는 지역 정치인을 위해 집집마다 돌며 선거운동을 했다. 일요일 오후 초인종을 눌렀을 때 짜증스런 반응이 아직도 기억난다. 선거운동은 거의 막바지였고 사람들은 신경이 곤두서 있었다. 수많은 선거운동원이 수시로 집에 찾아와 하나같이 똑같은 레퍼토리를 읊어 댔기 때문이다. 어떤 중년 남성은 "한 번만 더 팸플릿 같은 걸 줬다간 반대쪽 후보한테 투표해 버릴 거다!"라며 으름장을 놓기도 했다.

그로부터 10년 뒤 내가 다른 후보를 위해 또다시 선거운동을 시작했을 즈음에는 스마트폰이 모든 것을 변화시켰다. 이제는 아무 가정집이나 문을 두드리기 선에 앱을 열어 유권자가 가장 중요하게 여기는 문제가 뭔지 알 수 있다. 말하자면 '지난번에 대화를 나눴을 때 12년제 교육에 깊은 관심이 있으시단 걸 알게 되었습니다. 해당 문제와 관련해 지금 저희가 새로이 준비 중인 내용을 알려 드려도 될까요?'처럼 말을 거는 식이었다. 그 결과 눈앞에서 문을 쾅 닫는 사람은 줄고 유권자들과 더 많은 대화를 나눌 수 있었다. 그들은 누군가 자신의 이야기를 귀 기울여 듣고 있으며 자신의 의견이 중요하게 받아들여진다고 느꼈기에 문을 열어 준 것이다.

단 한 번의 대화만으로 사람의 마음을 얻기는 어렵지만 지속적인 교류와 상호작용은 신뢰와 확신을 심어 준다. 설령 지난번 대화가 별로 안 좋게 끝났더라도 다음번 대화에서 그들이 당신의 일에 얼마나 큰 영향을 미쳤는지 알려 줄 수 있다. 이처럼 피드백을 반영한 후속 조치의 효과는 매우 강력해서 지지자의 대답을 '노'에서 '예스'로 바꿀 수도 있다.

브라이언 우드Brian Wood는 미 국방부 산하 국립지리정보국National Geospatial Intelligence Agency에서 혁신전략가로 일하고 있다. 그는 비전문가인 나를 위해 자신이 개발한 콘듀이트Conduit라는 프로그램을 쉬운 말로 설명했는데, 간단히 말하면 AI를 사용해 국가기관이 더 나은 결정을 효율적으로 내릴 수 있도록 돕는 프로그램이었다. 그러나 그가 펜타곤의 결정권자들에게 이 아이디어를 제안했을 때 그들은 온갖 우려를 늘어놓으며 기획안을 퇴짜 놓았다.

우드는 방어적으로 굴지 않고 그들이 내놓은 피드백을 신중하게 들었다. 고쳐야 할 점을 자세히 메모하고 해결해야 할 사안의 체크리스트도 만들었다. 그러고는 몇 주일이 지나 또다시 회의를 신청했다. 디자이너 미셸이 IT 회사에서 그런 것처럼 우드는 펜타곤 장성들에게 그들의 피드백을 어떻게 반영해 프로토타입을 수정했는지 상세히 설명했다. 설명을 마치고 방 안을 돌아본 우드는 다들 놀란 표정을 하고 있는 것을 봤다. 괜찮은지 묻자 한 관료가 헛기침하며 말했다.

"괜찮소. 그냥…, 퇴짜 맞은 다음 다시 찾아온 사람은 처음이라서."

우드와 달리 나는 라이즈를 거절한 투자자를 다시 찾아간 적이 없다. 적어도 같이 로스쿨에 다녔던 오랜 친구를 만나 커피 한잔을 나누기 전까지는 그랬다. 앤디는 아이디어를 계속 거절당했다는 내 하소연을 참을성 있게 들었다. 이야기가 끝나자 그는 의자 등받이에 힘을 빼고 기대앉더니 잠시 먼 곳을 바라보았다. 그러곤 한마디를 던졌다.

"왜?"

"뭐가 왜야?"

"사람들이 왜 퇴짜를 놨지?"

"내 아이디어가 마음에 안 들었으니까 그렇지."

나는 약간 짜증을 내며 대답했다.

"그래. 그런데 왜? 그 사람들은 왜 네 아이디어를 안 좋아한 건데?"

그 순간 내가 투자자들에게 '왜' 내 아이디어를 거절했는지 한 번도 물어본 적이 없다는 사실을 깨달았다. 보통은 '미안합니다. 하지만 이 아이디어는 우리와 맞지 않는 것 같습니다' 같은 말이 쓰인 짧은 이메일을 받곤 했지만 이유에 대해 캐물은 적은 없었다.

그날 이후 나는 앤디의 조언에 따라 투자자들이 라이즈를 거절할 때마다 왜 아이디어가 마음에 들지 않는지 묻기 시작했다. 몇 명은 '아무것도요. 그저 우리와 안 맞아서요' 같은 답변을 보내왔다. 하지만 어떤 이들은 길고 자세한 설명과 상세한 피드백을 보내왔다. '고객 유지와 관련해 더 구체적인 자료를 보고 싶었습니다'라든가 '개발자들이 프로그램을 더 완성도 있게 준비해 강력한 소비자 제품을 만들고 있다는 사실을 확인할 수 있었다면 좋았을 겁니다' 같은 대답들 말이다.

내가 먼저 질문을 던지지 않았다면 피드백을 받지도 못했을 것이다. 질문과 답변을 통해 확실한 방향을 파악한 나는 로드맵을 수정해 고객 유지에 집중하고 더 실력 있는 개발자를 찾아야 한다는 사실을 알게 되었다. 한 달 뒤 나는 같은 투자자들에게 이메일을 보내 혹시 다시 시간을 내줄 수 있느냐고 물었다. 그리고 프레젠테이션을 시작할 때 그들 각자가 지적한 우려 사항을 꺼내자 사람들이 긴장을 푸는 게 느껴졌다. 그들은 내가 지난번과 똑같은 프레젠테이션을 가져와 시간 낭비를 하는 게 아닌지 의심했던 것이다.

브라이언 우드가 펜타곤에서, 미셸이 디자인실에서 그런 것처럼 나는 그들의 피드백을 참고해 기존의 접근법을 어떻게 수정하고 지금까지 어떤 결과를 일궜는지 보여 주었다. 새로 정비한 프레젠테이션은 항상 효과를 거두진 않았지만 처음에 라이즈에 투자를 거절한 두 명의 벤처 투자자가 라이즈의 초기 투자자로 합류했다.

이야기를 끝내지 말고 상상의 여지를 남겨라

구글은 점심시간에 참신한 아이디어가 떠오르면 그날 퇴근 시간 전에 실행하는 회사였다. 그러나 몇 년 새 회사 규모가 수 배로 성장하면서 겹겹의 관료주의가 생겨나기 시작했다. 회의실에는 의견이 넘쳐났고 '결정권자'가 없으면 아무것도 할 수 없다는 느낌이 들기 시작했다.

사내 문화에 이런 변화가 발생하는 와중에 제이크 냅Jake Knapp은 영상 채팅 인터페이스에 관한 새 아이디어를 제안하는 프레젠테이션을 하게 되었다. 디자이너로서 냅이 해야 할 일 중 하나는 하나의 창의적인 비전을 중심으로 더 많은 의사결정권자를 규합하는 것이었다. 그리고 별로 놀랍지 않겠지만 회의는 그다지 잘 진행되지 않았다.

냅은 동료인 서지 래셔펠Serge Lachapelle과 함께 이런 상황에 관해 이야기를 나눴다. 그들은 점심을 먹으며 팀 내에서 디자인 관련 이야기를 할 때면 모든 게 얼마나 순조로웠는지 회상했다. 시각예술 학위를 받은 냅은 항상 종이나 화이트보드에 그림을 그렸고, 그러면 금세 모두가 합의점에 이를 수 있었다. 그때 래셔펠에게 묘수가 하나 떠올랐다. 냅은 작은 회의실에서 동료들과 의견을 나눌 때는 저해상도의 대충 그린 그림을 사용했지만 고위경영진 앞에서 프레젠테이션할 때는 고해상도의 사진이나 실물 크기의 샘플을 사용했다. 만일 그런 판에 박힌 디자인을 버리고 단순한 스케치를 보여 준다면 어떨까?

냅은 시도해 볼 가치가 있는 의견이라고 생각했다. 그는 그가 생각한 비전을 종이에 그리고 스케치를 넣은 설명 영상을 찍은 다음 팀원들에게 보여 주었다. 효과가 있었다. 그전에는 늘 비판적인 평가를 받곤 했지만 이번에는 제안이 들어오기 시작했다. 간단한 스케치를 본 지지자들은 상상력을 발휘해 창의적인 피드백을 제공하기 시작했다. 이 피드백들은 프로젝트를 계속 진행하는 데 필요한 발판을 제공했고 결국 냅은 구글 내에서 가장 빠른 속도로 성장하는 구글 미트Google Meet의 공동 설립자가 되었다.

냅은 새로운 개념을 제시할 때는 아이디어를 "100퍼센트 완전히 규정해서는 안 됩니다."라고 말했다. 다시 말해 지지자들이 참여할 여지를 남겨 놓아야 한다는 의미다. 그들의 상상력에 불을 붙일 만큼만 보여 주고 그들이 안 된다고 말할 근거를 줄 정도로 너무 많이 제공하지 마라. 현재 베스트셀러 작가이기도 한 냅은 조엘 스타인이 CBS 작가실에서 그런 것처럼 이 교훈을 우연히 발견해 평생 활용했다.

또 다른 할리우드 각본가 디크란 오네키안Dikran Ornekian은 별별 이유로 퇴짜를 맞기 일쑤였지만 이번만큼은 전혀 예상하지 못했다. "매도프?" 오네키안은 전화기에 대고 소리쳤다. 도대체 버니 매도프가 웨어울프가 나오는 액션 스릴러 영화랑 무슨 상관이지?

몇 주일 전 엔터테인먼트 잡지 《버라이어티》Variety가 그의 영화 〈로보〉Lobo가 제작에 들어간다고 보도한 참이었다. 수년간 낮에는 직장에 다니고 밤과 주말에는 글을 쓰는 삶을 살던 그에게도 드디어 성공으로 가는 길이 열린 것 같았다. 영화는 리우데자네이루에서 촬영할 예정이었다. 매니저가 그에게 전화를 걸어 끔찍한 소식을 전했을 때 오네키안은 트렁크에 짐을 싸던 중이었다. 영화의 투자자가 매도프의 폰지 사기에 휘말려 돈을 잃었다는 소식이었다. 〈로보〉의 제작 여부에 빨간불이 켜졌다.

기회를 얻을 때 타이밍은 굉장히 중요한 요소다. 오네키안의 타이밍은 최악이었다. 2008년에는 경기 대침체가 강타했고 자금을 조달하는 영화제작자들은 꽁무니가 빠지게 도망치고 있었다. 오네키안은 산타모니카의 한 커피숍에서 각본 파트너인 릴렌드 그랜트Rylend Grant를 만났다. 약속 장소를 술집으로 잡지 않은 건 부단한 노력의 결과였다. 〈로보〉 각본이 선반에서 먼지에 덮여 썩어 가는 동안 돈을 벌 다른 아이디어가 필요했다. 시간이 별로 없었다. 경기는 곤두박질치는데 서던 캘리포니아의 집세는 하락할 낌새도 없었다.

그들이 작성한 목록 최상단에는 수년간 살을 붙이며 고안한 아이디어가 하나 있었다. 나이 많은 대도둑이 천방지축 젊은이들에게 그의 기술을 전수하는 이야기였다. 일종의 하이스트 영화Heist film(범죄 영화의 한 장르로 강탈 또는 절도 행위를 다룬다. ─ 옮긴이)로 〈가라데 키드〉와 비슷한 느낌이었다. 그들은 이 영화를 '도둑 코치'Thief Coach라고 불렀다. 아이디어가 마음에 들긴 했지만 시도할 가치가 있을지는 의문이었다. 근래 할리우드 제작사들은 극장 영화에서 등을 돌리고 이미 보유한 지적 재산권에 집중하고 있었다. 그보다 더 암울한 사실은 오네키안과 그랜트가 새 각본을 겨우 6개월 안에 완성해야 한다는 것이었다. 그럼에도 아무 성과도 얻을 수 없다면 금전적으로나 정신적으로 너무나도 타격이 클 터였다.

그러던 중 두 사람은 할리우드에서 최고로 손꼽히는 각본가 중 한 명이자 유명 TV 드라마 〈시카고 파이어〉의 크리에이터 데릭 하스Derek Hass를 만났다. 그는 팝콘 픽션Popcorn Fiction이라는 웹사이트를 운영하고 있었는데 각본가들이 짧은 이야기를 게재하는 곳이었다. 대개는 거물 각본가들이었다. 그러나 〈도둑 코치〉의 프레젠테이션이 마음에 들었던 하스는 두 사람에게 이 이야기를 단편으로 써 보라고 격려했다.

아이디어의 성공 여부를 시험할 수 있는 완벽한 방법 같았다. 두 사람은 120쪽짜리 각본인 〈도둑 코치〉를 30쪽 분량의 짧은 단편으로 각색했다. 금전적 보상을 얻으리라는 보장은 없었지만 적어도 대중에게 공개될 것이고 〈로보〉를 비롯해 빛을 보지 못하고 사라진 다른 각본과는 달리 세상에 발자취를 남길 것이라는 기대 자체가 위안이 되었다.

〈도둑 코치〉는 팡파르도 환호성도 없이 조용히 팝콘 픽션에 게재되었다. 얼마 후 오네키안이 평소처럼 태평양 해안을 달리던 중 매니저에게서 전화가 걸려왔다. 매니저가 건 전화라면 무조건 받고 보는 시절도 있었지만 나쁜 소식을 하도 많이 듣다 보니 조깅을 마친 뒤 연락해도 될 거라는 생각이 들었다. 나중에 음성 메시지를 확인했는데 매니저가 워낙 횡설수설해서 무슨 소린지 알아들을 수가 없었다. 이해할 수 있는 말이라곤 "저스틴이 완전 마음에 든대요!"가 전부였다.

비록 〈도둑 코치〉에 대한 대중의 반응은 없었지만 이 단편은 유명 제작자와 감독들의 책상을 조용히 전전하다 마침내 〈패스트 앤드 퓨리어스〉Fast and Furious 시리즈 중 몇 편을 감독한 저스틴 린Justin Lin의 책상에 도달했다. 린은 이 스토리가 마음에 든 나머지 바로 그들을 만나고 싶다고 했다.

그러나 세 사람의 만남에서 오네키안과 그랜트는 제대로 프레젠테이션을 하지 못했다. 린이 그의 의견을 말하느라 바빴기 때문이다. 린은 〈도둑 코치〉를 읽었을 때 영화에 대한 아이디어가 샘솟는 것을 느꼈다. 게다가 두 사람의 단편은 스크린에 담을 때 필요한 세부 사항 없이 대략적인 수준에 그쳐 협력의 가능성이 열려 있었고 그 사실은 린을 흥분시켰다. 덕분에 여러 해 동안 살아남기 위해 고전했던 오네키안과 그랜트는 할리우드에서 가장 잘나가는 감독을 팀으로 끌어들일 수 있었다.

아이디어의 명확성보다 가능성을 제시하라

모든 계획을 이미 정해 두고 세세하게 알려 주면 아이디어가 경직되고 지지자들을 창조적 과정에서 쫓아내게 된다. 당신의 아이디어를 좋아하는 지지자들은 자신도 거기에 한몫하고 싶어 한다. 지미 페이지가 다큐멘터리를 찍겠다고 동의한 이유는 데이비스 구겐하임이 그저 대화를 나누자고 말했기 때문이다. 명심하라. 당신의 커리어에 영향을 미치는 중요한 결정은 대개 당신이 그 자리에 없을 때 내려진다. 우리가 프레젠테이션할 때 단순히 기회를 줄 지지자가 아니라 우리를 뒷받침하고 적극적으로 옹호해 줄 사람을 찾는 것도 그런 이유에서다. 우리와 똑같은 열정을 갖고 아이디어에 투자할 사람 말이다.

가장 중요한 것은 '우리'의 이야기다

확고한 성공의 길을 걷고 있다면 당신은 맥아더 재단의 수상 후보가 되지 못할 가능성이 크다. 맥아더 재단은 앞으로 당신의 커리어에 실질적인 영향을 끼칠 수 있길 바라며 이는 대부분 지지자도 마찬가지다. 그러니 당신의 부족한 점과 지지자의 장점을 융합할 방법을 파악하고 소통하라. 어떻게 혼자 성공할 수 있는지가 아니라 어떻게 함께 성공할 수 있을지를 보여 주어라.

스스로 이야기 속 영웅이 되어라

단 한 번의 대화로 사람의 마음을 사로잡기는 어렵다. 그러나 여러 번의 거듭된 상호작용은 신뢰와 확신을 구축한다. 첫 번째 프레젠테이션이 거절당하더라도 이를 만회할 기회는 반드시 있다. 브라이언 우드가 펜타곤 관료들에게 깊은 인상을 줄 수 있었던 것은 피드백을 바탕으로 프로토타입을 수정해 다시 찾아갔기 때문이다. 투자자로부터 거절당하더라도 그 이유를 이해하고 피드백을 신중하게 들어라. 그리고 그들의 우려를 어떻게 해결했는지 보여 주어라.

이야기를 끝맺지 말고 상상의 여지를 남겨라

디자이너인 제이크 냅이 선명한 고화질 자료를 버리고 손으로 간단히 그린 스케치를 제시하자 사람들이 그의 주위로 몰려들기 시작했다. 아이디어의 핵심만을 간단히 공개함으로써 대화의 물꼬를 터라. 유연성 있게 대처해 회의실 안에서 새로운 가능성을 만들어라.

제6단계

본 경기 전 시범경기를 무수히 치러라

오렌 제이컵Oren Jacob이 픽사라는 컴퓨터 그래픽 스타트업에서 인턴으로 일하고 있을 때였다. CEO였던 스티브 잡스가 회사의 방향을 하드웨어와 소프트웨어에서 애니메이션으로 수정하기로 하고 직원의 절반 이상을 해고했다. 모두가 순식간에 직장을 잃었다. 제이컵은 자신도 그렇게 되리라 생각했다. 주말 내내 그는 앞으로 뭘 해야 할지 고민했다. 그때 아버지가 그에게 지나가듯 말했다.

"그냥 아무 일도 없었던 것처럼 월요일에 출근하면 어때?"

제이컵은 어차피 잃을 게 없다는 생각에 아버지 말씀을 듣기로 했다. 월요일 아침, 그는 매주 월요일에 열리는 전체 회의에 참석했다. 50명도 안 되는 인원이 모여 있었다. 정리해고가 어찌나 빨리 이뤄졌는지,

다들 누가 살아남았나 확인하려고 주변을 두리번거렸다. 제이컵은 몇 명의 무심한 시선과 마주쳤고 한두 명은 그를 보며 의아하다는 듯이 눈썹을 추켜세웠지만 대놓고 물어보는 사람은 아무도 없었다.

"왜 인턴은 그대로 놔둔 거지?"

회의가 끝나고 제이컵은 바쁜 척하며 할 일을 찾아다녔다. 뭐든 생산적인 일이 필요했다. 다음 날도, 그다음 날도, 또 그다음 날도 마찬가지였다. 이후 20년간 지속된 그의 커리어는 사실 그렇게 시작되었다. 제이컵은 인턴에서 시작해 〈벅스 라이프〉의 기술 감독을 거쳐 〈니모를 찾아서〉의 기술총괄을 맡았으며 최종적으로는 픽사의 최고기술책임자 자리에 올랐다.

그 20년은 제이컵에게 기회를 얻는 세상의 연속이었다. 〈토이 스토리〉에서 〈브레이브〉에 이르기까지 제이컵은 픽사가 그래픽 회사에서 할리우드 최고의 애니메이션 스튜디오로 전환하는 데 핵심적인 역할을 했다. 그는 각본부터 기술 제안, 사업 기획에 이르기까지 모든 분야에서 무수한 프레젠테이션을 접했다. 잡스와 픽사의 공동 창업자인 에드윈 캣멀Edwin Catmull에게 개인적으로 아이디어를 제안하기도 했다. 그러니 내가 픽사의 찰리 윙카 벽 뒤에서 그에게 기회를 얻는 방법에 관해 들을 기회가 생겼을 때 얼마나 신이 났을지 상상해 보라.

처음에 그의 대답은 실망스러웠다. 픽사에서 20년간 일한 제이컵은 프레젠테이션의 성공 여부는 딱 한 가지 요소에 달려 있다고 했다. 바로 '연습'이다. 취직 면접을 보든, 팀과 새로운 아이디어를 공유하든, 투자 자금을 조성하든 "프레젠테이션은 라이브 공연입니다."라고 그는 말했다. 사전에 프레젠테이션 연습을 하지 않는 것은 배우가 리허설을 하지 않고 공연에 들어가는 것과도 같다.

나는 제이컵이 프레젠테이션 과정을 지나치게 단순화하고 있다고 생각했다. 그래서 실제 상황에서 어떻게 해야 할지 알려 달라고 했다. 가령 몇 년 전에 내가 엉망으로 망쳐 버린 잭 도시와의 면접은 어떨까? 책의 앞부분에서 빠트린 몇 가지 창피한 사실을 고백하자면 이렇다. 트위터의 공동 창업자인 도시는 당시 스퀘어라는 새 회사를 설립한 참이었고 나는 그 회사의 프로덕트 매니저 역에 지원하기 위해 면접을 봤다. 면접이 시작되고 그는 내게 느린 공을 던졌다. "제품개발에 대해 어떻게 생각합니까?"

당시 나는 이미 몇 년 동안 제품개발자의 삶을 살고 있었다. 제품개발팀을 지휘하고 제품개발과 관련된 글을 쓰고 제품개발 콘퍼런스에서 연설했다. 그러나 도시가 제품개발에 대해 어떻게 생각하느냐고 물었을 때 나는 두서없이 횡설수설하기 시작했다. 마치 철자법 대회에서 당황한 참가자처럼 더듬거리다 겨우 말을 마쳤을 땐 조금 전까지 깊은 관심을 보이던 도시가 당혹한 표정을 짓는 것을 봤다. 얼마 지나지 않아 그는 정중하게 잠시 실례한다고 말했다. 말할 필요도 없겠지만 나는 그 일자리를 얻지 못했다.

나는 이 이야기를 하면서 의기소침해졌지만 제이컵은 꽤나 재미있는 모양이었다. 그는 웃음을 터트리더니 이렇게 물었다.

"면접을 보러 가기 전에 연습을 했나요?"

나는 그렇다고 대답했다. 필요한 조사를 했고 요점을 정리해 적으며 질문에 대비했다. 누구나 면접을 보기 전에 준비하는 일들이었다.

"하지만 연습을 했나요?"

제이컵이 다시 물었다.

"무슨 말을 할지 리허설을 했냐는 뜻인가요? 그렇다면 아니에요."

제이컵이 나를 의미심장한 눈빛으로 바라봤다. 잭 도시가 나를 쳐다보던 것과 별반 다르지 않은 눈빛이었다. 그가 다시 물었다.

"로스쿨에서 시험 준비를 할 때 모의시험 같은 걸 하지 않나요?"

나는 고개를 끄덕였다. 그런 연습을 하지 않았다면 로스쿨을 졸업하지도 못했을 것이다. 제이컵은 내 쪽으로 몸을 기울이며 말했다.

"로스쿨 시험을 볼 때는 몇 시간이나 실전 연습을 했으면서 당신의 커리어를 바꿀 면접을 위해서는 하나도 안 했다고요?"

나를 면박 주려는 의도는 아니었겠지만 제이컵의 말은 마치 배를 한 방 맞은 것 같은 충격을 주었다. 잭 도시와의 면접뿐만이 아니다. 나는 이제껏 내 커리어와 관련해 겪었던 모든 중요한 상호작용을 떠올렸다. 프레젠테이션과 면접, 식사와 커피 약속들, 내가 빛날 수도 있었던 모든 상황…. 그 모든 만남에 앞서 진짜 연습을 한 기억이 없었다.

많은 창업자와 크리에이터를 훈련시키면서 나는 프레젠테이션하기 전에 진짜 연습을 하는 사람들이 정말 적다는 사실을 알게 되었다. 우리는 자료를 조사하고 대략적인 문장을 구성하고 PPT 슬라이드를 작성하지만 실전에서 정확히 어떤 말을 할지 연습하는 데는 별로 관심이 없다. 마치 적절한 자료와 내용을 잘 알고 있다면 연습할 필요가 없다는 듯이 말이다.

그러나 기회를 얻는 사람들은 프레젠테이션을 하러 회의실에 들어가기에 앞서 철저하게 연습한다. 그들은 친구와 가족 또는 동료들을 청중 대신 앞에 세워 놓고 연습한다. 조깅을 할 때, 휴게실에서, 심지어는 술집에서도 연습한다. 심적 부담이 적은 여러 번의 연습을 통해 중요한 프레젠테이션을 준비하는 것이다. 나는 그런 작은 연습을 '시범경기'라고 부른다.

진짜 스타에게 너무 작은 무대란 없다

몇 년 전 친구 랜스에게서 전화가 왔다. 그는 술에 취해 낄낄거리고 있었는데 한참 동안 횡설수설한 뒤에야 방금 무슨 일이 있었는지 설명해 주었다. 주중의 어느 날 밤이었다. 랜스는 친구와 함께 뉴욕시에 있는 작은 언더그라운드 코미디 극장인 코미디 셀러Comedy Cellar에 들렀다. 극장은 반쯤 비어 있었고 입장료는 고작 5달러였다. 그는 맨 앞줄에 앉아 처음 듣는 이름의 코미디언이 공연하는 것을 봤다. 공연이 거의 끝날 무렵 자리에서 일어날 준비를 하는데 뭔가에 놀란 듯한 사회자가 무대에 올라왔다. "신사 숙녀 여러분, 지금 이 자리에 누가 와 있는지 짐작도 못 하실 겁니다." 그러고는 긴 침묵으로 긴장감을 끌어올리더니 이윽고 이렇게 말했다. "박수로 맞이해 주십시오. 제리 사인펠드Jerry Seinfeld입니다!"

인기 TV 시트콤 〈사인펠드〉가 종영된 지 겨우 한 달 정도밖에 되지 않은 시점이었다. 제리 사인펠드는 당시 세계 최고의 인기를 구가하던 코미디언으로 매디슨 스퀘어 가든의 대형 공연장도 즉시 매진시킬 실력자였다. 그런데 여기, 겨우 5달러짜리 티켓을 파는 곳에서 그 전설적인 코미디언의 공연을 보게 되다니!

시트콤이 종영되고 난 뒤 사인펠드는 대부분 팬은 상상도 하지 못한 일을 시작했다. 바로 20년 전 코미디언으로서의 커리어를 시작한 소극장으로 돌아간 것이다. 왜 그랬을까? 왜냐하면 그는 관객들이 가득한 대형 공연장으로 돌아가기 전에 위험도가 낮은 작은 무대에서 새로운 레퍼토리를 연습해 보고 싶었기 때문이다.

기회를 얻고자 하는 사람들에게 시범경기를 하기에 너무 작은 무대란 없다. 그들에게 필요한 건 그저 남들 앞에서 연습할 기회뿐이기 때문이다. 누군가 당신을 보고 있다는 것만으로도 얼마든지 실전 모드에 들어갈 수 있다. 나만 해도 여덟 살짜리 딸 앞에서 수많은 시범경기를 치렀다.

핵심은 그런 시범경기를 치를 때도 진짜 투자자를 앞에 두고 있는 것처럼 여겨야 한다는 것이다. 나는 처음에 시범경기를 할 때 감독이 영화 해설을 하는 것과 비슷한 실수를 저지르곤 했다. 가령 "먼저 디지털 치료제 시장의 규모에 대해 말한 다음 우리가 다른 경쟁사와 어떻게 다른지 비교할 거야." 하고 서두를 꺼내는 것처럼 말이다. 하지만 그러면 이건 시범경기가 아니다. 사인펠드는 코미디 셀러처럼 반쯤 비어 있는 작은 극장에서도 관객들로 가득한 대형 무대에 섰을 때와 똑같은 최고의 코미디를 선보였다.

헌터 워크Hunter Walk는 신생 회사의 초기 단계에 투자해 창업자가 자금을 추가로 조달할 수 있도록 돕는다. 그의 말에 따르면 프레젠테이션 연습을 할 때 일부 창업자들은 실제처럼 프레젠테이션을 하는 게 아니라 그저 음성 모드로 설명만 하려고 한다. 하지만 창업자가 "그리고 이 슬라이드는 투자자에게 우리의 시장 진출 전략을 보여 주기 위한 거고요." 같은 말을 하기 시작하면 워크는 이렇게 대꾸했다. "잠깐만요. 우린 이거 실시간으로 해야 하는데요."[1]

픽사의 오렌 제이컵은 프레젠테이션 연습의 핵심 법칙에 대해 다음과 같이 말했다.

"연습을 한다는 건 무슨 말을 할지 개요를 설명하는 게 아닙니다. 말할 내용을 '정확하게' 그대로 말하는 거죠."

그러면서 제이컵은 동료 앤드루 스탠턴Andrew Stanton이 중요한 마케팅 파트너들에게 〈니모를 찾아서〉 프레젠테이션을 했을 때의 일화를 들려주었다. 그들은 장난감에서 아동용 변기 뚜껑에 이르기까지 관련 상품을 제작하는 데 얼마를 투자할지 결정권을 쥔 경영진이었다. 워낙 중요한 프레젠테이션이었기 때문에 그곳에 참여한 사람들은 온갖 시각

자료로 무장하고 무대에 올랐다. 그러나 스탠턴은 달랐다. 그는 달랑 빈손으로 연단 위로 올라갔다. 그리고 90분 동안 "세계 최고의 기량을 뽐내는 올림픽 수준의 프레젠테이션"을 완수했다.

어떻게 그럴 수 있었을까? 그는 경영진을 즉석에서 스토리에 이입시켰다. 마치 지금 영화를 보고 있는 것처럼 말이다. 그는 스토리를 대략적으로 설명하지도 않았고 묘사하지도 않았다. 문자 그대로 〈니모를 찾아서〉를 1인극으로 시연했다. 영화 속 갈매기 캐릭터를 설명할 때도 "이 갈매기들은 아주 웃깁니다. 서로 먹을 걸 가지고 다투면서 맨날 '내 거야!'라고 외치며 티격태격하죠."라고 말하지 않았다. 그는 갈매기처럼 고개를 한쪽으로 까딱까딱 기울이고는 광고업계의 높은 사람들을 향해 "내 거야! 내 거! 내 거!"라고 소리쳐 웃음을 끌어냈다. 그들은 영화에 대한 설명을 듣는 게 아니라 실제로 영화를 보고 있었다. 스탠턴의 1인극은 역대 최고 규모의 판촉 상품 계약으로 이어졌다.

앞으로 친구나 지인이 당신에게 무슨 일을 하고 있느냐고 묻는다면 30초짜리 요약본을 들려주지 말고 이렇게 말하라.

"프레젠테이션 연습하게 15분만 시간 내줄 수 있어?"

내게 이 시범경기는 프레젠테이션 연습에 도움이 되었을 뿐만 아니라 다른 사람들과의 관계도 더 친밀하게 만들어 주었다. 어쩌면 당신의 친구와 가족들은 당신이 연습하는 모습을 보는 것을 좋아할지도 모른다. 어떤 무대도 작게 여기지 않는다면, 세상은 곧 당신의 무대가 될 것이다.

말하는 능력을 타고난 사람은 없다

연습은 처음 할 때가 가장 어렵다. 아직 서툴고 미흡한 프레젠테이션을 누군가에게 보여 주는 것이기 때문이다. 내가 처음에 프레젠테이션 연습을 하고 싶지 않았던 가장 큰 이유 중 하나가 부정적인 피드백을 피하고 싶어서였다.

그러나 리드 호프먼은 내가 그런 선입견 때문에 발전하지 못하고 있다고 알려 주었다. 모질라에서 내가 맡은 첫 프로젝트는 파이어폭스 인터넷 브라우저의 바탕색이나 분위기를 취향대로 설정하는 테마 부문이었다. 한참 프로젝트를 진행 중인데 당시 경영진이었던 호프먼이 고객들이 해당 제품에 어떻게 반응하고 있는지 물었다. 나는 제품이 아직 준비되지 않아 고객 테스트를 하지 못했다고 대답했다. 그는 나를 빤히 쳐다보며 말했다. "제품의 최초 버전으로 창피를 당하지 않는다면 그건 너무 늦게 출시하는 걸세."

기회를 얻는 사람들은 장기적 성공이 단기적인 낭패감에서 기인한다는 걸 알고 있다. 즉석에서 발현되는 자연스러운 말과 태도는 대개 지독한 연습의 산물이다. 너무도 많이 연습한 나머지 꼭 연습하지 않은 것처럼 보이는 것이다. 모린 테일러Maureen Taylor는 실리콘밸리에서 커뮤니케이션 코치로 일하며 디즈니와 GE, 힐튼 같은 대기업 고위경영진을 고객으로 두고 있다. 그에게 얼마나 많은 고객이 뛰어난 커뮤니케이션 능력을 타고났느냐고 내가 묻자, 그는 조금도 망설임 없이 대답했다. "그런 사람은 없어요."

구글의 전 CEO 에릭 슈미트Eric Schmidt가 아마도 대표적인 예일 것이다. 슈미트는 실리콘밸리에서 가장 말을 잘하는 사람으로 유명하다. 하지만 썬 마이크로시스템즈Sun Microsystems에서 근무하기 시작했을 때 그의 평판은 의견을 잘 내세우지 않는 조용하고 내성적인 사람이었다. 테일러의 말에 따르면 슈미트는 이때 큰마음을 먹고 커뮤니케이션을 공부하는 학생이 되기로 했다. 그는 아이디어를 완벽하고도 구체적으로 표현하는 법을 배웠고 이는 회사 내에서 더 중요한 역할을 맡는 것으로 이어졌다. 그리고 궁극적으로 구글의 공동 창업자 래리 페이지와 세르게이 브린의 눈에 띄는 계기가 되었다.

보통 사람들은 설득력이 뛰어난 이들을 보면 그런 능력을 타고났다고 생각한다. 그러나 실제로 그런 경우는 드물며 대개는 의도적인 연습과 개인적인 노력의 결과물이다. 그리고 그 정도 수준에 도달하려면 수많은 시범경기를 치러야 한다.

하지 말아야 할 질문, '어떻게 생각하세요?'

나는 친구에게 내 아이디어를 설명하고 나면 방금 들은 내용을 다시 말해 달라고 부탁한다. 그러면 상대방이 아이디어를 얼마나 잘 이해했는지 파악할 수 있을 뿐만 아니라 남에게 설명하는 새로운 방식을 생각하는 데 도움이 된다. 처음 이 책에 대한 아이디어를 떠올렸을 때 내 프레젠테이션을 듣고 다시 말해 준 사람은 베스트셀러 작가 댄 핑크Dan Pink였다. 사실 그는 나보다 더 말솜씨가 좋았다. "뛰어난 사람들은 단순히 능력만 뛰어난 게 아니라 기회를 얻는 능력이 있다는 거군요."라고 그는 말했다. 이 책을 완벽하게 한 문장으로 요약한 말이었다.

사람들에게 내 아이디어를 자신의 언어로 설명해 달라고 부탁하면 그들이 어떤 부분에 가장 공감하는지 알 수 있고, 덕분에 필요 없는 대목을 쳐내고 효과적인 부분을 강화할 수 있다. 이는 영화업계에서 대본 리딩을 활용하는 방식과도 비슷하다. 배우들이 테이블 주위에 둘러앉아 각본을 처음부터 끝까지 각자 맡은 부분을 소리 내어 읽는다. 감독은 배우들이 각각의 대사에 어떤 반응을 보이는지 주의 깊게 살펴보고 호응을 받지 못한 대사들은 잘라 내고 좋은 대목은 발전시킨다.

앞서 언급한 헌터 워크는 스타트업의 자금 조달을 도울 때 비슷한 접근법을 사용한다. 그와 한 창업자는 프레젠테이션 자료를 인쇄한 다음 각각의 슬라이드에 별표로 1부터 10까지 점수를 매기고 '11까지 끌어 올릴 것'이라고 표시한다.

시범경기의 목표는 가능한 솔직하고 직접적인 피드백을 받는 것이다. 프레젠테이션 연습을 한 뒤에 "어떻게 생각하세요?"라고 묻지 마라. 그런 방법으로는 가장 까다로운 지지자를 설득할 통찰력을 얻을 수 없다. 그보다는 구체적인 질문을 활용해 피상적인 피드백이 아닌 심도 깊은 반응을 끌어내라.

톰 리Tom Lee 박사는 원 메디컬의 창업자다. 원 메디컬은 급속도로 성장 중인 1차 의료 서비스 기관으로 라이즈를 인수한 회사이기도 하다. 오늘날 원 메디컬은 상장회사이며 약 50만 명의 환자들이 이곳에서 치료를 받고 있다.[2] 하지만 처음 이 회사의 시작은 1인 기업이었다. 초기에 환자들은 리 박사가 직접 전화를 받고 바이탈을 확인하고 독감 백신을 놓는 것을 보고는 깜짝 놀랐다.

리는 근본적인 문제를 발견하려면 올바른 질문을 던져야 한다는 사실을 수련의 시절에 깨달았다. 예를 들어 그는 두통을 앓는 환자가 찾아오면 "병원에 왜 오셨나요?"보다는 "오늘은 병원에 왜 오셨나요?"라고 묻는 편이 더 효과적이라는 사실을 알게 되었다. 그 한 단어가 문제의 원인을 파악하는 데 큰 도움이 되었기 때문이다. 그는 대부분 경우 직장에서의 스트레스나 가정 문제와 관련이 있었다고 말했다.

이후 리는 환자에게 던지는 이런 질문을 일종의 의료 도구로 여기기 시작했다. 도구를 잘못 사용하면 쓸데없는 대답으로 이어진다. 그가 원 메디컬을 열었을 때 대부분의 의료 서비스 종사자들은 만족도 조사를 위해 환자들에게 '오늘 방문에 얼마나 만족하셨습니까?'라고 묻곤 했다. 리는 그 질문이 필요한 부위를 충분히 찌르지 못하는 무딘 도구라고 생각했다. "거의 모든 사람이 5점 만점에 4점을 줬죠."

리는 환자들에게 질문을 훨씬 더 구체적으로 던지기로 했다. '저를 친구에게 소개할 것인지 1부터 10까지 점수를 매겨 주십시오.' 그런 다음 환자들이 왜 각각의 점수를 매겼는지 분석하고 여기서 나온 결과를 다음 환자를 치료할 때 적용했다. 리는 마케팅 전문가들이 '순수 고객 추천 지수'라고 부르는 이 질문이 더 많은 결함을 파악할 수 있도록 돕는 민감한 도구라고 말한다.

리는 환자의 만족도를 묻는 일반적인 설문지에 만족하지 못했기에 원 메디컬을 더욱 빠르게 성장시킬 수 있었다. 〈비즈니스 인사이더〉 Business Insider 기자는 원 메디컬의 방식을 "내가 경험한 최고의 의료 치료"[3]라 평가했고《패스트 컴퍼니》Fast Company는 원 메디컬을 의료 분야에서 가장 혁신적인 회사(두 번째는 애플이었다)[4]로 꼽았다.

리의 방식은 '어떻게 생각하세요?' 같은 평범한 질문을 넘어 더욱 깊게 탐색한다면 무엇이 가능한지를 보여 준다. '좋았어요'라는 대답은 듣기에는 기분 좋을지 몰라도 그다지 유용하지는 않다. 기회를 얻는 사람은 이를 잘 알고 있다. 존 스튜어트John Stewart가 매일 밤 〈데일리 쇼〉The Daily Show를 촬영한 후 곧장 집으로 돌아가지 않고 창문도 없고 의자도 몇 개 없는 방에 스태프들과 함께 모여 앉는 것도 바로 이런 이유에서다. 스튜어트는 간식 그릇에 담긴 과일 조각을 우물거리며 사람들에게 어떤 부분이 좋았는지 묻는데, 사실 그가 더 중요하게 여기는 건 '더 잘할 수 있었던 부분은 무엇인지'다.

총괄제작자이자 수석 작가인 스티브 보도Steve Bodow는 약 2,000번 쯤 그런 사후 분석에 참여했다. 어느 날 밤 그는 한 몽타주 필름이 왜 관객들의 호응을 얻지 못했는지 의아해 하고 있었다. 뻔한 대답에 만족하지 않고 더 깊은 원인을 파고든 결과 작가들이 동영상 클립에 타임스탬프를 넣는 걸 까먹은 까닭에 영상 팀이 해당 영상을 찾느라 20분이나 시간을 낭비했다는 사실을 알게 되었다. "별일 아닌 것 같죠? 하지만 영상을 제대로 편집할 시간이 없었기 때문에 농담도 효과를 잃은 겁니다. 그래서 꽝이 된 거예요."

올바른 피드백을 수집하는 마지막 비결은 최고의 통찰력은 말이 아니라 행동에서 나온다는 것이다. 친구들은 당신의 감정을 상하게 하고 싶어 하지 않는다. 그러니 말보다는 표정이나 고개 끄덕임, 미소 같은 비언어적 단서를 포착하라.

고객에게 새로운 제품의 콘셉트를 테스트할 때 일부 경험 많은 연구자들은 아예 구두 피드백을 건너뛰고 비언어적인 행동에만 주목하기도 한다. 내가 그루폰에 있었을 때도 우리 팀은 베타테스터들에게 새 디자인에 대해 어떻게 생각하는지 묻지 않고 그들이 신제품을 사용하는 방식을 관찰했다. 그러자 훨씬 정확한 반응을 얻을 수 있었다. 때로 소비자는 입으로는 특정한 디자인을 선호한다고 말하면서도 눈은 다른 디자인에 더 오랫동안 머무르곤 한다.

작가 닐 슈트라우스Neil Strauss는 책을 집필하고 나면 원고를 인쇄해 그가 신뢰하는 사람에게 처음부터 끝까지 소리 내어 읽어 준다고 한다. 그러나 그는 상대방의 의견을 묻지 않는다. 글을 읽으면서 상대방의 표정을 관찰하고 보충할 사항을 기록할 뿐이다. 슈트라우스는 이런 연습이 〈뉴욕타임스〉 베스트셀러 목록에 일곱 번이나 오를 수 있었던 비결 중 하나라고 생각한다.

당신을 진심으로 지지하는 이들을 끌어모아라

에스터 퍼렐Esther Perel은 애정 관계 및 성에 관한 전문 심리치료사다. 퍼렐은 많은 결혼이 실패하는 이유가 "과거에는 마을 전체가 협력해 제공했던 것"을 전적으로 배우자에게 기대하기 때문이라고 말한다. 겨우 한 사람에게 '나한테 소속감을 줘. 정체성도 주고 지속적인 안정감도 줘. 그리고 탁월함과 미스터리, 경외감을 모두 줘. 내게 편안함과 민감함을 줘. 새로움과 익숙함, 안정성과 놀라움을 줘'라고 요구한다는 것이다. 그러곤 상대방이 이 모든 것을 줄 수 없을 때 우리는 그를 비난한다.[5]

결혼상담사들은 이 무거운 부담을 한 사람이 아닌 여러 사람에게 나눠 주라고 충고한다. 친구와 가족을 포함해 각각의 필요를 채워 줄 수 있는 여러 사람에게 말이다. 배우자나 파트너는 필요한 것을 줄 수 있는 집단의 일부지만 충만감을 느끼기 위해 모두가 있어야 하는 건 아니다.

이상하게 들릴지 모르겠지만 이는 직업 세계에서도 마찬가지다. 페이팔Paypal과 팰런티어Palantir의 공동 창업자이자 옐프Yelp, 페이스북, 스포티파이 같은 스타트업에 투자한 피터 틸Peter Thiel은 이런 지지 집단, 후원자의 중요성을 강조한다. "나는 매일 내가 아는 최고로 똑똑한 사람들과 대화를 나누고 사고력을 높이려고 끊임없이 노력한다."라고 그는 말했다.[6] 틸처럼 기회를 얻는 사람들은 신뢰할 수 있고 다양한 관점과 개성을 갖춘 조언자 집단을 옆에 두는 경향이 있다. 대부분의 시범경기는 이들 앞에서 치러진다.

기회를 얻기 위한 당신의 여정에서 이 조언자 집단은 매우 중요한 역할을 한다. 이들은 대체로 각자 다르면서도 당신에게 필요한 네 부류의 사람들(4C)로 이뤄져 있다.

첫 번째는 협력자Collaborator다. 이들은 당신이 아이디어를 확장하고 프레젠테이션 능력을 높이도록 돕는다. 당신의 말에 전부 찬성하는 건 아니지만 그들의 피드백은 생산적이다. 협력자와 함께 일하는 것은 즉흥 연주를 하는 것과 비슷하다. 서로의 아이디어를 발판 삼아 꼬리에 꼬리를 물며 더 높은 곳으로 끌어올리는 것이다.

로스쿨 학생들은 서로 협력하기보다 경쟁한다는 이미지가 강하지만 노스웨스턴 로스쿨에는 한 사람 예외가 있다. 바로 에번 에시마이어Evan Eschmeyer다. 전 NBA 선수인 그는 무릎 부상을 입은 뒤 다시 학업을 시작했다. 대부분의 수업이 토론과 반론으로 채워져 있었지만 그는 항상 모두의 주장을 하나로 연결하는 역할을 맡았다. 나는 에시마이어와 금세 친구가 되었고 그가 얼마나 협력적인지 알 수 있었다.

2001년 댈러스 매버릭스Dallas Mavericks가 우승 후보에 올랐을 때 해설자들은 구단주 마크 큐번Mark Cuban이 에시마이어를 영입한 것을 보고 무척 놀랐다. 에시마이어는 별로 유명한 선수가 아니었지만 큐번은 명성에는 그다지 관심이 없었다. 그가 주목한 것은 '플러스-마이너스'라고 불리는 통계치였다. 플러스-마이너스는 선수가 시합에서 얼마나 플레이를 잘하는지가 아니라 그가 경기에 참여했을 때 '동료 선수들'이 얼마나 훌륭한 플레이를 하는지를 측정한다. 에시마이어의 개인 실적은 평균 정도였지만 그의 플러스-마이너스는 리그 전체에서 최상위권이었다. 그가 코트에서 뛸 때면 동료들은 거의 날아다녔다.

에시마이어의 플러스-마이너스는 농구 코트를 넘어 로스쿨 그리고 그의 커리어에도 영향을 미쳤다. 오늘날 그는 많은 CEO에게 신임받는 법률고문이며 나의 가장 가까운 협력자 중 한 사람이다. 라이즈가 아직 아이디어 단계에 있을 때 내가 가장 먼저 연락한 사람이었고, 이 책을 쓸까 말까 고민할 때도 가장 먼저 전화를 건 사람이었다. 그때마다 그는 내 말을 귀 기울여 듣고 중요한 점을 받아 적었다. 그런 다음 우리는 어떻게 아이디어를 개선할 수 있을지 즉흥 연주를 주고받았다.

아이디어의 초기 단계에 필요한 두 번째 유형의 사람은 바로 코치 Coach다. 협력자가 당신의 아이디어가 이 사회에 적합한지 파악하도록 돕는다면, 코치는 아이디어가 '당신'에게 적합한지 이해하도록 돕는다.

1단계에서 말했듯이 작금의 시장에 알맞은 아이디어라고 해서 당신에게도 잘 맞는다는 보장은 없다. 내 코치는 아내 리나다. 나는 끊임없이 리나에게 아이디어를 쏟아 내곤 했다. 가끔은 리나가 짜증을 낼 때까지 말이다. 그러나 리나는 《포춘》에 글을 기고하는 저널리스트로 시장 적합성을 판단하는 데 놀라운 재능이 있다. 어떤 아이디어가 내게 적합한지 판단하는 데는 거의 귀신같은 솜씨를 발휘한다. 아내는 "그게 좋은 아이디어야?"라고 묻지 않는다. "그게 수닐에게 좋은 아이디어일까?"라고 묻는다.

몇 주일 전에 나는 리나에게 '감정 로튼 토마토'Emotional Rotten Toma-toes에 대한 아이디어를 말해 주었다. 영화를 보고 어떤 감정이 느껴지는지 평가하는 시스템이었다. 아내는 한참을 생각하더니 이렇게 말했다. "사람들이 좋아할 거 같긴 한데 당신이 진짜로 하고 싶어 하는 일은 아닌 것 같아." 리나가 옳았다. 왜냐하면 나는 몇 주일 뒤 그 생각을 깡그리 잊어버렸기 때문이다(하지만 아직도 꽤 괜찮은 아이디어였다고 생각한다).

세 번째 유형은 치어리더Cheerleader다. 치어리더란 비판적인 피드백을 하는 게 아니라 자신감을 주고 격려해 주는 사람을 일컫는다. 하키 선수들은 시합 전 쉬운 연습 골로 골키퍼의 사기를 북돋는다. 시합을 앞둔 이 마지막 골은 골키퍼의 기술을 연마하기 위한 게 아니라 심리적으로 자신감을 주기 위해서다.

누구나 치어리더가 될 수 있다. 친구나 회사 동료, 배우자, 부모님이라도 좋다. 《패스트 컴퍼니》가 "실리콘밸리에서 가장 발이 넓은 여성"이라고 한 엘런 레비Ellen Levy를 생각해 보자. 그녀는 상원의원부터 상장기업 CEO에 이르기까지 방대한 인맥 네트워크를 자랑한다. 그런데 내가 중요한 프레젠테이션을 시작하기 전에 자신감을 충전하고 싶을 때 누구를 만나느냐고 묻자 그녀는 미소를 지으며 대답했다. "쉬운 질문이네요. 우리 엄마를 만나요."

네 번째 유형은 '체다'Cheddar다. 나는 이 유형이야말로 당신의 지지 집단에서 가장 중요한 역할을 한다고 생각한다. 체다는 의도적으로 당신의 아이디어를 찔러 구멍을 내는 사람이다. 때때로 그런 행동은 당신을 크게 동요시킬 수 있다.

디트로이트 사람인 나는 영화 〈8마일〉을 좋아한다. 이 '체다'라는 호칭은 영화 속 에미넴의 친구 이름에서 따온 것이다. 영화에서 에미넴의 친구들은 모두 그에게 잘할 거라고 격려하지만 체다만큼은 예외다. 영화의 막바지에서 에미넴의 크루가 마지막 랩 배틀을 앞두고 긍정적인 말로 그의 사기를 북돋울 때도 체다는 이렇게 말한다. "그놈이 네 여친이 바람피운 이야길 꺼내면 어쩔래?" 다들 무슨 소리를 하느냐고 체다를 타박하지만 에미넴은 그게 중요한 지적임을 깨닫는다. 그래서 에미넴은 무대 위에 올라가 먼저 여자 친구 이야기를 꺼내(반론을 정면 돌파) 상대방의 김을 빼놓는다. 이게 좋은 체다가 하는 일이다. 그들은 미리 어려운 질문을 던져 그런 상황에 대비하게 만든다.

사람들은 대부분 체다를 삶에서 밀어내려는 경향이 있다. 우리는 우리의 아이디어에 가장 비판적인 사람들을 피하려 한다. 하지만 그들은 우리를 가장 철저히 준비시킬 수 있는 이들이다. 지지자는 대개 체다와 비슷하기 때문이다. 그들의 역할은 당신의 약점을 찾아내는 것이다. 따라서 미리 체다와 시범경기를 치르면 숨어 있는 문제점을 찾아낼 수 있다. 투자 구루 찰리 멍거Charlie Munger의 말처럼 "무엇을 모르는지 아는 것은 똑똑한 것보다 훨씬 유익하다."[7]

리아 솔리번Leah Solivan을 만났을 때 나는 라이즈에 대한 투자자들의 관심을 얻으려고 발버둥질하고 있었다. 당시 그녀는 엄청나게 잘나가는 온라인 장터 태스크래빗TaskRabbit의 창업자이자 CEO였다. 나는 시범경기를 위해 솔리번이 자주 아침 식사를 하는 샌머테이오의 한 식당에서 그녀에게 준비해 온 프레젠테이션을 선보였다. 내 프레젠테이션이 끝나고 그녀의 비언어적 반응을 보니 굳이 대답을 들을 필요도 없을 것 같았다. 그녀는 단순히 몇 군데를 고치는 게 아니라 처음부터 모조리 뜯어고쳐야겠다고 했다.

우리는 문제점을 하나씩 검토했다. 일단 내 프레젠테이션은 너무 길었다. 사실과 숫자로 허풍을 떨고 있었다. 간결함과 명료함이 부족했고 인상적인 스토리도 없었다. 솔리번은 나를 푹푹 찔러 만신창이를 만든 다음 완전히 새로운 개요를 작성할 수 있게 도와주었다. 그녀가 하루 일정을 시작하러 식당을 나선 뒤에도 나는 한참을 우두커니 앉아 있다가 커피 한 잔을 추가로 시키고는 일에 착수했다.

회복 근육을 만드는 '21의 법칙'

1960년 2월, 엘라 피츠제럴드가 서베를린 관객들 앞에서 〈맥 더 나이프〉Mack the Knife를 부르기 시작했다. 바비 다린, 루이 암스트롱, 프랭크 시나트라 등이 부른 유명한 노래였지만 대중이 여성의 목소리로 들은 건 처음이었다. 음악 역사상 특별한 순간이었지만 중간 즈음 피츠제럴드가 가사를 잊어버리는 바람에 위기가 찾아왔다. 그러나 피츠제럴드는 노래를 멈추지 않았다. 그녀는 즐겁게, 장난치듯이, 마음 가는 대로 가사를 지어 불렀고 청중은 거대한 함성을 내질렀다. 그녀의 노래는 1961년 제3회 그래미 시상식에서 최우수 여성 가수 퍼포먼스 상을 받았다.

회의도 언제든 피츠제럴드의 공연처럼 될 수 있다. 전혀 예상치 못한 질문이 날아오거나 갑자기 노트북이 멈춰 버릴 수도 있다. 사람들이 끊임없이 방 안을 들락거리며 방해를 할 수도 있다. 즉흥적인 대처에 강한 사람들은 그런 예상치 못한 장애나 방해도 재빨리 수습할 수 있을지 모른다. 그러나 이들은 사실 내가 '회복 근육'이라고 부르는 것을 키운 것이다. 이들은 이미 철저하게 준비되어 있기에 이런 예상치 못한 공격도 기꺼이 대응한다.

조시 링크너Josh Linkner는 유명한 재즈 음악가이자 기조연설가다. 그는 진정 위대한 음악가나 연설가는 피츠제럴드의 〈맥 더 나이프〉 같은 순간을 만들어 낼 수 있다고 말한다. 모든 것이 잘될 거라고 믿기 때문이 아니라 모든 게 잘못되더라도 괜찮다고 여길 만큼 자신감이 넘치기 때문이다.

그는 자신감이 넘칠 때의 느낌에 대해 이렇게 설명한다. "재즈 공연을 할 때 저는 자신만만한 태도로 무대에 오릅니다. 하지만 여기서 자신감이란 당신이 생각하는 그런 게 아니에요. 제가 완벽하게 연주할 수 있다고 생각하는 게 아니라 뭔가를 망칠 게 분명하다는 걸 아는 겁니다. 하지만 아주 열심히 연습했기 때문에 그 정도 실수는 극복할 수 있다는 자신감이 있는 거죠. 그걸 알면 무대 위에서 무적이 된 것처럼 느껴집니다."

나 역시 무대 위에서 무적이 되고 싶었다. 나는 700명 이상이 참석할 캘리포니아의 자선행사를 위해 연설을 준비하고 있었고 링크너에게 연습(그러니까 시범경기)을 얼마나 많이 해야 하느냐고 물었다. 그의 대답은 나를 낙담하게 했다.

"21번이요."

그때까지 나는 무언가를 21번이나 연습해 본 적이 없었다. 하지만 나중에 기회를 얻는 사람들을 만나 이 21의 법칙에 관해 대화를 나눴는데, 그중 누구도 눈 하나 깜짝하지 않았다.

어쨌든 나는 그의 충고대로 해보기로 했다. 처음 몇 번은 아내와 아이들을 앉혀 놓고 그들이 지겨워할 때까지 내 연설을 들려주었다. 그런 다음엔 친구들을 찾아갔다. 한동안 연락도 없던 친구에게 전화를 걸어 다짜고짜 물었다. "줌으로 내가 연설 연습을 하는 것 좀 봐주지 않을래?" 엄청나게 어색했다. 하지만 내 부탁을 거절한 사람은 몇 명 되지 않았고 나는 21번이라는 목표에 점점 가까워졌다. 몇몇 친구들과 다시 관계를 회복하게 된 건 덤이었다.

10번 연습을 하고 나자 새로운 느낌이 들었다. 뭘 말할지 너무도 잘 알게 된 탓에 더는 연설 내용에 집중할 필요조차 없었다. 덕분에 이제 연설 내용이 아니라 관객들에게 집중할 수 있었다. 사람들이 내 메시지를 얼마나 잘 이해하는지 즉석에서 간파하고 그때그때 필요한 부분을 수정할 수 있었다.

초반에는 상대방이 이해를 못 한 듯 보여도 하릴없이 다음 사항으로 넘어갔는데 이제는 상황에 따라 그 자리에서 바꾸는 게 가능했다. 말하는 속도를 늦추거나 요점을 재차 강조할 수도 있었다. 사람들이 신나 보이면 나도 페이스를 한층 더 끌어올렸다. 관객이 웃으면 나도 같이 미소를 지었다. 내 연설은 점점 더 일방적인 발화보다 파트너와 같이 추는 춤과 비슷해졌다.

시범경기를 15번쯤 하고 나자 절대 흔들리지 않을 거라는 자신감이 붙기 시작했다. 연습 도중 세 살짜리 딸이 방문을 박차고 들어와 우유를 달라며 부엌으로 끌고 가더라도 중단했던 곳으로 돌아가 바로 집중력을 발휘할 수 있었다.

그제야 왜 회의실에서도 엘라 피츠제럴드 수준의 숙달된 경지가 중요한지 이해할 수 있었다. 사람들이 회의실에 가만히 앉아 프레젠테이션 내내 조용히 듣고만 있다면 지루하다는 뜻이다. 그들은 중간에 질문을 던지거나 아까 한 이야기를 다시 해보라고, 혹은 앞으로 건너뛰어 다른 부분을 설명해 달라고 요구해야 한다. 이건 전혀 나쁜 일이 아니다. 오히려 당신의 말에 집중하고 있다는 의미다. 그리고 중간중간 태클이 들어오고 3번 사항에서 9번 사항으로 갑자기 뛰어넘고, 다시 4번으로 돌아가더라도 그때야말로 당신의 자신감은 빛을 발할 것이다.

드디어 21번의 시범경기를 마치고 연단에 섰을 때 나는 새로 키운 회복 근육을 써먹을 수 있게 차라리 실수를 저질렀으면 좋겠다고 바랄 정도였다. 무적이 된 기분이 어떤 것인지 실감할 수 있었다.

패배를 통해 자신을 재부팅하라

시범경기를 충분히 경험하고 나면 피드백에서 일종의 패턴을 감지할 수 있다. 가끔은 당신의 설득이 전혀 먹히지 않는다는 사실을 깨닫는데, 그럴 때는 꿈을 포기하는 대신 차라리 새로운 스타일로 처음부터 다시 시작하는 편을 추천한다. 성공을 거둔 사람은 거의 모두 이 과정을 거쳤다. 증거를 보고 싶다면 당신이 존경하는 인물이 옛날에 했던 연설을 찾아보라. 그들의 소통 스타일이 얼마나 변했는지 직접 보라.

2004년 6월 27일, 나는 민주당 전당대회에 작가진으로 참여하고 있었다. 그날은 화요일이었고 보스턴에서 사흘간 열린 전당대회의 이틀째 저녁은 민주당에서 누구나 알 정도로 유명한 연사들로 가득했다. 내가 할 일은 힐러리 클린턴부터 알 샤프턴Al Sharpton 목사에 이르기까지 모든 연설자가 연단에 나가기 전에 필요한 준비를 마칠 수 있도록 돕는 것이었다.

그러나 거물급 정치인들의 파도 속에서 처음 보는 사람이 한 명 있었다. 그는 임시작업실 구석에서 노란색 노트패드에 뭔가를 열심히 끄적이고 있었다. 나는 무대 뒤 관리자에게 저 사람이 누구냐고 물었다. 그 관리자는 남자의 이름을 기억하지 못했지만 일리노이에서 온 주 상원의원이라고 말해 주었다. 그 상원의원은 버락 오바마였다.

그날 저녁 나는 그가 연단에 올라 신고식을 치르는 모습을 무대 뒤에서 지켜봤다. 온 세상이 오바마를 바라보고 있었을 때 나는 세상을 지켜보고 있었다. 강렬한 에너지의 물결이 청중 사이에 퍼져 나가는 것을 봤고 거기에 닿는 모든 사람이 짜릿한 전율을 느끼는 것을 봤다. 부모들은 자식들을 어깨 위에 무등 태우고, 산전수전 다 겪은 전문 정치꾼들이 눈물을 닦고, 카메라맨이 렌즈에서 눈을 떼고 고개를 내밀어 그의 눈을 똑바로 바라보는 모습을 봤다.

그가 연설을 하기 전까지만 해도 그곳에 모인 이들 중 그의 이름을 아는 사람은 거의 없었다. 그러나 전당대회가 끝나고 몇 시간도 지나지 않아 나는 사람들이 일부러 남아 그를 찾아다니는 모습을 봤다.

우리는 그 뒤로 무슨 일이 일어났는지 안다. 하지만 잠시 멈춰 서서 그 모든 일이 어떻게 시작되었는지 살펴보자. 그 연설을 하기 4년 전에 버락 오바마는 상원의원 선거에 출마해 거의 두 배에 이르는 표 차로 패배했다. 그리고 선거에 패배한 오바마의 가족은 6만 달러의 빚을 졌다. 미셸은 행복하지 않았으며 버락은 정치가가 되겠다는 열망을 접을까 진지하게 고민했다.

상황은 점점 더 악화되었다. 선거에서 패배한 후 오바마는 LA에서 열리는 2000년 민주당 전당대회에 참석하게 되었다. LA 공항에 내린 후 렌트카를 빌리려고 하자 신용카드가 거절당했다. 어찌어찌 전당대회 장소에 도착했지만 이번에는 본 행사장 출입을 거절당했다. 그날 밤 앨 고어가 대통령 후보로 지명되던 순간 버락 오바마는 행사장 밖에서 모니터로 그 장면을 지켜봐야 했다.[8] 4년 뒤 그는 전당대회 기조연설자가 되었다.

그 4년 사이에 무슨 일이 있었던 걸까? 오바마는 처음부터 다시 시작했다. 리셋 버튼을 눌러 재부팅을 했다. 지금은 믿기 힘들겠지만 당시 오바마는 무척 재미없고 지루한 사람이었다. 기자들은 그가 지나치게 격식을 차리고 교수 같다고 평가했다. 오바마가 상원의원 선거에 패배했을 때 취재기자였던 테드 맥클리랜드Ted McClelland는 그의 연설이 너무 건조해서 "방 안의 생기를 빨아먹었다"라고 표현하기도 했다.[9]

이 모든 것이 바뀔 수 있었던 건 그가 새로운 동료의 도움으로 스타일을 재부팅했기 때문이다. 바로 제시 잭슨Jesse Jackson 목사였다. 오바마가 청중을 어떻게 교육해야 하는지 알았다면 잭슨 목사는 사람들의 마음을 움직이는 법을 알았다. 오바마가 국가 최고 공무원의 자리에 오르려면 두 가지 모두가 필요했다. 그래서 잭슨은 그가 이끄는 단체인 전미유색인종연합Rainbow PUSH에서 오바마가 연설을 자주 할 수 있도록 도왔다. 바로 그곳에서 오바마는 무수한 시범경기를 치렀고 새로운 스타일을 다듬어 궁극적으로 2004년 기조연설의 토대를 마련했다.[10]

오바마는 당시 선거에 패배한 경험을 통해 승리의 비결을 배울 수 있었다고 말한다. "선거운동의 중요성이 백서나 정책보고서가 아니라 스토리텔링 능력에 기반하고 있음을 배웠습니다."[11] 이 깨달음은 오바마가 동네 정치인에서 미국의 리더로 탈바꿈하도록 도와주었다. 그러나 그가 자신의 스타일을 새롭게 창조하기로 마음먹지 않았다면 그중 어떤 일도 일어나지 않았을 것이다.

진짜 스타에게 너무 작은 무대란 없다

부담감이 적은 연습을 통해 부담이 높은 순간을 대비하라. 제리 사인펠드처럼 모든 연습 기회를 활용하고 관객의 규모에 연연하지 마라. 친구가 당신 아이디어에 관해 묻는다면 간단히 설명하는 게 아니라 아예 당신의 프레젠테이션을 한번 봐 달라고 부탁하라. 누구를 대상으로 연습하든 실전처럼 해야 한다. 설명을 덧붙이지 마라. 처음엔 어색할지 몰라도 실전처럼 연습해야 효과를 볼 수 있다. 어떤 무대도 작지 않다면 세상은 곧 당신의 무대가 될 것이다.

말하는 능력을 타고난 사람은 없다

사람들은 대부분 긍정적인 피드백을 좋아하고 부정적인 피드백은 싫어한다. 인간의 본성이라는 게 원체 그렇다. 그러나 장기적인 성공은 종종 단기적인 낭패감을 경험하는 데서 시작된다. 처음 몇 번의 시범경기는 아마 최악일 것이다. 그러나 현실을 인정하고 위험 부담이 낮은 관객 앞에서 부끄러움을 견뎌 내라.

하지 말아야 할 질문, '어떻게 생각하세요?'

시범경기의 목적은 직접적이고 솔직한 피드백을 얻는 것이다. 톰 리박사처럼 피상적인 표면 밑을 탐색하는 의료기기 같은 질문으로 유용한 정보를 얻어 내라. 나는 친구들에게 아이디어를 설명하고 나면 방금들은 내용을 다시 말해 달라고 부탁했다. 그러면 상대방이 아이디어를 얼마나 잘 이해했는지 파악할 수 있을 뿐만 아니라 남에게 설명하는 새로운 방식을 생각해 낼 때도 도움이 된다.

당신을 진심으로 지지하는 이들을 끌어모아라

훌륭한 프레젠테이션을 준비하려면 한 사람에게만 의존해서는 안 된다. 다양한 관점을 제시해 줄 사람들, 당신이 지지자들과의 만남을 준비할 때 도와줄 수 있는 사람들로 이뤄진 소규모 집단을 구성해야 한다. 당신의 '체다'를 포용하라. 체다란 일부러 당신의 아이디어에 구멍을 내는 사람들로 때로는 신경에 거슬릴 수도 있다. 그러나 결국 체다야말로 당신이 지지자들의 반론에 미리 대비하고 앞서나갈 수 있도록 도와줄 것이다.

회복 근육을 만드는 '21의 법칙'

기회를 얻는 이들은 실제 프레젠테이션에서 언제든 실수할 수 있음을 알고 있다. 그러나 그들은 자신이 그런 위기에도 대처할 수 있는 '회복 근육'을 키워 두었다는 사실도 알고 있다. 높은 수준의 자신감은 많은 연습에서 나온다. 과하다고 생각할지도 모르지만 뭔가를 21번 이상 연습하면 어떤 방해나 집요한 질의도 버텨 낼 회복 근육을 키울 수 있다. 일반적인 통념과 달리 연습은 하면 할수록 더욱 자연스럽게 실전에 임할 수 있다.

패배를 통해 자신을 재부팅하라

버락 오바마는 상원의원 선거에 떨어진 후 스타일을 완전히 바꾸어 대통령에 출마했다. 시범경기는 당신의 스타일이 사람들에게 통하지 않는다는 사실을 알려 주는 계기가 될 수도 있다. 그러나 꿈을 포기하지 말고 과감하게 스타일을 재정비하라. 성공을 거둔 사람들은 모두 그랬다. 증거를 원하는가? 당신이 존경하는 인물의 옛 강연이나 연설을 찾아보고 그들의 의사소통 스타일이 얼마나 바뀌었는지 확인해 보라. 파괴와 창조는 기회를 얻는 과정에서 필수적인 요소다.

제7단계

'나'를 내려놓을 때 비로소 길이 드러난다

1959년 조지 섈러George Schaller라는 젊은 생물학자가 마운틴고릴라를 연구하기 위해 중앙아프리카로 떠났다. 당대에 마운틴고릴라에 대한 인식은 포악하고 위험한 짐승이라는 것이었다. 그러나 섈러는 2년 동안 마운틴고릴라와 함께 지내며 그들이 실은 온순하고 다정다감할 뿐 아니라 놀랍도록 지적이고 복잡한 사회 구조를 지닌 동물이라는 사실을 알게 되었다. 그가 귀환해 이 놀라운 사실을 발표하자 청중 사이에서 한 생물학자가 물었다.

"섈러 박사, 우리는 이 동물을 수백 년간 연구했지만 이 사실을 전혀 알지 못했습니다. 이런 상세한 정보를 어떻게 얻은 겁니까?"

"간단합니다. 전 총을 가져가지 않았죠."[1]

비상사태에 대비해 가방에 총을 소지한 다른 연구자들과 달리 샐러는 무기를 가져가지 않았다. 그는 총을 눈에 보이지 않는 곳에 숨길 수는 있어도 '태도'를 감출 수는 없다고 믿었다. 어떤 미소나 친절한 행동도 불안감을 완전히 가릴 수는 없으며 마운틴고릴라는 그 사실을 눈치빠르게 알아차렸던 것이다.

기회를 얻는 사람이 되기 위해 수년간 고투한 끝에 나는 가방에 들어있는 총이 바로 나의 욕망이라는 사실을 깨달았다. 사람들에게 깊은 인상을 주고 싶다는 강한 욕망이 그들과 나를 연결해 주기는커녕 오히려 거리를 벌렸다. 내가 얼마나 프로답게, 친근하게 굴든지 사람들은 내가 그리 편안한 상태가 아니라는 사실을 알아차렸다.

이 책에서 언급한 다른 기술들을 배운 덕분에 나는 프레젠테이션의 내용에 대해서는 편안하게 느꼈을지 몰라도, 그전에 나 자신을 편안하게 느끼는 법을 배워야 했다. 머릿속에 들어찬 생각을 버리는 법을 배워야 했다. 다른 사람에게 좋은 인상을 주기 위해서가 아니라 진솔한 나 자신을 표현하기 위해서 말이다.

말보다 직접 보여 줄 때 사람들이 모여든다

몇 달 전에 한 벤처캐피털 회사에서 뉴욕 출신의 아주 호감 가는 스타트업 창업자를 만났다. 그는 새로운 피자 배달 앱에 관한 프레젠테이션을 할 거라고 했다. 요즘 우리는 휴대전화에서 버튼 하나만 누르면 좋아하는 피자를 배달시킬 수 있는 세상에 살고 있다. 이 창업가의 가족은 5대째 피자 가게를 운영하고 있었다. 우리는 다른 투자자들이 도착하길 기다리며 잠시 이야기를 나눴고 그는 이탈리아의 한 작은 마을에서 처음 피자 가게를 열었다는 고조할아버지의 사진을 보여 주었다. 나는 그가 정말 마음에 들었다. 그는 강한 브루클린 억양과 솔직한 미소, 여유 있는 분위기를 갖고 있었다.

그러나 점점 더 많은 투자자가 도착하자 그의 태도가 변하기 시작했다. 얼굴에 미소가 사라졌고 솔직하고 친근한 억양은 진지하고 엄숙한 말투로 변했다. 슬라이드를 넘기며 설명하기 시작했을 즈음엔 여유 있는 모습은 온데간데없었다.

PPT 내용은 매우 흥미로웠다(그리고 왜 미국 인구의 3분의 1이 비만인지도 알 것 같았다). 매년 미국에서는 30억 장의 피자가 팔리고 있었고 남녀노소 가릴 것 없이 매년 평균 10킬로그램의 피자를 소비하고 있었다.[2] 도미노 피자는 2010~2017년 사이 공개 시장에서 넷플릭스와 애플, 구글보다 더 잘나가는 유일한 회사였다.[3]

PPT 내용은 강력했고 디자인도 훌륭했으나 그의 프레젠테이션에는 생기가 없었다. 주위를 둘러보자 투자자들이 지루해 하고 있는 걸 알 수 있었다. 다들 휴대폰 화면만 들여다보고 있었다. 나는 그가 청중의 관심을 잃고 있음을 알 수 있었다. 한번 그렇게 되면 관심을 되찾기가 매우 어려워진다.

나는 앞서 그가 고조할아버지 사진을 보여 주며 얼마나 자랑스러워 했는지가 기억났다. 그를 아까처럼 '보여 주기' 모드로 바꿀 수만 있다 면 얼마나 좋을까? 그래서 나는 불쑥 말했다. "당신 전화기에 그 앱이 깔려 있나요?" 그는 당황한 눈빛으로 주위를 힐끔거리며 대답했다. "네, 한번 보시겠어요?" 나는 좋다면서 자리에서 일어나 다가가 그의 어깨 너머로 전화기를 들여다보았다. 그러자 다른 투자자들도 한 명씩 의자에서 일어나기 시작했다.

분위기가 반전된 것은 그때였다. 모두가 창업자의 아이폰을 둘러싸 고 열심히 쳐다보고 있으니 그가 활기를 되찾기 시작했다. 회의 전에 가족 이야기를 했을 때처럼 편안하고 여유 있는 성격이 돌아왔다. 그가 전화기 화면을 넘기며 앱의 다양한 기능을 보여 주자 투자자들이 휴대 전화를 내려놓고 질문을 던지기 시작했다. 그는 사람들의 관심을 사로 잡아 결국 몇 주일 뒤에 투자 자금을 조달할 수 있었다.

나는 어떤 산업 분야나 상황을 막론하고 프레젠테이션에서 아이디어 를 말로 설명하기보다는 직접 보여 주는 '옹기종기 모드'에서 사람들이 더 자신감을 얻는다는 사실을 알게 되었다. 조던 로버츠Jordan Roberts는 법조계에 들어선 지 6개월도 되지 않아 깐깐하고 신랄한 변호사들 앞에 서 프레젠테이션을 해야 했다. 그들은 왓츠앱WatsApp을 200억 달러에 인수하겠다는 페이스북의 제안을 협상하기 위해 앉아 있었다. 이제껏 페이스북이 추진한 것 중에서 가장 대규모의 인수 제안이었다.

원래 이런 종류의 거래는 협상을 하는 데만도 수개월이 걸리는데 마크 저커버그가 주문한 시한은 겨우 4일이었다. 일요일 아침이었고 회의실 안에 모인 사람들은 밤낮을 새며 일하는 중이었다. 잠잘 시간은 당연히 없고 배달 음식에는 신물이 난 상태였다.[4] 심지어 이제 겨우 1년 차 변호사가 사람들 앞에서 인수 협상에서 가장 중요한 숫자를 제시할 참이었다.

수년 뒤 나는 로버츠에게 긴장되지는 않았는지, 불안하지는 않았는지 물었다. 대답은 '그렇다'였다. 그러나 그날 로버츠는 아주 훌륭하게 해냈고 그 분야에서 가장 저명한 해결사들로부터 높은 평가를 받았다. 심지어 《포브스》 선정 '30세 이하 리더 30인'에도 이름을 올렸다. 그는 어떻게 그런 끝내주는 프레젠테이션을 할 수 있었을까?

그는 프레젠테이션을 하지 않았다. 즉 이야기를 요약한 슬라이드가 아니라 아예 스프레드시트를 제시하고 숫자들을 하나씩 상세히 검토했다. "숫자만 보여 준 게 아니라 제가 거기에 대해 어떻게 생각하는지를 보여 주었습니다."

'나'가 아닌 '메시지'에 스포트라이트를 비춰라

아이디어를 발표하기 위해 회의실에 들어가면 스포트라이트를 한 몸에 받게 된다. 이때 당신이 할 일은 당신이 아니라 메시지에 스포트라이트를 비추는 것이다.

라이즈의 성장을 위해 분투하고 있을 때 우리는 고객 기반을 확대하고 매출을 늘리고 그 결과 더 많은 자금을 조달할 수 있게 도와줄 파트너가 필요했다. 그래서 나는 애트나Aetna와 웨이트 와처스, 핏빗 같은 대기업을 찾아다니기 시작했다. 우리에게 어울릴 만한 이상적인 회사들이었다. 그러나 그들은 모두 우리를 거절했다.

그즈음 책의 앞부분에서 언급했던 커뮤니케이션의 대가 모린 테일러가 찰리 파커Charlie Parker의 말을 인용했다. "먼저 악기를 배워야 한다. 그런 다음은 연습, 연습, 연습의 연속이다. 마침내 무대에 서면 다른 건 전부 잊어버리고 그냥 연주하라." 파커의 이 말을 인용하면서 테일러는 이렇게 덧붙였다. "나를 잊어라." 지금도 내가 늘 주문처럼 되뇌는 말이다.

나는 어딜 가든 이 두 단어를 가슴에 새기곤 한다. 회의, 프레젠테이션, 심지어 친구들과 저녁을 먹을 때도 그렇다. 이 두 단어는 라이즈가 성공적인 파트너를 찾고 자금 조달을 하는 데도 큰 도움을 주었다. 그리고 이 두 단어는 다른 이들에게도 마법 같은 효과를 발휘했다. 지난 15년간 고속 성장한 회사에서 대규모 팀을 이끌던 마케팅 리더 리즈를 예로 들어보자. 리즈는 텔아비브에서 어린 시절을 보내고 이스라엘에서 군 복무를 마친 뒤 미국으로 건너왔다. 우리가 처음 일대일로 만났을 때 그녀의 어조는 단호했고 자연스럽게 타고난 여유를 드러냈다. 그녀는 누가 봐도 바로 기회를 얻을 수 있는 사람이었다. 이런 사람이 왜 내 도움이 필요하다는 걸까?

알고 보니 리즈는 회의실 밖에서만 자신감이 넘치는 사람이었다. 이상하게도 사람들 앞에 서면, 특히 새 아이디어를 발표할 때면 식은땀을 뻘뻘 흘리곤 했다. "목소리가 기어들고 자신감도 사라져요. 그냥 움츠러들죠." 리즈는 프레젠테이션을 할 때마다 머리 위에서 뜨거운 스포트라이트가 비추는 듯한 느낌을 받는다고 했다. 우리가 할 일은 그녀가 아닌 아이디어에 스포트라이트를 비추는 것이었다.

크리에이티브 아티스트 에이전시Creative Artists Agency의 한 시니어 에이전트는 사람들은 남을 대신해 말할 때 더 자신 있게 말한다고 했다. "그래서 제가 저 자신보다 고객들을 더 잘 홍보하는 겁니다." 평상시에 조용하고 소극적인 고객들이 연기를 할 때면 더 강렬한 인상을 주는 것도 같은 이유에서다. 제임스 얼 존스와 마릴린 먼로는 모두 말을 더듬는 버릇이 있었지만 카메라 앞에만 서면 거침이 없었다.[5] 나는 리즈에게도 회의실에서 그런 마음가짐을 가질 방법이 없을지 고민했다. 그렇다면 그녀 자신이 아니라 고객을 대신한다는 심정으로 경영진 앞에 선다면 어떨까?

리즈에게 이 개념을 설명하자 그녀는 곧장 이해했다. "그러니까 마케팅 부사장이 아니라 고객을 대변하는 대리인이 되라는 거죠. 할 수 있어요." 며칠 후 그녀는 대변인의 심정으로 회의실에 입장했다. 질의 시간에 새 분석 도구에 관한 질문을 받자 그녀는 이 도구가 없다면 고객의 삶이 어떻게 될지 찬찬히 설명했다. "고객의 작업 흐름은 아마도 이런 식일 겁니다."

이사회는 리즈의 새 아이디어에 '고'Go 사인을 내주었다. 회의를 마친 뒤에는 CEO가 그녀를 따로 불러 이제껏 본 중 최고로 효과적인 마케팅 프레젠테이션이라고 칭찬했다. 현재 리즈는 대기업 사이에서 매우 인기 높은 강연자이자 마케팅 전문 파트너로 활동 중이다. 그리고 그녀의 접근법은 언제나 똑같다. 자신을 비추는 스포트라이트를 거두고 아이디어에 집중하는 것이다.

누군가의 대변인처럼 행동하라는 이 아이디어는 우연히 발견한 것이지만 기회를 얻는 비결의 한 가지 패턴이기도 하다. 우리는 우리 자신보다 다른 사람 혹은 다른 무언가를 지지하고 옹호할 때 더욱 열정적이고 헌신적으로 행동하기 때문이다.

그레그 스피리델리스Gregg Spiridellis는 디지털 엔터테인먼트 제작사인 집잽JibJab의 공동 창업자다. 이 회사는 2004년 미국 대선 때 〈디스랜드〉This Land라는 정치풍자 영상으로 유명해졌다. 스피리델리스는 프레젠테이션을 하러 들어가기 전이면 아버지가 암과 투쟁하는 동안 집잽 덕분에 가족들의 웃음을 찾을 수 있었다는 등의 감동적인 이메일을 읽는다.

전 세계 창업자들에게 소액 대출을 해주는 비영리단체 키바Kiva 직원들은 자금 조달을 위해 지지자들을 만나기 전에 그들의 도움으로 경제적 빈곤에서 벗어난 사람들의 영상을 시청한다. 프레젠테이션에 필요하기 때문이 아니다. 자신이 누구를 위해 일하고 있는지 다시금 상기하고 회의실에서 자기 자신을 잊어버리기 위해서다.

앞서 소개한 창업자 리아 솔리번은 태스크래빗을 창업하기 전 무수한 거절을 당했다. 그녀는 프레젠테이션하러 들어갈 때마다 고객들이 원하는 것에 집중함으로써 자신감을 다지고 유지했다. "그냥 그 아이디어가 사람들을 도울 거라고 믿었어요." 그녀는 내게 이렇게 말했다.

로버타 배스킨Roberta Baskin도 그랬다. 배스킨은 탐사보도 저널리스트로 그녀의 기사는 부도덕한 아동노동 관행을 모조리 없애고 관련 산업을 재편해 생명을 구한 바 있다. 이 모든 일은 배스킨이 비치넛Beech-Nut이라는 유아식 회사가 산모들에게 집에서 만든 이유식이 영아에게 위험하다는 내용이 담긴 전단지를 나눠 주는 것을 봤을 때 시작되었다.[6]

당시 뉴욕 시러큐스의 소비자 보호청에서 일하던 배스킨은 비치넛에 더 신뢰할 만한 자료를 가져올 것을 요청했다. 회사가 그녀의 요청을 묵살하자 그녀는 사람들에게 직접 메시지를 전달할 효과적인 방법을 생각해냈다. 바로 지역 TV 방송국에 지원하는 것이었다. 문제는 그녀가 기자로서의 경험이나 저널리즘 관련 학위를 전혀 갖고 있지 않다는 점이었다. 심지어 그녀는 대학 졸업장도 없었다. 하지만 집요하고 끈질긴 노력으로 면접 기회를 따냈고 결과는 안타깝게도 좋지 않았다. 그녀는 한 번만 더 기회를 달라고 매달렸다. 다시 기회를 얻었지만 그녀는 또 떨어졌다.

대부분 사람이라면 여기서 단념했을 것이다. 그러나 배스킨은 보도국장에게 전화를 걸어 말했다. "최저임금으로 고용해 주세요. 그리고 제가 준비됐다는 생각이 들 때까지는 방송에 안 내보내셔도 돼요." 마음이 약해진 보도부장은 배스킨에게 꽤 영향력 있는 보도탐사 부문을 맡겼다. 배스킨은 소아치과 체인이 보험사기의 일환으로 아기들에게 불필요한 신경치료를 하는 관행을 고발했고 맥주에서 발암물질을 제거하는 데 일조했다. 그리고 ABC 방송국의 〈20/20〉과 CBS의 〈이브닝 뉴스〉에서 탐사보도 팀을 이끌며 수많은 상을 받았다.

나는 배스킨에게 첫 직장을 얻기 위한 끈질긴 노력과 그녀의 커리어에 관해 질문하고 답을 들으면서 그녀가 이야기의 중심이 아니라는 느낌을 받았다. "사람들은 비치넛에 대해 알아야 했어요."

진짜 나는 말하는 게 아니라 드러나는 것

트레버 맥페드리스Travor McFedries는 투자자에게 프레젠테이션할 때 표준 탬플릿을 사용했다. 하지만 효과는 없었다. 그는 AI 아바타 릴 미켈라Lil Miquela에 투자해 줄 투자자를 찾고 있었는데 릴은 진짜 사람보다도 더 인간적인 모습을 보여 주었다. 하지만 30번이 넘게 퇴짜를 맞았고 이 프로젝트에 5만 달러 이상을 퍼부은 탓에 그는 자금도 바닥나고 손을 떼야 할 위기에 처했다.

그때 수년 전 힙합 음악 클럽에서 DJ로 일하던 시절에 깨달은 것이 생각났다. 당시 융 스키터 또는 DJ 스킷스킷이라는 이름으로 활동하던 맥페드리스는 맨해튼 외곽에 있는 한 작은 클럽에서 디제잉을 하며 양키즈 모자를 쓴 무리를 힐끔거리고 있었다. 그들이 어떤 음악을 좋아할지 고민할 필요도 없었다. 일단 제이지의 노래를 트니 사람들이 댄스 플로어로 쏟아져 나오기 시작했다. 그는 계속해서 힙합 트랙을 돌렸고 만족스러운 시선을 받으며 손을 들어 흔들었다. 나중에는 매니저로부터 칭찬을 듣기도 했다.

하지만 사실 맥페드리스는 한시라도 빨리 집에 가고 싶었다. 집이야말로 그가 진정 좋아하는 음악을 들을 수 있는 곳이었기 때문이다. 사실 그를 DJ로 이끈 음악은 하우스뮤직이었다. 그러나 그는 이미 힙합 DJ로서 확고한 명성과 괜찮은 수입을 얻고 있었고 그래서 계속 사람들의 기대에 부응하며 두 개의 정체성을 유지했다. 대중 앞에서 융 스키터는 떠오르는 힙합 DJ였다. 그러나 혼자 있을 때면 맥페드리스는 바깥 세상과 단절된 채 하우스뮤직에 푹 빠져 살곤 했다.

그러던 어느 날 밤 모든 게 바뀌었다. 맥페드리스는 순간적인 충동에 넘어가 주변 세상을 무너뜨리기로 했다. 힙합 세트 중간에 하우스뮤직을 끼워 넣은 것이다. 처음에 사람들은 DJ가 실수를 저지른 줄 알고 다음 트랙이 나오길 기다렸다. 그러나 맥페드리스는 이미 자신만의 세상에 푹 빠져 있었다. 하우스뮤직을 두 곡 더 틀자 사람들은 화가 나서 졸도할 지경에 이르렀다. 모든 사람이 댄스 플로어를 떠났다.

"하지만 딱 한 명이 남아 있었죠. 화가 잔뜩 나 있는 다른 사람들은 전부 무시하고 그 사람과 눈을 맞췄습니다."

데릭 지터 저지를 입은 남자들이 욕을 퍼부었고 어떤 사람은 매니저에게 달려가 저것 좀 멈춰 달라고 소리쳤다. 한 남자는 맥페드리스에게 힙합 음악으로 바꾸면 200달러를 주겠다고 했다. 그러나 맥페드리스는 사람들의 성난 목소리를 머릿속에서 지워 버리고 하우스뮤직을 고수했다. 말할 필요도 없이 그는 다시는 그 클럽에 초청받지 못했다.

하지만 상관없었다. 맥페드리스는 드디어 진정한 자기 자신을 표현하고 있다고 느꼈다. 그는 대형 힙합 클럽 대신 작고 유명하지 않은 하우스뮤직 클럽들을 찾아다녔고 천천히 이름을 알리기 시작했다. 몇 년 되지 않아 그는 힙합 DJ 시절에는 꿈도 꾸지 못했던 성공을 달성했다. 코첼라 페스티벌에서 공연했고 아젤리아 뱅크와 스티브 아오키, 케이티 페리와도 협업했다.

그러나 시간이 지나고 DJ에서 IT 창업가가 된 그는 투자자를 찾지 못해 애를 먹었다. 그리고 깨달았다. 테이블 주위에 둘러앉은 벤처 투자자들은 힙합 클럽에서 양키즈 모자를 쓰고 있던 이들과 똑같았다.

"전 똑같은 실수를 저지르고 있었던 겁니다. 내가 듣고 싶은 게 아니라 그들이 듣고 싶어 하는 말을 해주고 있었죠."

그래서 맥페드리스는 이번에도 다른 음악을 틀기로 했다. 그는 자신에게 어울리지도 않는 PPT 슬라이드를 넘기는 대신 친구에게 이야기를 들려주듯 말하기 시작했다. 덜 정제된 프리스타일에 가까웠다. "우리가 만들고 싶은 게 여러분이 이제껏 투자하던 아이템과 다르다는 걸 압니다. 하지만 제대로만 해낸다면 스토리텔링 방식을 완전히 뒤바꿔 놓을 수 있어요."

이런 방식이 항상 통하는 건 아니었다. 힙합 클럽과 마찬가지로 어떤 이들은 새로운 개념을 받아들이기를 힘들어했다. 그러나 업프런트 벤처스Upfront Ventures의 카라 노트먼Kara Nortman은 달랐다. 노트먼은 하우스뮤직이 흘러나와도 끝까지 댄스 플로어에 남아 있던 사람처럼 맥페드리스의 참신하고 직설적인 접근법이 마음에 들었다. "제 파트너가 마음에 들어 할지 모르겠군요. 하지만 어쨌든 당신을 소개해 주고 싶은 사람들이 있어요."

그녀의 말은 테크 분야에서 가장 유명한 투자자들 앞에서 프레젠테이션할 기회로 이어졌다. 그중에는 세쿼이아 캐피털Sequoia Capital도 있었다. 프레젠테이션 방식을 바꾼 지 몇 주일도 되지 않아 맥페드리스는 30번 이상 거절당한 사업가에서 세계적인 거물 투자가들의 지지를 받는 창업가가 되었다.

프레젠테이션을 수정하는 것과 뭔가 다른 내용으로 억지로 끼워 맞추는 것은 다르다. 설령 그런 끼워 맞추기가 효과적이고 지지자들의 마음에 든다고 하더라도 언젠가는 문제가 발생한다. 투자자들은 그들이 기대했던 로드맵이 아니라는 게 드러나면 발을 빼 버린다. 만일 영화가 제작 전에 생각했던 비전과 일치하지 않는다고 판단되면 제작 후 과정에서 중단될 수도 있다. 예상했던 R&D 프로젝트 비전이 1단계에서 온전히 실현되지 않으면 2단계에서는 지연이 거듭된다.

내가 창업자로서 배운 가장 중요한 교훈은 대부분 사람이 내 아이디어를 좋아하지 않을 것이며 그래도 괜찮다는 것이다. 그저 몇 명만 그 것을 '지극히 사랑'하면 된다. 예술가에게는 그림을 전시할 갤러리 몇 개만 있으면 되고, 변호사가 승진하려면 몇 명의 파트너만 지지해 주면 된다. 각본가의 경우 단 하나의 제작사만 'OK'라고 승낙하면 된다.

애덤 브라운Adam Braun은 국제 교육 비영리기관 '약속의 연필'Pencils of Promise을 홍보하기 위해 10미터 길이의 RV 자동차를 한 대 빌려 전 국의 대학 캠퍼스를 방문했다. 처음 들른 곳은 3만 5,000명의 학생이 다니는 오클라호마 주립대학이었다. 브라운은 그곳에서 다섯 명에게 강연했는데 그중 네 명이 RV 자동차에 함께 타고 있던 이들이었다.

그러나 DJ 융 스키터처럼 브라운도 나머지 한 명(학생의 이름은 첼시 캐나다였다)에게 집중해 커다란 강당 가득 청중이 모여 있을 때와도 같 은 열정으로 프레젠테이션을 했다. 브라운과 동료들이 다시 길을 떠날 즈음 그의 유일한 청중은 캠퍼스에서 그들 비영리단체의 첫 모임을 주 최하고 있었다.[7] 수년 후 전 세계에 지부가 생긴 뒤에도 브라운의 목표 는 항상 똑같았다. '가는 곳마다 단 한 사람을 발견해서 그를 제2의 첼 시 캐나다로 만들 것.'

나는 프레젠테이션을 하는 족족 거절당하더라도 세상에는 항상 더 많은 투자자가 있다는 사실을 배웠다. 이 세상에는 언제나 우리가 아는 것보다 더 많은 장학금 프로그램, 정부 보조금, 예술 전시회가 있다. 심 지어 대기업 내부에서도 창의적인 사람들이 여러 부서에 아이디어를 제시한 후에야 비로소 지지자를 찾곤 한다. 단 몇 명의 열성적인 지지자가 얼마나 강력한 힘을 발휘하는지 깨닫고 나면 더는 당신답지 않은 것에 굴복할 이유가 없다.

나는 나 자신을 잊음으로써 회사를 살려 낼 수 있었다. 직원들의 월급을 주지 못해 허덕이던 때 재빨리 파트너십을 맺고 후원을 받지 않았다면 우리는 회사 문을 닫아야 했을 것이다. 아이폰을 통해 서비스를 제공하는 건강관리 앱인 라이즈가 가장 원했던 파트너는 애플이었다. 그러니 마침내 내가 애플 본사에 초청되어 고위경영진 앞에서 라이즈를 프레젠테이션할 기회를 얻게 되었을 때 얼마나 흥분됐는지 짐작이 갈 것이다.

쿠퍼티노에 도착하기 직전 나는 차 안에서 "건강이야말로 애플이 인류에게 가장 큰 공헌을 할 분야"라고 공언한 애플의 CEO 팀 쿡Tim Cook이 프레젠테이션에 참석할 것이라는 연락을 받았다. 이 소식을 듣고 너무 신이 나서 방방 뛰었다고 말해 주고 싶지만 실은 불행히도 지독한 두려움을 느꼈다. 애플 본사 주차장에 차를 댔을 때는 공황발작을 일으킬 것만 같았다.

영화감독들은 종종 "액션!"을 외치기 직전의 짧은 순간을 "중요한 순간 직전의 중요한 순간"이라고 부른다. 그 짧은 시간 동안 일어난 일이 수 주일, 수개월, 수년의 준비 기간만큼이나 큰 영향을 미칠 수 있기 때문이다. 중요한 면접을 앞두고 로비에서 대기하는 순간, 중요한 프레젠테이션을 하기 직전, 전시회 문을 열기 몇 초 전의 순간 말이다. 건물 안에 들어가기 전에 차 안에 앉아 있는 동안 나는 깨달았다. 이건 많은 게 걸려 있는 위험한 일이었다. 하지만 그 위험 부담을 터무니없는 수준으로 부풀리고 있는 것은 바로 나 자신이었다. 마치 오늘 이 기회에 생사가 걸린 듯한 기분이었다.

리부트닷아이오Reboot.io Inc.의 공동 창업자이자 CEO이며 《리부트: 리더를 위한 회복력 수업》의 저자 제리 콜로나는 우리가 느끼는 두려움 대부분이 실은 스스로 야기한 것이라고 말한다. 그러나 그 사실을 깨달으려면 두려움을 밀어내는 게 아니라 반대로 가까이 끌어당겨 면밀히 들여다봐야 한다. 나는 종이를 꺼내 콜로나가 가르쳐 준 기법을 활용했다. 먼저 제일 위에 이렇게 썼다.

'난 오늘 회의를 망칠 거야.'

그러고는 그럴 리가 없다고 생각하지 않고 만약에 그렇다면 어떻게 될지 자문했다.

'그럼 네 회사는 망하겠지.'

그러면 어떻게 되는데? 나는 다시 질문했다.

'다들 직장을 잃을 거야.'

그러면 어떻게 되는데?

'아무도 다시는 너랑 같이 일하거나 네 회사에 투자하지 않겠지.'

그러면 어떻게 되는데?

'네 삶은 비참해질 거야. 아내도 떠나고 넌 혼자가 되어 외롭게 죽을 거야.'

이게 핵심이었다. 이런 연습이 이미 주눅 든 사람을 더 벌벌 떨게 한다고 생각할지도 모르겠다. 하지만 그렇지 않다. 이 연습은 내가 얼마나 자기중심적인지, 그래서 이 회의에 대한 위험 부담을 얼마나 크게 만들고 있는지 깨닫게 해주었다. 공황에 빠진 것도 무리가 아니었다. 프레젠테이션을 망친다면 가족을 잃을지도 모른다는 생각에 사로잡혀 있었으니 말이다.

《에스콰이어》Esquire의 편집자였던 아널드 스티븐 제이콥스Arnold Stephen Jacobs는 이렇게 말했다. "명확히 사고할 수만 있다면 뇌의 다른 부분이 상황을 더 면밀히 살펴볼 수 있습니다. 가끔 내가 정신 나간 소리를 하고 있으면 머릿속 한쪽에서 이렇게 말하는 거죠 '와, 진짜 말도 안 되는 소리네.'"

'그러면 어떻게 될까?' 목록을 하나씩 써 내려가면 두려움 뒤에 숨겨진 진짜 두려움을 파악할 수 있고 나아가 쓸데없는 생각들을 풀어낼 수 있다. 대중 앞에서 말하는 일의 두려움은 일을 망칠지도 모른다는 불안감이 아니라 그로 인해 발생할 결과를 상상하는 데서 비롯된다.

애플 주차장에 세워 둔 차에서 내렸을 즈음 나는 콜로나가 가르쳐 준 방법으로 나 자신을 버린 상태였다. 그들이 라이즈를 좋아하지 않는다면 그냥 다른 파트너를 찾아 나서면 된다. 나는 그 어느 때보다도 확고한 자신감과 명쾌한 마음가짐으로 건물 안으로 걸어 들어갔다(여러 번의 보안 체크를 거쳐야 했다). 프레젠테이션이 끝나고 몇 달 후 라이즈는 애플이 선정한 올해 최고의 앱이 되었다.

말보다 직접 보여 줄 때 사람들이 모여든다

사람들은 설명을 듣기보다 눈으로 직접 확인할 때 더 쉽게 설득된다. 자료 화면으로 프레젠테이션을 하던 피자 배달 앱 창업자는 그가 개발한 앱을 실제로 보여 준 뒤 회의실 분위기를 바꾸고 호응을 얻을 수 있었다. 가능하다면 프레젠테이션을 '보여 주기' 모드로 전환하라. 지지자들을 주위로 불러들여 뭔가를 함께 들여다보는 것이다. '옹기종기 모드'는 당신을 더욱 자연스럽고 자신감 있게 만들어 준다.

'나' 아닌 '메시지'에 스포트라이트를 비춰라

밝은 스포트라이트가 당신을 비추고 있다는 생각이 든다면 조명의 방향을 아이디어로 돌려라. 당신은 지금 당신이라는 사람을 표현하는 게 아니라 도움을 주고 싶은 사람들을 대변해야 한다. 리즈는 스스로를 고객을 대리하는 대변인이라고 여기자 더 이상 청중 앞에서 당혹하지 않고 이사회의 관심을 사로잡을 수 있었다. 자신을 고객의 대변인으로 생각하면 자기중심적인 사고에서 벗어날 수 있다. 찰리 파커처럼 자신을 잊고 연주에 몰두할 수 있는 것이다.

내 아이디어에 열광하는 한 명을 찾아라

모든 사람이 당신의 아이디어를 좋아할 리는 없다. 하지만 그래도 괜찮다. 왜냐하면 당신에게 필요한 것은 당신의 제품을 지극히 사랑하는 소수의 사람뿐이기 때문이다. 당신을 믿고 당신이 창조하려는 것을 믿는 열성적인 소수를 찾아라. 프레젠테이션을 수정하는 것과 그것을 뭔가 다른 것으로 억지로 끼워 맞추는 것은 다르다. 항상 아이디어에 충실하고 저 너른 세상 어딘가에는 당신의 아이디어를 좋아할 지지자가 존재한다는 사실을 잊지 마라.

내 목표는 당신이 책의 내용을 재빨리 흡수해 곧장 활용할 수 있는 책을 쓰는 것이다. 부디 내가 해냈길 바랄 뿐이다. 하지만 그렇게 간결하면서도 분명한 글을 쓸 때 가장 어려운 점은 수백 쪽 분량의 글을 쳐내고 심지어는 유익한 부분까지 과감히 포기해야 한다는 것이다. 그래서 칼리와 나는 대화 중에 종종 언급된 일부 인터뷰를 여기에 공유하고자 했다. 여러 인물과의 인터뷰 내용 중에서도 특히 중요한 부분을 선별했고 요점을 강조하기 위해 다소 간결하게 편집했다. 더 많은 교훈과 통찰을 본문에 포함하지 못해 애석하지만, 이들의 이야기를 읽고 기회를 얻는 방법에 관해 더 넓은 시야와 관점을 갖길 바란다.

PART 2

불꽃같은 성공을 이룬
9명과의 밀착 인터뷰

'면도날'처럼 날카롭게
확신을 새기는 법

커스틴 그린, 벤처 투자자

"벤처캐피털 세계는 지금 가능하면서도 미래와 밀접하게 관련된 것을 찾을 것을 요구해요. 그 균형점을 찾으려면 미래에 대한 비전을 발전시키는 한편 향후 12개월간 무엇을 해야 할지 실질적인 접근법을 찾아야 해요. 저는 현재와 미래 모두에 적절한 균형을 갖춘 아이디어에 기회를 주고 투자합니다."

칼리: 마이클 더빈과 달러 셰이브 클럽에 투자하는 모험을 감행하셨는데요. 그 이야기를 들려주실 수 있나요?

커스틴: 같이 일하는 한 투자자가 달러 셰이브 클럽에 대해 아느냐고 묻길래 "아뇨, 그게 뭔데요?"라고 했죠. 그랬더니 아주 간단하게 설명

하더군요. 기본적으로 면도날을 온라인으로 싸게 판다는 애기라기에 그랬죠. "아, 나한테 맞는 건 아니네요."

칼리: 왜 그렇게 생각하셨나요?

커스틴: 1달러짜리 저가 아이템은 아주 까다로운 시장이에요. 마진이 적어서 우리가 중요하게 여기는 것에 투자하기도 어렵죠. 자선 재단이나 기반시설 같은 거요. 훌륭한 고객 서비스를 제공하거나 브랜드 구축을 하기도 힘들어요. 무엇보다 경쟁 환경이 가혹했어요. 질레트는 훌륭한 재무 실적과 엄청난 마케팅 능력을 모두 갖춘 대기업이니까요. 태산 같은 장애물이죠.

칼리: 처음엔 관심이 없으셨던 거군요. 그런데 어쩌다 마음을 바꾸게 됐나요?

커스틴: 아이러니하게도 이틀인가 사흘 뒤에 디너 파티에 갔다가 마이클 더빈을 만났어요.

칼리: 우연히요?

커스틴: 말하자면 그렇죠. 워낙 좁은 바닥인 데다 투자자와 기업가가 섞여서 한 서른 명쯤 왔거든요. 2012년 2월 샌프란시스코였어요. 마이클과 한 10분쯤 얘기했을까, '이 사람한테 어떻게 수표를 써 주지? 이 사람이랑 같이 사업하고 싶은데'라는 생각이 들더라고요.

칼리: 와, 무엇 때문에 그렇게 생각하신 거죠?

커스틴: 마이클이 시나리오를 워낙 생생하게 설명했어요. 그러지 않았다면 제 상상력을 사로잡지 못했겠죠.

수닐: 그 10분 동안 나눴던 이야기 중 기억나는 게 있나요?

커스틴: 6~7년 전이니까 자세하게 기억하지 못해도 이해해 주세요. 정확하진 않지만 대충 이런 식이었어요. 제가 "아, 그러니까 면도날을 판매하는 거군요?" 했더니 바로 고객 한 명을 주인공으로 한 스토리를 들려주더군요. 그가 어떤 관점을 갖고 있고 고객들에 대해 얼마나 연구를 많이 했는지, 고객들이 어떤 변화를 겪고 있고 그들의 기호가 어떻게 바뀌고 있는지 이해하고 있다는 걸 보여 주는 이야기였어요.

그는 이렇게 말했어요. "구매 결정을 더욱 주도적으로 하고 적극적인 소비자가 되길 원하는 사람들이 있습니다. 다른 모든 사람처럼 인터넷에서 정보를 읽고 모으죠. 그런 정보 일부는 건강과 웰빙, 미용, 자기 관리, 그 외 범주로 분류되고요. 하지만 막상 월그린Walgreens(미국 최대 약국 체인—옮긴이)에 가서 면도용품을 사려고 하면 심리적 저항에 부딪힙니다. 그쪽 선반에 있는 것들이 다 구식처럼 보이니까요. 그것들은 그들이 상호작용하는 다른 브랜드나 제품처럼 말을 걸지 않아요. 가끔은 잠긴 케이스 안에 들어 있어서 마찰이 일어나기도 하죠."

그러곤 이렇게 제안하더군요. "제 생각에는 현대의 시장과 소비자라는 맥락 안에서 모든 게 재창조되어야 합니다. 소비자는 자기 집에서 혼자 디지털 기기로 조용히 쇼핑하고 싶어 하고 사생활을 지키려고 하죠. 한편으로는 그 과정에서 공감할 수 있는 방식으로 세상과 소통하고 싶어 해요."

수닐: 그날 그 대화가 면도날 판매 사업에 대한 당신의 인식을 바꿔놓았나요?

커스틴: 그건 면도날에 관한 이야기가 아니었어요. 소비자와 비즈니스 모델의 변화에 관한 이야기였죠. 그때였는지, 아니면 나중에 다시 만났을 때인지 가물가물한데요. 제가 왜 하필 면도날이냐고 물었어요. 그러자 그가 그 이야기를 해주었죠. 그는 면도날이 대화를 시작하기에 좋은 소소한 이야깃거리라고 하더군요. 모든 사람이 쓰는 물건이니까요. 과연 모든 사람이 클렌징이나 로션, 선크림을 사용하는가에 대해선 논의의 여지가 있을지 몰라도 면도날은 대부분 사람이 사용하잖아요. 다들 면도날 가격에 대해서는 한 번쯤 의문을 가져 봤을 거예요. 그러니까 그건 대화의 계기를 만들어요. 하지만 그보다 더 궁극적인 아이디어는 미용과 관련된 생활 습관 문제를 해결하는 거였어요.

칼리: 대화를 시작한 지 10분도 안 되어 투자 결정을 내렸다는 게 마음에 드네요. 그런 식으로 결정을 내리는 게 일반적인 건가요?

커스틴: 책에 이런 말을 쓰면 안 될 것 같지만, 우리끼리 얘긴데 사실은 그래요. 마음을 설레게 하거나 끌리는 아이템은 금방 알아차릴 수

있죠. 어떤 사람이 한 번도 들어 본 적 없거나 잘 모르는 뭔가를 갖고 온다? 그러면 대체로 어느 정도 끌리곤 해요.

칼리: 더빈의 설명이 정말 좋았나 보네요. 거침없는 추진력도 있었던 것 같고요. 하지만 일이 잘못될 수 있거나 비전이 너무 거창하거나 도저히 믿을 수 없다고 생각되는 부분은 없었나요?

커스틴: 일이야 항상 잘못될 수 있죠. 벤처캐피털 세계는 지금 가능하면서도 미래와 밀접하게 관련된 것을 찾으려고 요구해요. 오늘날 이 세상은 어디로 향하고 있는가? 그건 시간이 지나면서 저절로 드러나는 것이어야 해요. 오늘 관찰했을 때 내일 충분히 많은 수요가 생길 것이고 많은 사람이 선택할 것이라고 믿을 만한 이유가 있어야 하죠. 그 균형점을 찾으려면 미래에 대한 비전을 발전시키는 한편 향후 12개월간 무엇을 해야 할지 실질적인 접근법을 찾아야 해요. 저는 현재와 미래 모두에 적절한 균형을 갖춘 아이디어에 기회를 주고 투자합니다.

수닐: 꿈과 계획 사이의 균형을 어떻게 맞추시나요?

커스틴: '신중하게'요. 예를 들어 당신이 커다란 비전을 갖고 사업에 뛰어들었다고 해봐요. 당신은 시장의 변화와 당신이 발견한 새로운 돌풍의 시작에 대해 당신이 예측한 미래와 그 미래에서 회사가 어떤 위치에 있을지 이야기하죠. 그런 다음 초기 단계에서 행동에 옮기는 방법을 고민합니다. "우리는 X달러의 자금을 조달할 거야. 왜냐면 가장 먼저

해야 할 일이 우리가 네 사람을 고용할 수 있다는 걸 증명하는 거니까. 그런 다음 이 제품을 증명하고 시장에서 판매하는 거야."

그다음에는 "됐어. 시장 테스트를 하고 초기 피드백을 얻었으니 제품을 반복 시험하기 위해 어디다 돈을 써야 하는지 정확히 알 수 있는 충분한 데이터 포인트를 수집했어. 이제 마케팅에 투자를 시작하고 판매 채널에 대한 투자도 시작해야지."가 되죠. 그럼 저는 당신이 비전을 갖고 있지만 A에서 B까지 가기 위해 엄청나게 많은 일을 해야 한다는 사실과 비즈니스의 이 단계에서 무엇을 증명해야 하는지 생각하고 있다는 것을 알 수 있어요.

수닐: 창업자라면 누구나 활용할 만한 프레젠테이션 개요처럼 들리네요. 그런데도 왜 그런 방식을 사용하는 사람이 드물까요?

커스틴: 제 생각엔 자기 사업에 너무 깊이 몰두하면 가장 중요한 게 무엇이고 세부적으로 어디까지 파고들어야 하는지 선을 긋기가 어려운 것 같아요. 그래서 프레젠테이션에서 '이게 통찰력 있는 아이디어인가?'라는 질문에 대답하기보다는 나중에 이야기해도 되는 것들에 중요한 공간을 할애하는 거죠. 간결한 걸 원한다면 너무 많이 말해 주지 않아도 됩니다.

칼리: 기회를 얻지 못하는 프레젠테이션에는 어떤 것들이 있나요? 가장 흔히 저지르는 실수는 뭐죠?

커스틴: 전체적인 그림을 보여 주는 사람이 드물어요. 누구에게나 강점은 있기 마련이고 비즈니스를 운영하거나 투자 유치 프레젠테이션을 할 때는 그런 강점에 의존하는 게 제일 편하죠. 그래서 때로는 프레젠테이션이 한쪽으로 치우치게 돼요.

어떤 사람은 매우 전략적, 기능적이고 숫자 중심적인 접근법으로 기회를 제시하는데 그러면 전 별로 내키지 않거나 납득이 안 될 때가 많아요. 창업자가 결과를 강요할 수도 있다는 생각이 들어서요. 또 반대로 어떤 사람은 지나치게 창의성에 집착하고 프레젠테이션의 미적 측면이나 원대한 비전에만 집중할 뿐 전술적인 부분에는 구체적인 사항을 내놓지 않아요. 그러면 투자자는 '좋아, 그러면 저기에 뭘 채워야 하지?'라고 생각할 여지가 생기죠. 그리고 '저 사람이 자기 인식을 얼마나 잘하고 있지?'라는 질문에 집중하게 되고요.

수닐: 지나치게 숫자 중심적이거나 디테일에만 집중하는 사람에게 비전에 대해 생각하도록 가르칠 수 있을까요?

커스틴: 전 누구든 비전을 가질 수 있고 자신 있게 확장할 수 있다고 믿어요. 대부분 사람은 작긴 해도 중요한 것을 항상 갖고 있어요. 제가 생각하는 비전이 있는 사람이란 지금 일어나는 변화를 인식하고 더 나은 서비스를 통해 변화를 끌어내는 사람이에요. 점과 점을 연결할 줄 알고 뻔하지 않은 방식으로 그걸 추진할 수 있는 사람이요. 하지만 매우 보기 드문 특성이죠.

전 우리가 기회를 준 모든 사람이 처음부터 그랬을 거라곤 생각 안 해요. 그렇게 되고자 하는 야망과 지성, 호기심, 열정을 충분히 보여 주었기 때문에 그들이 비전을 더욱 발전시키고 실현하는 과정에서 뭔가를 발견하리라 믿었던 거죠. 첫날부터 정답을 아는 사람은 아무도 없어요. 전 시간이 지날수록 자기 비즈니스에 더 큰 영향을 미칠 방법을 찾는 사람을 원합니다.

커스틴 그린 Kirsten Green

벤처 투자자이자 포러너 벤처스의 설립자다. 포러너 벤처스는 10억 달러 이상의 투자 자금을 조성하고 100여 개 회사에 투자했으며 그중에는 와비 파커, 보노보스와 글로시어 등이 있다. 그녀는 《포브스》에서 여러 번 '미다스의 손'에 선정되었고 세계에서 가장 영향력 있는 여성 100인에도 꼽힌 바 있다. 내가 라이즈를 설립한 후 브랜드 구축에 애를 먹고 있을 때 사람들은 늘 "커스틴과 얘기해 봐."라고 말하곤 했다. 그리고 마침내 그녀와 이야기할 기회를 얻었다.

'타이타닉'을
현실로 만드는 몰입의 힘

피터 처닌, 영화제작자 겸 투자자

"당신은 저를 설득하기 위해, 그렇게 만들 힘을 얻기 위해 무슨 짓이든 해야 합니다. 당신이 진심으로 믿는 아이디어가 있고 우리가 그걸 받아들이길 바란다면 뭐든 해야 해요. 제가 멍청한 실수를 저질렀다고 생각하면 주차장에 있는 제 차에 불을 지르기라도 해야죠. 그렇게 하지 않으면 너무 쉽게 포기한 당신의 잘못입니다."

수닐: 원래 책 편집자로 일을 시작하셨죠. 그러니 우리 대화도 거기서부터 시작하는 게 좋겠네요. 직접 저서를 집필할 생각은 없으신가요?
피터: 너무 어려울 것 같더라고요. 워낙 힘든 일이니.

수닐: 날마다 다른 사람의 프레젠테이션을 듣는 쪽이신데요. 마음에 들었던 아이디어와 그렇지 않은 아이디어에 대해 알고 싶어요. 어떤 유형의 아이디어가 가장 마음에 들지 않나요?

피터: 냉소적인 건 다 별로입니다. 그러니까 '이건 진짜 멍청한 짓이야. 하지만 저 머저리들은 좋아하겠지' 같은 자세가 느껴지는 것 말이죠. 그런 걸 보면 열받아요.

그다음으로 화가 나는 건 '평범한' 거예요. 사람들은 신나고 재미있는 것을 좋아하죠. 인간은 천성적으로 새로운 것을 좋아해요. 호기심이 많고 참을성이 없고 쉽게 지루해 하죠. 사람들은 끊임없이 새로운 것, 자신을 흥분시키는 것을 찾아다닙니다. 그래서 전 평범한 것은 좋아하지 않아요. 그리고 사람들이 그걸 접했을 때 어떤 반응을 보일지 상상하죠. "전에 다 봤던 거네." 같은 반응이거나 예전에 영화나 책, 식당에서 벌써 했던 거라면 그야말로 죽음의 키스죠.

반대로 사람들 반응이 "와, 저게 뭐지? 엄청 특이해 보이네. 신나 보이네. 재미있어 보여. 저런 건 절대로 놓치기 싫어. 저걸 처음 경험하는 사람이 되고 싶어."라면 최고의 아이디어죠.

수닐: 그런 아이디어를 내놓은 사람이 난처한 상황이 되기도 하나요? 원래 굉장하고 미친 아이디어일수록 프레젠테이션을 하기가 힘들잖아요.

피터: 아, 물론이죠. 하지만 그게 무슨 상관입니까? 설득하기 가장

어려운 것도 사실이지만 가장 창의적인 사람들이나 뛰어난 기업가들이 제일 좋아하는 것도 그런 건데요. 그리고 남에게 그런 까다로운 아이디어를 설득하는 가장 쉬운 방법은 당신이 그걸 얼마나 좋아하는지 알려주는 거예요. 그게 왜 당신을 그렇게 흥분시키는지 알려 주고 다른 사람들도 똑같이 흥분하게 만들 방법을 찾아야 해요.

수닐: 이번엔 열정에 대한 질문입니다. 프레젠테이션을 할 때 열정은 어떤 역할을 하나요? 어떤 사람들은 자신의 감정과 열정을 자연스럽게 표현할 수도 있지만 내가 그런 사람이 아니라면요? 만약에 내가 수줍음이 많고 조용한 타입인데 대담한 아이디어를 갖고 있다면 그런 경우엔 어떻게 해야 할까요?

피터: 전 열정이란 아주 비범하고 놀랍도록 전염성이 강한 능력이라고 생각합니다. 부모가 자식에게 해줄 수 있는 가장 훌륭한 일은 뭔가에 열정을 느낄 수 있게 키우는 거예요. 사람들은 자기가 믿는 것을 각자 다른 방식으로 설득하고 판매하고 주장하죠. 그럴 때는 반드시 자기 자신에게 진실해야 하고요.

사람들은 때때로 "난 수줍음이 너무 많아서 영업이나 판매 같은 건 잘 못해."라고 말하는 실수를 저지릅니다. 영업이나 프레젠테이션은 외향적인 사람만 할 수 있는 게 아니에요. 진정한 자기 자신이 될 때 가장 강한 설득력을 발휘할 수 있죠. 분석적인 사람이라면 자기가 믿는 것을 분석적으로 접근해 사람들을 설득할 수 있겠죠. 천성적으로 열정이 끓어 넘치는 사람이라면 그렇게 하는 게 가장 잘 어울릴 테고요.

조용하고 소심한 사람은, 안 믿으실지도 모르지만 실은 저도 그런데요, 진솔함으로 설득력을 발휘할 수 있어요. 무엇이 당신을 흥분하게 하는지 솔직하고 진정성 있게 표현하는 거죠. 별로 사교적이지 못한 사람들은 '난 영업 능력이 형편없어. 그냥 내 성격이 그래'라고 생각하는데요. 사실 제일 유능한 영업사원이나 설득력 있는 프레젠테이션을 하는 사람은 매우 진지하고 사려 깊고 무엇이 그들을 흥분시키는지 진실하게 표현하려고 노력하는 사람입니다.

수닐: 스스로 외향적이 아니라고 말씀하시는 게 흥미롭네요. 지금 아주 외향적인 비즈니스 분야에서 일하고 계시니까요. 커리어 초반에 자기주장을 고수하는 방법에 대해 배우셨나요?

피터: 아뇨, 그런 걸 배운 것 같진 않습니다. 그보다는 제가 믿고 열정을 느끼는 게 있을 때 그걸 어떻게 표현해야 하는지 배운 것 같아요. 예를 들어 전 제 열정을 강조한답시고 다른 사람을 곤란하게 만든 적은 없어요. 항상 제가 그걸 믿는 이유와 예상할 수 있는 위험에 대해 정직하려고 애썼고 그런 정직성이야말로 궁극적으로 강한 설득력을 발휘한다고 믿죠. 왜냐하면 그럴 때 사람들이 '어, 날 속이려는 것 같진 않은데' 하고 느끼니까요. 사람들은 마음이 움직인다고 느낄 때면 약간 방어적인 자세를 취하죠.

제가 진솔함이라고 말하는 건 "이건 진짜 좀 위험하긴 한데, 제가 틀렸을지도 모르지만 어쨌든 제가 이 아이디어를 좋아하는 이유는 이겁니다. 이런 방법이 통하지 않을지도 모르겠지만 어쨌든 이게 통할 거라고 믿는 이유는 이겁니다."라고 말하는 거예요. 그렇게 신뢰를 쌓는 거죠. "세상에, 이건 정말 최고의 아이디어예요! 대박 날 거라고 장담합니다!"라고 말하는 사람은 아무도 없습니다. 그건 최악의 프레젠테이션이에요. 올바른 자기 인식은 설득력이 아주 강합니다. 재미있기도 하고요. 하지만 지금 우린 투자에 관해 이야기하는 거죠. 그래서 우린 어떤 기업가에 대해 "그 사람 좀 잘난 척을 하긴 해. 약간 사기꾼 같기도 하고. 그렇지만 자기 인식에서는 아주 뛰어나다는 점이 마음에 들어. 자기가 모르는 걸 아는 척하지도 않고."라고 설명하곤 합니다. 그러면 설득력이 올라가죠.

칼리: 성공적인 프레젠테이션에서는 이런 자기 회의, 자기 인식, 자기 비하 사이의 균형 있는 조화가 자주 나타나나요?

피터: 그러면 제가 헛소리를 듣고 있을지도 모른다는 방어적인 태도가 금세 누그러들죠. 이건 프레젠테이션이랑 관련된 건 아닌데 제가 배운 게 하나 있어요. 〈타이타닉〉을 만들 때 이야기입니다. 제가 한번 해보자고 생각하고 영화제작을 승낙했을 때부터 역대 최대 예산을 배정했었죠. 욕먹을 각오를 했어요. 1억 1,000만 달러나 1억 1,500만 달러를 생각하고 있었거든요. 그런데 영화를 찍다 보니 예산이 1억 1,000만 달러를 초과한 겁니다. 이제껏 만들어진 어떤 영화보다도 더 어마어마

한 돈이 들어간 거죠.

그때 전 회장 겸 CEO였는데 루퍼트 머독Rupert Murdoch에게 직접 보고를 했습니다. 당시 루퍼트는 캘리포니아에 살고 있었고 제 사무실 건너편에 그의 사무실이 있었죠. 그러다 보니 초장에 습관이 생겼는데요. 매주 300만 달러에서 500만 달러짜리에 해당하는 나쁜 소식을 들을 때마다(그것도 아주 자주 들었죠) 저는 홀을 가로질러 그의 사무실로 뛰어가 나쁜 소식을 보고하곤 했죠. "자, 방금 이러이러한 일이 일어났고 그 일이 일어난 이유는 이겁니다. 그리고 우린 이러이러하게 그 문제를 해결할 거예요. 이게 통할지는 모르겠는데 제 생각엔 이게 옳은 대응 같아요."라고요.

아주 효과적인 방법이었습니다. 왜냐하면 루퍼트는 제가 문제가 생겨도 숨기지 않는다는 인상을 받았거든요. 문제가 터져도 제가 항상 투명하고 정직하게 행동한다고 느꼈습니다. 전 "맙소사, 이걸 어떻게 해야 할지 모르겠어요."라고 하지 않았으니까요. 항상 "이게 우리가 해야 할 일 같아요."라고 말했죠. 또 "제가 모든 해답을 알아요."라고 말하지도 않았습니다. 그건 사실이 아니었으니까요.

칼리: 그런 접근법이 왜 효과적이었다고 생각하시나요?

피터: 문제를 해결할 때 믿을 수 있다는 신뢰감을 준 것 같아요. 전 항상 밑에서 일하는 사람들에게 이렇게 말하죠. "이보게. 좋은 소식은 신경 쓰지 마. 저절로 내 귀에 들어올 거니까. 하지만 나쁜 소식이 있으

면 곧장 알려 주게." 그리고 사람은 나쁜 소식을 대하는 태도, 즉 솔직함과 투명성으로 평가되는 경향이 있어요. 문제에 투명하게 대처하면 그 사람을 신뢰하게 되고 그가 하는 일에 가장 큰 지지자가 되지만 나쁜 소식을 숨기면 과연 그를 지지해도 될지 의구심을 품게 되죠. 신뢰할 수가 없으니까요. 직접적으로 비유하긴 힘들지만 누군가를 믿을 수 있다는 그런 마음이 프레젠테이션에도 상당히 적용된다고 생각합니다.

어떤 아이디어를 살 때마다 우리는 위험 부담을 지게 되죠. 하지만 개인적인 신뢰를 구축하면 커다란 장애물을 제거할 수 있어요. 어떤 위험이 있고 그 위험을 어떻게 인식하고 있는지, 어떤 점이 우려되는지 투명하게 털어놓으면 신뢰를 구축할 수 있습니다. 전 불안감과 걱정을 표현하는 태도가 상당한 설득력을 준다고 생각합니다. 그 사람이 사려 깊고 개방적이며 정직하다는 걸 보여 주기 때문이죠. 헛소리하거나 다 잘될 거라고 늘어놓는 게 아니라요.

이건 우리가 넘어야 할 커다란 장애물입니다. 이 장애물을 극복하지 않으면 아이디어를 받아들이는 사람이 전부 혼자 해결해야 하니까요. 어떤 위험이 있는지 그들이 정말로 잘 알고 있을까요? 저는 알고 있을까요? 그들은 자기 자신에게 정직할까요? 그들은 이 힘든 과정을 함께 헤쳐 갈 수 있는 좋은 파트너일까요?

아이디어를 파는 많은 사람이 이런 문제에 대해서 깊이 생각하지 않습니다. 하지만 문제에 대한 투명성과 겸손함, 정직함은 당신에 대한 커다란 신뢰를 구축하고 궁극적으로 신뢰와 관련해 아이디어를 뒷받침해 줄 겁니다.

수닐: 제임스 캐머런이 〈타이타닉〉으로 당신을 설득하려 했을 때도 똑같은 자질을 지니고 있었나요?

피터: 제임스는 훌륭한 감독이라면 누구에게나 있는 강한 자신감이 있었죠. 영화란 워낙 방대한 작업이라 웬만한 자신감으로는 안 됩니다. 그는 "세상에, 우리 영화는 1억 달러가 넘을 수도 있어요."라는 말로 시작하지 않았어요. 그는 확신이 있었고 해결책을 찾아낼 수 있다고 믿었어요. 하지만 〈타이타닉〉 프레젠테이션이 아주 흥미로웠던 건 기억합니다. 제가 들은 중 가장 인상적인 프레젠테이션 중 하나였죠. 제임스가 제 사무실에 들어와 떡하니 자리를 차지하고 앉더군요. 그는 커피 테이블 건너편에 앉아 〈타이타닉〉에 대해 한 세 시간은 떠들었습니다. 그중 실제 사건에 관한 이야기가 60퍼센트였고 영화에 관한 이야기는 30~40퍼센트밖에 안 됐어요.

제임스는 타이타닉에 대해 엄청나게 많이 알고 있었어요. 예를 들어 당시 1등실에 묵고 있던 여성은 생존율이 99.9퍼센트였습니다. 최하급인 3등실에 묵은 남성은 생존율이 30퍼센트였고요. 선미인지 후미인지는 잘 기억이 안 나는데, 배의 그 한쪽에 타고 있던 사람은 반대쪽 사람보다 생존율이 40퍼센트가 높았죠. 한쪽에는 구명뗏목이 잘 정렬되어 있어서 사람들을 차례대로 태울 수 있었던 반면에 다른 쪽은 혼돈 그 자체였거든요.

수닐: 당신이 회의실에서 누군가의 프레젠테이션을 듣고 있는데 그게 좋은 아이디어라는 생각이 들지 않을 때, 그 사람은 어떻게 당신 생각을 바꿀 수 있을까요?

피터: 먼저 제가 믿어도 된다는 신뢰성을 보여 줘야 합니다. 그러면 제가 그들을 믿을까요? 전 이쪽 계통에서 일하는 사람들에게 이렇게 말합니다. 제가 좋은 아이디어를 거절했다면, 회사가 좋은 아이디어를 채택하지 않았다면 그건 당신 잘못이라고요. 제가 좋은 아이디어를 퇴짜 났다면 그건 제 잘못이 아니라 당신 잘못입니다. 제가 좋은 아이디어를 거절하게 만들었으니까요. 당신은 절 설득하기 위해, 그렇게 만들 힘을 얻기 위해 무슨 짓이든 해야 합니다. 당신이 진심으로 믿는 아이디어가 있고 우리가 그걸 받아들이길 바란다면 뭐든 해야 해요.

수닐: 자신의 아이디어를 굳게 믿은 나머지 당신에게 반항한 사람이 있나요?

피터: 〈엑스파일〉 이야기를 해볼까요. 처음 그 작품 이야기를 들었을 때 도무지 그게 뭔지 이해할 수가 없더군요. 이제까지 들은 중에 가장 멍청한 이야기라고 생각했어요. 그때 드라마 부장이 밥 그린블랫Bob Greenblatt이었는데 엄청나게 신뢰감을 주는 사람이었어요. 제가 진심으로 신뢰하는 사람이었죠. 그리고 그는 아무것이나 믿는 사람이 아니었어요. 그런데도 계속 저와 설전을 벌이면서 이랬습니다. "이번에 당신 판단은 틀렸다고 생각합니다. 당신이 틀린 이유는 이것이고요."

이 바닥에서 당신이 해야 할 일은 일종의 옹호 시스템을 구축하는 거예요. 그리고 자기 아이디어를 진심으로 믿는 사람들, 기꺼이 그걸 위해 싸우고 자기 생각을 고수할 사람들과 일하길 바라야 해요. 당신이 더 똑똑해서 그 사람들이 알아채지 못하는 부분을 지적할 수 있다면 그들을 포기해야 하고요.

그런데 이건 다 주관적입니다. 도박이에요. 객관적인 기준이 없습니다. 왜냐하면 그런 건 존재하지 않으니까요. 솔직히 말해 대부분의 엔터테인먼트 회사들이 다 그렇죠. 그래서 우리는 두 가지를 시험할 수 있는 시스템을 구축하길 원합니다. 그들이 얼마나 많은 것을 고려했는지 테스트할 수 있는 시스템을 만들길 원하죠. 이들이 정말로 철저하게 검토했는가? 우리의 반론에 대답할 수 있는가? 반론을 열린 마음으로 수용하는가? 피드백을 귀 기울여 듣는가? 그런 다음엔 그들의 열정을 테스트해야 합니다. '이들이 진심으로 그걸 믿고 있는가? 그걸 위해 진심으로 싸울 각오가 되어 있는가?' 저한테는 그 두 가지가 가장 중요합니다.

수닐: 다른 사람의 열정을 어떻게 시험하죠?

피터: "내가 이제껏 들은 중에 가장 바보 같은 아이디어요."라고 말하고는 어떻게 반응하는지 보는 거죠. 서로를 지지하면서도 동시에 솔직할 수 있는 환경을 조성하길 원하니까요. 모든 것에 옳은 사람은 없어요. 우리가 원하는 건 남의 의견을 수용하고 자신이 믿는 것을 위해

싸우고 다른 사람을 설득하고 밀어붙이는 신중한 사람입니다. 그리고 믿지 못하는 것, 나서서 적극적으로 옹호하지 못하는 것에 대해서는 "그래요, 어쩌면 당신이 옳을지도 모르겠습니다. 이건 포기해야 할지도요."라고 말할 수 있길 바라고요.

수닐: 〈엑스파일〉도 그랬나요?

피터: 밥 그린블랫은 제 승인이 없어도 각본을 주문할 권한이 있었어요. 그래서 벌써 각본을 쓰라고 했다고 하더군요. 전 "멍청한 아이디어지만 한번 해보게."라고 했고요. 그리고 나중에 각본을 받아 읽고는 이랬죠. "말도 안 되는 이야기야. 뭔 소린지 하나도 이해를 못 하겠군." 우린 계속 다퉜지만 그는 저보다 훨씬 열정적이었습니다. 그리고 전 그를 믿었고요. 제가 아는 가장 똑똑한 젊은이라고 생각했거든요. 그래서 "알겠네. 그렇게 믿는다면 파일럿을 제작해 보게."라고 했죠. 원래 드라마는 시즌 하나를 통째로 제작하지 않거든요. 먼저 시험 삼아 파일럿 에피소드를 만들죠.

그래서 파일럿이 완성됐는데 그래도 뭔 소린지 전혀 모르겠더군요. 그런데 다른 사람들은 다 좋아하는 거예요. 그렇게 되니 별수 없이 인정하게 되더군요. 또 호기심이 생겼어요. "이게 뭐가 있긴 있나 보군. 사람들이 다 좋아하는 걸 보니. 그러면 내가 틀린 게 틀림없어. 내보내보지."라고 하게 됐죠. 그 드라마를 본 사람이 늘어날수록 밥이 옳았고 제가 틀렸다는 게 드러났어요. 그게 바로 제가 만들고 싶어 하는 시스템이에요.

수닐: 우리는 계속 확신의 중요성을 강조하고 있습니다만 당신이 과감하게 실행한 아이디어들은 모두 새로운 것들이죠. 과거 유사사례도 없고 성공할 거라는 보장도 증거도 없는데 어떻게 확신할 수 있나요?

피터: 서로 완전히 다른 두 가지를 조합해서죠. 어떤 면에서 확신을 가지려면 순전히 분석에 기반해야 합니다. 사업 계획을 검토하고 시장을 진지하게 고려하고 시장에 대해 진지한 호기심을 갖고 있어야 하죠. 물론 수많은 분석 과정을 거쳐야 하는 일이에요.

그런 다음엔 그것과는 완전히 다른, 어찌 보면 정반대의 일을 해야 합니다. 말하자면 감을 믿는 거죠. 저는 감동적인 것, 흥분되는 것, 감성적인 것, 쿨하고 멋진 것을 찾습니다. 그리고 제가 들은 중에 가장 끝내주는 것을 감으로 밀고 나가죠. "이게 왜 기회를 줘야 하는 아이디어인지 분석해 봤는데 어쨌든 결론은 더럽게 마음에 든다는 거야. 난 이게 끝내준다고 생각해. 난 이게 재미있다고 생각해." 하는 겁니다.

수닐: 우리가 과소평가하는 것 중 하나가 뭔가를 창의적으로 만든다는 게 실은 꽤 두렵다는 건데요. 아무래도 에너지를 너무 많이 쏟아붓고 몰입하게 되니까요. 기업가 또는 대규모 조직의 리더를 꿈꾸는 젊은 이들에게 어떤 충고를 해주실 수 있나요?

피터: 올해 하버드 경영대학원에서 강의할 때 전 이렇게 말했습니다.

"안타깝게도 여러분은 평생 딱 두 가지를 하도록 훈련받았습니다. 어른들에게 복종하고 그들을 만족시키는 것이죠."

지금 우리의 교육 체계라는 게 기본적으로 그래요. 교사가 시키는 대로 하면서 반항하지 않고 마감에 맞춰 숙제를 제출하고 시험공부를 열심히 하고 권위적인 어른들을 만족시킬 방법을 알아내려고 노력하죠. 하지만 현실 사회에서 성공하려면 그 반대로 해야 합니다. 질서를 교란하고 대담해져야 하죠. 당신이 믿는 것을 위해 기꺼이 싸울 각오가 되어 있어야 해요.

질서를 교란한다는 것은 순종하는 것과 반대예요. 하버드 경영대학원이나 명문 대학에 간다면 완벽한 삶을 살 수 있겠죠. 하지만 당신이 진짜로 원하는 거물은 못 될 겁니다. 당신이 믿는 것을 위해 어떻게 싸워야 할지 알아내야 해요. 질서를 교란하고 그다지 인기 없는 특이한 아이디어를 생각해 내고 커다란 위험을 감수해야 해요. 제 생각에 대학생들은 그래야 합니다.

전 이게 바로 우리 교육 시스템의 가장 심각한 문제라고 생각합니다. 우리가 아이들에게 7, 8세부터 고등학교를 졸업할 때까지 강요하는 것들은 사실 별로 중요한 도구도 아니에요. 진짜 귀중한 도구는 남들과 다르게 생각하는 것, 기존 질서를 교란하는 것, 큰 위험을 무릅쓰는 것, 대담하게 굴고 상상력을 발휘하는 겁니다.

수닐: 어쩌면 그게 당신의 저서일 수도 있고요, 피터.

피터: 안 그래도 경영대학원 학장이 그걸 책으로 쓰라고 했어요. 전 똑같이 대답했고요.

피터 처닌 Peter Chernin
20세기폭스의 회장이자 CEO였으며 당대 최고의 수익을 기록한 두 영화 〈타이타닉〉과 〈아바타〉를 제작했다. 제임스 캐머런이 〈타이타닉〉을 찍기 위해 피터를 찾아가 설득한 일화는 유명하다. 피터는 21세기폭스를 떠난 뒤 처닌 그룹Chirnin Group을 설립해 〈오블리비언〉과 〈포드 vs. 페라리〉 같은 영화를 제작하고 판도라와 애슬레틱Athletic. 트위터 등의 스타트업에 투자했다. 우리는 다양한 산업 전반에서 테이블의 어느 쪽에 앉든 기회를 얻는 사람이 되려면 무엇이 필요한지 대화를 나눴다.

'친환경' 트렌드가 아니라
지속가능한 미래를 보는 브랜드

애덤 로리, 기업가

"메소드의 운영 자금을 조달하는 일은 아주 어려웠습니다. 우리의 사업 분야와 현금 운용 가능성, 당시 안 좋았던 경기 상황을 전부 고려하면 말이에요. 소비자 제품의 유행도 지나가고 있었지요. 하지만 우리는 아등바등 안간힘을 썼어요. 푼돈을 모으고 모아 결국엔 사업을 운영하는 데 필요한 자본을 마련할 수 있었죠."

칼리: 메소드가 다른 회사들과 다른 특별한 점은 무엇인가요? 어떻게 기회를 얻을 수 있었죠?

애덤: 메소드는 디자인과 지속가능성이 결합된 아이디어를 기반으로 합니다. 우리는 실내 라이프스타일에 대해 이야기했어요. 우리는 사람

들이 집 안 인테리어에 들이는 노력, 즉 거주 공간을 문화적으로 관리하고 정돈하는 데 들이는 노력과 기존 세제 시장 사이에 큰 간극이 있다는 걸 발견했습니다. 그때까지만 해도 세제란 아이들이 실수로 마셔서 병원에 실려 가지 않도록 꼭꼭 숨겨 놔야 하는 독성 화학물질이라는 인식이 있었으니까요.

하지만 우리는 세제를 집을 꾸미는 일종의 액세서리로 만들자고 주장했습니다. 누구든 볼 수 있는 카운터에 놓아 둘 수 있는, 인테리어의 일부가 될 수 있는 것으로요. 주방 세제를 사용하는 게 하루에 15분 정도라면 나머지 23시간 45분은 늘 싱크대에 놓여 있도록, 당신의 집에 어울리는 물건이 되도록 말입니다.

칼리: 그러니까 고급 디자인 세제라는 말이죠? 그게 불가피한 흐름이라는 사실을 사람들에게 어떻게 인식시킬 수 있었나요?

애덤: 너무 오래전 일이라 기억이 잘 안 나는데요. 어쨌든 당시엔 레스토레이션 하드웨어, 포터리 반Pottery Barn, 윌리엄스소노마 같은 브랜드가 히트하고 있었어요. 그런 게 세분화되고 전문화되고 있다는 게 보였지요. 전 '디자인'이라는 용어를 썼지만 간단히 말해서 생활공간에 품질 좋은 프리미엄 제품을 놓아 두자는 거였죠.

그런 상품을 중심으로 소비자 흐름이 형성되고 있는 게 보였습니다. 그리고 그건 경기침체와 관련이 있었어요. 2000년에 닷컴 거품이 터졌고 사람들은 위축되어 집에 머물기 시작했죠. '그래, 경기가 안 좋으니까 외식은 자제하자. 하지만 우리 집이랑 이 안에 있는 물건들은 좀 손을 보는 게 좋겠어' 같은 생각을 하게 되었고요. 이런 가정 중심적인 라이프스타일로의 변화와 더불어 단기적인 반짝 호황이 동시에 발생했어요. 언론 매체에서도 이런 흐름을 볼 수 있었는데 〈리얼 심플〉 같은 데서도 인테리어 카테고리가 생겨났죠. 소비자의 사고방식이 변화하고 있다는 많은 신호가 있었습니다.

칼리: 그런 변화를 투자자들에게는 어떻게 설명하셨나요?

애덤: 전 집 가꾸기라는 라이프스타일에 대해 이야기했습니다. 진짜 초창기에 우리는 브랜드북을 활용했는데 투자 유치 프레젠테이션을 하러 다니기도 전이었어요. 세제 시장의 라이프스타일 브랜드라는 아이디어를 구체화하는 거였고 그때만 해도 아주 급진적인 아이디어였죠. 사람들의 반응은 이랬어요. "그게 뭐하는 짓이야? 세제는 강력한 힘과 성능과 눈에 확 띄는 밝은색 포장이 다라고." 하지만 우리는 더 부드럽게, 라이프스타일과 관련해 접근하자는 아이디어를 냈죠.

수닐: 투자자에게 프레젠테이션할 때 브랜드북을 활용한다는 아이디어는 저도 이때 처음 접했는데요. 좋은 브랜드북은 무엇이고 당신이 사용한 책은 어떤 것이었나요?

애덤: 스테로이드에 관한 브랜드 가이드가 있다고 생각해 보세요. 기본적으로 그건 지금 일어나고 있는 거시 트렌드를 상세하게 설명하는

거죠. 우리의 가설은 시장이 세분화되리라는 거였어요. 소비자의 시각으로 본, 아주 소비자 지향적인 흐름이었죠. 자, 이러이러한 심리 상태와 문화적 기반에 힘입어 지금 우리가 보고 있는 트렌드가 생성되고 있습니다. 우리의 가설은 이런 변화 덕분에 집 가꾸기 부문에 기회가 창출될 거라는 겁니다. 당신의 집, 그 안에 배치하는 물건, 몸에 사용하는 물건들이 중요해질 겁니다. 그런 다음에 그걸 보여 주면서 "자, 다음에 오는 단계는 바로 세제 시장입니다."라고 했죠.

그런 다음 미래 브랜드를 자세히 설명했습니다. 대개는 이런 식이었죠. "앞으로 여러분이 원할 브랜드는 카붐Kaboom과는 완전히 다릅니다. 강력한 세척력과 펌프를 세 번 누를 건지, 네 번 누를 건지 비교하는 TV 광고하고는 전혀 관계없어요. 이건 완전히 다른 제품이 될 겁니다." 그러곤 메소드 브랜드를 소개했습니다. 브랜드 이름에서 알 수 있듯이 이건 강력한 힘보다는 기술에 바탕을 두고 있죠. 최초의 개념을 지닌 브랜드이고 지속가능한 화학 성분과 친환경 성분을 사용해 독성에 대한 걱정 없이 세척이 가능해요. 어디다 사용해도 안전하다고요. 그러니 집 안 어디에 두든 상관없어요. 이 모든 게 불과 얼마 전부터 사람들이 진심으로 관심을 두게 된 특성들이었죠.

칼리: 대부분은 경쟁 구도와 차별화를 먼저 내세우는데요. 어째서 거시 트렌드로 시작하셨나요?

애덤: 많은 기업가가 제품을 가장 중요하게 여기고 그다음으로 제품

을 사업화할 전략을 중요하게 보는데요. 우리는 그 반대로 행동했습니다. 우리는 무언가 세상을 바꿀 것이고 거기에 커다란 기회가 있다는 걸 포착했어요. 단순히 타이드Tide보다 더 강력한 세제를 내세웠다면 결코 성공하지 못했을 겁니다.

칼리: 아이디어를 프레젠테이션할 때 지속가능성보다 디자인을 더 강조했던 것 같은데요. 그건 왜 그러셨나요?

애덤: 처음에는 지속가능성 부분을 숨겨야 했습니다. 그때는 사업 환경도, 문화도, 지금과 달랐으니까요. 당시 친환경 세제, 그러니까 이런 환경보호 차원의 새로운 브랜드는 규모 자체가 아주 작았어요. 우리가 '친환경 세제를 재창조하겠습니다!'라고 포지셔닝했다면 시장이 너무 작아서 투자자들의 흥미를 끌지도 못했을 겁니다. 그때는 고객의 96퍼센트가 친환경 세제를 구입하지 않았어요. 우리가 원한 건 우연히 지속가능하게 디자인된 제품으로 소비자층을 겨냥하는 거였죠.

칼리: 지속가능성이라는 브랜드 정체성을 감추자는 결정을 내릴 때 힘들지 않았나요? 당신에겐 무척 중요한 부분이었을 것 같은데요.

애덤: 아니에요. 별로 어렵진 않았습니다. 그건 전략적인 결정이기도 했고 철학적 신념과 관련된 결정이기도 했습니다. 개인적인 철학이요. 전 지속가능성이 마케팅의 주안점이 될 필요는 없다고 생각했어요. 그건 그냥 우리 제품이 지닌 한 가지 특성, 제품을 만드는 회사의 한 가지

특성일 뿐 그 이상이 아닙니다. 그저 그런 특성이 있거나, 그런 특성이 강하게 있거나, 아니면 그런 게 없거나. 딱 그런 차이일 뿐이죠.

대부분 제품이 지속가능하지 않은 세상에서 모든 물건이 지속가능한 세상으로 변화하는 때라면 '우리는 친환경 제품을 만듭니다'가 크게 차별화된 포지션은 아닐 겁니다. 우린 패키지 전면에 녹색 이파리를 찍어 넣고 친환경 제품이라고 부르지 않았어요. 모든 제품이 친환경이 되고 나면 그게 어떻게 보이겠어요? 그래서 지속가능성을 제품의 여러 특성 중 하나로 만드는 게 중요했습니다. 그런 다음 그냥 최선을 다하고 다른 브랜드보다 잘 해내겠다고 다짐했죠.

수닐: 첫 자금 조달 라운드 이야기를 해주실 수 있나요?

애덤: 2001년 후반이었어요. 우린 그때 한 20개 정도의 동네 가게에서 재료를 조달하고 있었습니다. 전통적인 원자재 공급망 쪽에서 우리한테 전혀 관심이 없었거든요. 우린 세제를 만드는 샌프란시스코의 두 젊은이일 뿐이었으니까요. 돈도 다 떨어져 가고 있었죠. 은행 계좌에 16달러밖에 없었던 적도 있어요. 공급업체엔 30만 달러나 빚을 지고 있었는데 말이죠. 계속 외상으로 하다 보니 결국 "됐습니다. 더는 당신들한테 제품 못 만들어 줘요."라는 통보를 받았죠.

메소드의 운영 자금을 조달하는 일은 아주 어려웠습니다. 우리의 사업 분야와 현금 운용 가능성, 당시 안 좋았던 경기 상황을 전부 고려하면 말이에요. 소비자 제품의 유행도 지나가고 있었지요. 하지만 우리는 아등바등 안간힘을 썼어요. 푼돈을 모으고 모아 결국엔 사업을 운영하는 데 필요한 자본을 마련할 수 있었죠.

수닐: 많은 면에서 사람들이 불안감을 느꼈을 것 같긴 합니다. 전혀 경험이 없는 20대의 젊은 청년들이었으니까요. 사람들을 어떻게 설득했나요?

애덤: 여러 가지 요인이 있었죠. 일단 상점에 들어가 있었고 제품 판매도 하고 있었죠. 대부분은 대화를 많이 했어요. 우리의 열정과 헌신, 기술 같은 것을 확인하기 위한 면접과 비슷했다고 할까요. 그리고 전 이 사업을 하기 전에 빌어먹을 기후과학자였어요. 그게 무슨 상관이냐고요? 제가 많은 일을 외부적 관점에서 본다는 게 이런 전략을 실천하는 데 있어 부채가 아니라 자산이라고 사람들을 설득했거든요.

사실 대기업은 보통 이런 종류의 혁신에 맹점이 있지요. 그들은 충족되지 않은 수요를 중심으로 생각하니까요. 그리고 충족되지 않은 수요는 결코 눈에 보이지 않죠. 그래서 우리는 이 외부인의 관점과 전략적 접근법이 라이솔Lysol과 윈덱스Windex, 판타스틱Fantastic과는 다른, 차별화된 무언가를 만드는 데 필수적이라는 사실을 이해시키려고 했습니다.

칼리: 최근에 식물성 유제품을 생산하는 회사인 리플 푸드를 설립하셨죠. 어떻게 그 아이디어에 대한 지지를 얻으셨나요?

애덤: 식물성 식품은 필연적인 변화입니다. 그리고 대부분 사람은 식

물성 음식만 먹는 게 아니에요. 고객들이 전부 다 비건이나 채식주의자는 아니라는 뜻입니다. 하지만 이런 반¥채식주의자들은 맛과 영양을 모두 잡고 싶어 하죠. 그래서 리플 푸드 프레젠테이션에서는 세계가 식물성 식품 기반으로 변화하고 있으며 그로 인한 환경적 기회, 건강의 기회, 비즈니스적 기회를 포착하려면 맛과 영양학적 측면에서 유제품만큼이나 훌륭한 제품이 필요하다고 주장했습니다.

수닐: 사람들에게 어떻게 그게 확실한 아이디어라고 설득하셨나요?

애덤: 브랜드 측면에서 세제 시장에 비유해 보죠. 세제 시장 브랜드들은 전부 문제 해결에 집중합니다. 윈덱스는 얼룩 하나 없이 깨끗한 유리창을 내세우죠. 하지만 그건 라이프스타일이 아니에요. 이 시장에 있는 다른 브랜드들은 대부분 원재료에 초점을 맞춥니다. 아몬드 브리즈Almond Breeze는 브랜드 이름이죠. 오틀리Oatly도요. 하지만 원료는 유행을 타요. 그러니 유행에 영향받지 않는 원료를 중심으로 브랜드를 구축하면 꽤 오래가는 브랜드를 만들 수 있습니다. 지금처럼 아몬드가 시대에 뒤처지면 아몬드 브리즈는 어떻게 해야 할까요?

우리가 원하는 건 시장에서 진짜 중요한 것을 중심으로 브랜드를 구축하는 거예요. 리플 브랜드는 브랜드 이름에 원료가 포함되어 있지도 않고 제품을 구매하는 이유로 특정한 원료를 강조하거나 내세우지도 않습니다. 우리는 브랜드가 오래가길 바라거든요. 이 카테고리가 장기적으로 미래에 어떤 위치를 차지할지 알 수 있게요. 겨우 3~5년 반짝하고 사라질 제품을 만들겠다고 사업을 시작하지는 않습니다. 항상 장기적인 전망을 보고 시작하죠.

애덤 로리 Adam Lowry

고급 세제 회사 메소드의 공동 창업가다. 메소드는 이후 SC존슨SC John-son에 매각되었다. 최근에 그는 식물성 유제품을 생산하는 리플 푸드를 설립했다. 그는 아이디어의 불가피성을 강조하는 것이 얼마나 중요한지 발견한 최초의 인물 중 한 명이다. 지금 이 세상에는 어떤 일이 일어나고 있고 당신의 아이디어는 어디에 위치하는가? 다른 많은 제품처럼 메소드 역시 결말과는 아주 다른 지점에서 시작되었다.

안락의자 인류학자의 본질은
관찰이 아닌 공감

티나 샤키, 자문가·투자자·기업가

"깊은 공감은 매우 중요한 요소예요. 단순히 관찰하는 게 아니라 공감하는 게 중요해요. 관찰은 데이터일 뿐이지만 공감은 다른 이들과 함께 걷고, 그들의 고충뿐만 아니라 삶을 어떻게 살아가고 있는지 이해하는 것이니까요."

수닐: 제가 만난 지지자들은 대부분 상대방이 확신이 있는 게 중요하다고 말했는데요. 당신에게 확신이란 어떤 의미인가요? 기회를 얻으려면 자기 자신을 먼저 설득해야 하나요?

티나: 확신이 중요하다는 건 100퍼센트 사실이에요. 지지자든, 유권자든 누구나 자신이 지지하고 싶은 사람에게서 자신감과 확신을 발견

하고 싶어 합니다. 나 자신을 먼저 설득한다는 건 확신을 쌓는 여정과도 같죠. 거기 어떻게 도달하게 되었는가? 어떤 통찰력이 이곳에 뛰어들어 이 일을 하고 싶다는 욕구를 자극하고, 이 산을 오르게 하고, 이 문제를 해결하기 위해 노력하게 하고, 더 나은 제품을 만들고, 업무 체계를 바로잡고, 당신이 실현하고 싶은 일을 하도록 만들었는가?

수닐: 그런 걸 어떻게 알 수 있죠? 무엇을 봐야 하나요?

티나: 전 개인적으로나 직업적으로나 관련 분야에서 경험이 있는지를 봐요. 그들이 돕고자 하는 공동체의 문제를 얼마나 절실히 해결하고 싶어 하는지에 대한 열정도요. 그런 다음 왜 하필 이 문제 또는 이 기회를 해결해야 하는지, 어째서 그들이 가장 적절한 사람 또는 팀인지, 그들이 사실에 기반한 설득력 있는 주장을 할 수 있는지를 봅니다. 마지막으로 왜 하필 지금인지, 왜 전에는 이런 일이 없었는지 살펴보죠.

수닐: 새로 뛰어든 사람들과 새로운 아이디어로서는 매우 어려운 조건인데요. 새 아이디어를 가지고 세상을 바꾸는 건 아직 능력을 입증하지 못한 새로운 사람들이니까요. 다른 한편으로 그런 도박을 한다는 것도 어려운 일이죠. 새로운 아이디어는 아직 그 가치를 입증하지 못했기 때문에 위험 부담이 크니까요.

티나: 반드시 능력을 입증할 필요는 없어요. 전에 해본 적이 없어도 상관없고요. 필요한 요건을 갖추고 있다고 설득할 수만 있으면 됩니다.

남들이 보지 못하는 걸 보고 남들은 갖고 있지 않은 걸 갖고 있으면 돼요. 남들은 해결하지 못한 문제를 해결할 수 있다고, 남들보다 더 나은 제품을 만들 수 있다고 스스로 믿어야 합니다.

수닐: '확신을 쌓는 여정'이라고 말씀하셨는데 어떤 걸 말하는 건가요? 이제껏 수많은 프로젝트를 진행하고 다양한 상황을 경험해 보셨을 텐데요.

티나: 저는 문제를 해결해 일을 더 쉽게 만들고 소비자 행동과 사회적 기준에 발생하는 크고 역동적인 변화를 포착하는 것을 좋아합니다. 그런 변화를 기업에서 활용하더라도 여전히 그건 대중의 습관이고 사람들의 참여와 소비 모델로 이어질 거예요. 사람들은 사람들이죠. 저는 안락의자 인류학자가 되는 걸 좋아해요. 인간과 문화, 사람들이 살아가는 다양한 방식, 사람들의 습관이 여러 세대에 걸쳐 변화해 가는 모습을 연구하는 걸 좋아합니다. 그리고 그게 소비자와 기업 환경 양쪽 모두에서 거대한 글로벌 시장 변화로 이어지는 모습도요.

수닐: 예를 들어 주실 수 있나요?

티나: 시리얼 시장을 예로 들어 보죠. 엄청나게 큰 글로벌 시장이고 시리얼을 만드는 대기업이 있고 유통 체인도 엄청나지만 시리얼은 지금 추락 중이에요. 사람들은 더 이상 옛날처럼 시리얼을 먹지 않습니다. 회사들은 고객을 다시 끌어오려고 안간힘을 쓰고 있죠.

문제 중 하나가 바로 원재료예요. 설탕과 글루텐이요. 하지만 제 생각에 사람들이 시리얼을 먹지 않는 이유는 우리가 시리얼을 아침 식사로만 생각하기 때문이에요. 그렇지 않나요? 시리얼에 대해 생각하면 그릇을 꺼내 시리얼을 붓고 우유를 붓고 숟가락을 꺼내 식탁 앞에 앉아 시리얼 상자 뒷면을 읽으면서 먹는 모습이 생각나잖아요. 어렸을 때 시리얼 상자 뒷면을 읽으면서 아침을 먹은 기억이라면 누구나 있죠.

하지만 요즘 사람들은 한 손으로 아침을 먹어요. 다른 한 손으로는 휴대폰을 쥐어야 하니까요. 심지어 어떨 때는 우유를 붓지도 않고, 그릇에 붓지도 않고, 식탁에 앉지도 않죠. 요즘 사람들은 항상 핸드폰을 보고 있어서 한 손이 자유롭길 바라죠. 그리고 문밖으로 나가고 싶어 하고요.

확신이 있으려면 해결책, 상품, 서비스 등 세상에 왜 이런 기회가 존재하는지뿐만 아니라 왜 하필 지금인가를 알 수 있어야 합니다. 지금 변화를 받아들일 준비가 된 사람들에게서 무엇을 발견할 수 있는가? 누구보다도 앞서 변화를 만들어 가고 있는 사람들은 어떤가? 확신이 있는 건 중요해요. 하지만 진짜 중요한 건 좋은 상품보다도 사람들이 그것을 원하는지, 대중이 그것을 기다리고 있는지죠.

수닐: 그러니까 진짜 신념과 확신을 얻으려면 두 가지 재료가 필요한 거군요. 대중의 수용에 대한 믿음과 제품에 대한 믿음이요. 어떤 경우에는 상품 자체는 훌륭해도 사람들이 트렌드로 받아들일 준비가 되었

다는 증거가 아직 안 보일 때도 있죠. 그렇다면 무엇을 보여 줘야 설득할 수 있을까요? 뭔가가 이미 불가피한 흐름이라는 것을 설득하려면 어떤 걸 보여 줘야 할까요?

티나: 제품 시장이 이미 변화했고 행동 변화가 커다란 공백을 만들어 냈으며, 그것을 채워야 한다는 걸 알려 주는 실질적인 데이터요.

수닐: 알겠습니다. 그렇다면 그런 불가피한 행동 변화를 토대로 생겨난 회사로는 어떤 예가 있을까요?

티나: 렌트 더 런웨이를 들 수 있겠군요. 그 회사가 성공할 수 있었던 주요 원동력 중 하나는 소셜미디어였죠. "잠깐, 그게 드레스 대여와 무슨 상관이죠?"라고 물을지도 모르겠는데요. 사회성이 아주 높은 사람들은 늘 대화거리가 필요하다는 심리학적 원칙을 이해한다면 소셜미디어야말로 사람들이 옷을 빌리는 이유랍니다. 그런 사람들은 사진 찍는 걸 좋아해요. 요즘엔 그게 소셜화폐니까요. 그런 사람들은 심지어 글을 올리지도 않아요. 자기가 입는 옷과 항상 바뀌는 옷이 대화의 중심이죠. 그래서 똑같은 옷을 입은 모습을 보여 주고 싶어 하지 않아요.

문제는 옷을 살 돈이 없다는 것만이 아니에요. 젠이 처음 회사를 시작한 건 그 이유였을지도 모르지만 지금 렌트 더 런웨이의 성장 부문은 값비싼 고급 드레스가 아니라 일상복이에요. 그래요. 이 서비스는 최소의 비용으로 옷장을 유지하도록 해준답니다. 한두 번 입고 말 옷을 사고 싶진 않잖아요. 그런데도 사람들이 늘 다른 옷을 입고 싶어 하는 건 소셜미디어 때문이죠. 소셜미디어는 요즘 사람들의 행동 변화를 주도하는 중요한 원동력이에요.

수닐: 흥미롭군요. 사람들에게 아이디어를 생각해 내는 방법에 대해 어떻게 지도하시나요?

티나: 아이디어를 회의하거나 창업자 또는 업무팀과 함께 일할 때 전 이렇게 말해요. "문제 또는 기회를 전체적인 시각으로 조망하세요. 당신의 아이디어와 일치하는 것 같지만 이를 가속화하거나 방해하는 변화가 무엇인지 관찰하세요."

의류 대여 사업은 단순히 사람들이 옷의 가짓수를 줄이고 자주 입지 않는 옷을 구매하지 않거나 원하는 옷을 살 능력이 없는 문제를 해결하는 게 전부가 아니에요. 소셜미디어 때문에 항상 똑같은 옷을 입고 찍은 사진을 보여 주고 싶어 하지 않는 것과도 관계가 있죠. 또 요즘엔 과잉생산과 과잉 소비, 소비주의가 기후 변화에 미치는 영향에 민감하기 때문이기도 하고요. 사람들은 지속가능성 운동에 참여하고 싶어 하고 리커머스Re-commerce(중고거래—옮긴이)와 의류 대여는 그런 해결책에 참여할 수 있게 해줍니다.

수닐: 모든 프레젠테이션에는 두 가지 필수 원료가 필요한 것 같군요. 그 두 가지를 설명해 주실 수 있을까요?

티나: 통찰력과 그에 따른 행동 변화죠. 사람들이 한 손으로 아침을

먹는 건 명백하게 눈에 띄는 현상은 아니에요. 그건 우리가 팔고자 하는 제품뿐만 아니라 그 제품을 판매하는 환경과 시장과 소비 습관의 역동적 변화에 대한 디자인적 사고에 따른 접근법이죠. 전 항상 집과 문화기술 연구를 높이 평가해 왔어요. 포커스 그룹의 평가는 실제 그들의 생활 방식과는 약간 동떨어져 있으니까요. 사람들이 평범한 집과 사무실에서 행동하는 방식 그리고 그들이 어떻게 살아가는지를 관찰해야만 '아하!'의 순간을 얻을 수 있죠.

수닐: 연구 도중 우리는 프레젠테이션에서 연습이 얼마나 중요한지에 대해 많은 이야기를 들었습니다. 진솔한 피드백을 얻는 것도요. "아주 좋은 아이디어군요." 같은 반응은 그리 큰 도움이 되지 않으니까요.

티나: 전 반론을 듣는 걸 좋아해요. 거절하는 이유요. 프레젠테이션을 너무 완벽하게 다듬고 연습해서 반론을 들을 기회를 없애 버리는 건 좋아하지 않아요. "좋았어요. 훌륭해요! 아주 마음에 듭니다." 같은 말보다는 반론과 의문에서 더 많은 걸 배울 수 있으니까요.

칭찬하는 건 쉬워요. 하지만 다른 사업이나 서비스에 경험이 있는 사람을 만나 얘기를 들을 수 있다면 귀 기울여 들으세요. 그 사람들 때문에 당신의 아이디어를 바꾸라는 소리가 아니에요. 그들이 하는 말에 무조건 동의하거나 모든 질문에 대답해야 한다는 뜻도 아니고요. 그저 질문을 귀 기울여 듣고 어째서 그렇게 묻는 건지 물어보세요. 너무 많이 연구하고 너무 많이 연습한 사람들은 그냥 자기 아이디어를 보여 주고 싶은 거예요. 당신이 하는 일이 그거라면 진짜로 귀를 기울이는 게 아니죠.

수닐: 전에도 비슷한 말씀을 하신 적이 있는데요. 적극적인 경청이야말로 프레젠테이션의 핵심이라고요.

티나: 네. 그리고 그건 정답을 알아야 한다는 의미는 아니에요. 하지만 질문을 적어 기록하고 혼자 또는 팀과 함께 논의할 필요는 있죠. 모든 질문이나 반론에 답하거나 해결할 필요는 없지만 적어도 그 질문들을 이해할 필요는 있습니다. 왜냐하면 당신이 관심을 가져야 할 귀중한 핵심이 담겨 있으니까요. 다시 말하지만 어떤 질문이나 부정적인 피드백이 무조건 옳은 건 아니에요. 하지만 거기엔 도움이 되는 부분이 분명 존재하고 당신은 그걸 공짜로 얻는 셈이죠.

수닐: 그런 통찰력을 전술적으로 이야기하는 건 처음 들은 것 같습니다. 패턴을 발견하기 위해 질문이든 반대 의견이든 전부 기록하고 적어야 한다고요?

티나: 그래요. 몸짓언어에도 주의를 기울여야 하고요. 프레젠테이션 초반에, 아이디어를 본격적으로 판매하기 전에 모든 사람을 똑같이 공감하게 하는 건 매우 중요하거든요. 실제로 아이디어를 판매하기 전에 모두가 동의할 수 있는 데이터 세트로 유대감을 형성해야 합니다. 어떤 사람들은 이런 걸 아주 자연스럽게 해내죠.

개인적인 영양 관리 상품을 판매한다고 하셨죠? 아마 모든 사람이 그 서비스를 원할 테지만 당신은 사람들이 그걸 너무 비싸게 생각한다고 했죠. 그리고 같이 일할 사람, 일정에 맞출 수 있는 사람을 찾기도 힘들다고요. 그렇게 설명하는 순간 당신은 회의실 안에 있는 사람들과 공감대를 형성하는 거예요. 모두가 동의하는 지점에서 출발하는 거죠.

수닐: 어떤 회의에서도 유용할 방식 같군요.

티나: 누구도 반박하지 못할 사실이 있다고 쳐요. 유능한 정치가라면 그걸 활용하겠죠. 모든 사람은 세금을 덜 내고 싶어 하고 저렴한 건강보험을 원해요. 사람들이 보편적으로 원하는 것에서 이야기를 시작해 당신이 해결할 문제점으로 옮겨 가는 거예요.

아까 렌트 더 런웨이 이야기를 했는데요. 다시 그 사례로 돌아가면 전 목표 고객이 인스타그램에 있고 그들이 많은 사진을 업로드한다고 말해서 당신의 동의를 얻었어요. 스냅챗도 시각적인 게 중요한 앱이죠. 이 모든 걸 가능케 한 건 스마트폰이고요. 오늘날 사진은 새로운 국제 공용어예요. 그건 고급 의류와는 아무 상관도 없지만요. 하지만 우리는 둘 다 요즘 세상이 그렇다는 데 대해서는 생각이 같죠. 그리고 고급 의류에 관한 이야기로 화제가 옮겨 갈 즈음 전 이미 당신이 제 말에 동의하게 만들었고요. 이건 사람을 교묘하게 조종하는 게 아니에요. 그저 관찰한 사실을 말한 것뿐이죠.

아까 시리얼을 얘기할 때도 전 사람들이 아침 식사를 할 때 한 손에 스마트폰을 들고 본다고 했는데요. 이메일을 읽든 뉴스를 체크하든 항상 손에 뭐가 들려 있다고요. 당신은 그게 사실이기 때문에 제 말에 동의했어요. 그게 바로 테이블 맞은편에 앉은 사람이 당신과 한편이 되게 만드는 방법이랍니다. 그들이 당신 아이디어에 동의하지 않을 수도 있어요. 아직 그 아이디어가 뭔지 말해 주지 않았으니까요. 하지만 당신을 거기까지 이끈 사실과 관찰 결과에 대해서는 모두 동의할 거예요.

수닐: 그러면 앞에서 말한 행동 관찰과 보편적 진실 사이의 관계는 어떤가요?

티나: 전 보편적 진실이 먼저라고 봐요. 음, 이건 지어낸 숫자니까 신경 쓰진 마세요. 가령 미국 가정의 95퍼센트가 휴대폰을 보유하고 있다고 칩시다. 이건 보편적인 진실이죠. 그리고 관찰 결과는 그 사람들이 하루에 X시간 동안 휴대폰을 사용한다는 건데 이건 분명한 사실이죠. 어쨌든 사람들이 한 손으로 아침 식사를 한다는 통찰력을 발견하기 전까지 당신은 그저 사실에서, 보편적 진실에서 시작하는 거예요. 모두가 똑같은 데이터를 처리하고 나면 공감대가 형성되죠.

수닐: 알겠습니다. 그러니까 95퍼센트의 가정이 이동통신 기기를 보유하고 있고 사람들이 휴대폰을 하루 세 시간 사용한다고 말하면 방 안에 있는 모든 사람이 고개를 끄덕이겠군요. 그러면 저는 그 결과로 행동에 관한 통찰력을 얻을 수 있고요.

티나: 그렇게 되면 1950년, 1970년, 1990년, 2000년, 2010년, 2020년의 전형적인 일과에 관한 얘기를 꺼낼 수 있어요. 가족을 의미하는 작은 아이콘을 담은 한 장의 슬라이드로도 표현할 수 있겠죠. 다 같이 식탁에 앉아 아침을 먹는 핵가족이요. 엄마는 앞치마를 두르고 있고 아빠는 커피를 마시고 아이들은 얌전히 앉아 시리얼을 먹고 있겠죠. 이건 1950년대의 모습이에요. 그런 다음 현대의 가정으로 돌아오면 애들은 혼자 밥을 먹고 부모들은 직장을 두 개씩 뛰고 있고 과거의 핵가족은 신화가 되어 있는 거죠.

이렇게 설명하면 듣는 사람들은 모두 당신 말에 공감할 거예요. 이제 여기서부터 행동 변화를 제시하면서 당신이 왜 아침 식사 대용 시리얼 바 시장에 발을 들여놓길 원하는지 이유를 설명하는 겁니다. 누군가 "잠깐만, 왜 갑자기 가족들의 행동 변화에 대해 말하는 겁니까?"라며 궁금해 한다면 이렇게 말해요. 아침 식사는 미국인의 식생활을 의미하는 중심 기둥이라고요. 아침 식사의 형태가 어떻게 변화하고 있는지 좀 보세요. 그러니 새로운 스낵 바 같은 걸 만들 거라면 아침 식사 대용 시리얼 바를 만들어야겠죠. 방금 그런 시리얼 바야말로 새로운 시대의 시리얼이 될 거라는 이유와 시장을 제시했으니까요.

수닐: 재미있네요. 누군가 진짜로 시리얼 바 프레젠테이션을 한다면 PPT 슬라이드 몇 장을 전부 현대 가정의 변화를 묘사하는 데 쓸 리가 없으니까요.

티나: 대부분은 안 그러겠죠. 많은 사람이 제가 슬라이드를 너무 많이 만든다고 하는데 막상 제가 프레젠테이션에서 슬라이드를 얼마나 빨리 휙휙 넘기는지를 보고 놀라요. 전 슬라이드 분량에 의존한 적이 없어요. 그건 사람들이 똑같은 걸 이해하게 돕는 그림에 불과하니까요. 보편적인 진실을 알려 주고 통찰력을 제시하는 건 다 같이 '이유'에 대해 대화할 토대를 놓는 좋은 방법이에요. 왜 하필 지금인가, 왜 변화했는가, 그다음에는 왜 하필 우리인가, 왜 지금인가로 넘어가는 거죠.

티나 샤키 Tina Sharkey
아이빌리지와 브랜드리스Brandless의 공동 창업가다. 베이비센터 그룹 및 글로벌 회장이며 AOL 내에서 여러 사업 부문을 이끈 바 있다. 또한 세서미 워크숍 디지털 그룹의 전 회장이기도 하며 현재는 PBS와 IPSY의 이사회에서 활약 중이다. 그녀는 대기업에서든 스타트업에서든 성공적으로 기회를 얻는 방법에 대해 잘 알고 있고 본인 역시 그런 능력을 갖추고 있다. 티나는 우리에게 '안락의자 인류학자'라는 용어를 알려준 장본인이다.

과거와 미래보다
지금 여기의 데이터에 정직하라

앤디 던, 기업가

"3~5년 뒤에 어떻게 될지 미리 얘기해 봤자 아무 소용도 없을 겁니다. 왜냐하면 그전에 1~2년을 버텨 내는 게 먼저니까요. 아직 닿지도 않은 미래를 얘기하는 데 너무 많은 시간을 투자하지 마십시오."

칼리: 첫 지지자인 조엘 피터슨Joel Peterson을 보노보스 전에 추진하던 아이디어 때문에 알게 되었다고 들었는데, 그 사업은 성공하지 못했다고요. 맞나요?

앤디: 조엘은 얘기를 참 특이한 방식으로 한다니까요. 제가 스탠퍼드 대학교에 다닐 때 준비 중이던 프로젝트의 조언자로 자기를 선택했다고 말이죠. 남아프리카 공화국에서 '빌통'Biltong이라고 부르는 고급 육

포를 수입해 판매하는 사업이었습니다. 빌통은 고급 쇠고기를 결대로 채썰거나 결 반대 방향으로 얇게 저며 쓰는데 17세기에 아프리카에서 개발했어요. 고기를 잘라 소금과 후추, 올리브기름과 고수로 양념을 한 다음 안이 들여다보이게 작은 구멍을 뚫은 나무 상자에서 훈제해 햇빛에 말리는 겁니다.

꽤 오랫동안 빌통 수입 사업을 고민했는데 시장이 있다는 걸 알게 됐어요. 시식 테스트 결과도 아주 좋았고요. 그런데 작은 문제가 하나 있었죠. 미국에선 덜 익은 고기를 판매하는 게 불법이었거든요. 그래서 결국 포기할 수밖에 없었죠. 그때 조엘한테 그랬어요. "우리 이거 못 할 것 같아요. 이유는 이러이러하고요." 사업을 추진하다 접는 과정에서 그는 제가 에너지를 몽땅 쏟아붓고도 미련 없이 정리하는 모습이 오히려 마음에 들었다고 했습니다.

칼리: 그에게 다음 아이디어를 가져갔을 때 무슨 일이 있었나요?

앤디: 조엘에게 제 공동 창업자가 개발한 사업 아이디어를 얘기했습니다. 그건 몸에 잘 맞는 바지와 소비자에게 바로 다가갈 수 있는 인터넷 기반 모델을 구축한다는 아이디어였습니다. 그때 당시에 막 생겨나고 있던 제3자 전자상거래 플랫폼을 모방할 거라고 했죠. 자포스처럼요. 배송도 무료고 구매한 지 365일 안에는 반송도 무료고요. 그리고 인터넷을 통해 소비자와 직접 거래하는 차세대 D2C Direct to Customer 브랜드의 선구자가 될 거라고도 했습니다.

처음엔 그냥 단순하게 프레젠테이션하려고 만났어요. 발표를 마친 뒤 피드백을 달라고 했죠. 그런데 회의가 끝날 무렵에 조엘이 제트블루JetBlue의 데이비드 닐먼David Neeleman을 처음 만났을 때가 생각난다고 하더군요. "우린 침체된 산업에 진짜 소비자 중심적인 방법으로 접근할 겁니다. 중간 유통 체제를 건너뛰고요." 그렇게 바로 '우리'라는 단어를 사용했어요. 그래서 저는 마음이 설레더군요.

나중에 조엘은 제가 그때 육포 아이디어를 포기했기 때문에 성공 기회를 줄 만한 사람이라고 여기게 됐답니다. 아이디어를 포기할 수 있다는 게 보노보스 아이디어를 함께 추진할 수 있겠다는 확신을 줬다고요.

수닐: 뭔가를 포기하는 모습이 좋은 신호가 되었다니 그거 흥미롭네요. 그런 이야기는 처음 듣거든요.

앤디: 보통 사람들이 생각하는 것하고는 다르죠? '절대로 그만두지 마라'는 사실 잘못된 말입니다. '그만둬야 할 때가 되기 전에는 그만두지 마라'가 되어야죠. 그만두면 안 되는 일들을 견딜 수 있는가? 그게 중요합니다. 그러니까 뭔가를 단념하는 사람들은 기회를 얻기 힘듭니다. 하지만 동시에 무언가를 절대로 그만둘 생각이 없는 사람들도 기회를 얻기가 힘들죠.

수닐: 당신 이야기를 들어 보면 육포 아이디어를 포기한 것과 보노보스를 추진한 일이 조엘 같은 투자자에게 확신을 보여 준 것 같군요. 당

신이 성실하다는 신뢰감을 준 거죠.

앤디: 그래요. 우리는 보노보스에서 인간의 다섯 가지 특성에 관해 이야기하곤 했죠. 우린 그걸 우리의 핵심 덕목이라고 불렀는데요. 자기 인식, 공감, 긍정적 에너지, 판단력 그리고 지적 정직성이었습니다. 지적 정직성은 다시 말해 '당신은 데이터를 신뢰하고 결정을 바꿀 배짱이 있는가?'라는 뜻입니다. 사람들은 신기한 점이 있는데 과거의 입장이나 결정을 바꾸는 걸 어려워합니다. 그냥 그런 걸 잘 못해요.

아주 훌륭한 조직 행동 심리 실험이 하나 있는데요. 그린 트라이앵글이라고, 세 집단에 챌린지호 사건에 대한 서로 다른 데이터를 제시하는 겁니다. 스탠퍼드 경영대학원에서 조직 행동 수업을 들을 때 이걸 했는데 원래라면 중간에 데이터세트를 받았을 때 한 집단에서 다른 집단으로 이동해야 하는데 실제로 그렇게 한 사람은 저 하나뿐이었어요. 사소한 사건처럼 보이지만 안타깝게도 새 데이터를 접했을 때 실제로 마음을 바꾸는 사람은 아주 드물답니다.

조엘 이야기로 돌아가 보죠. 그는 제가 벤처캐피털 회사의 일자리 제안을 거절했다는 것도 알고 있었어요. 아주 드문 좋은 기회였는데도 말이에요. 아마 그래서 더 확신할 수 있었겠죠. 그 사람은 잘 몰랐겠지만 사실 전 그때 집세를 낼 돈도 못 벌고 있었어요. 경영대학원 학비 때문에 빚은 16만 달러나 있었고요. 상황이 비합리적으로 보이는데도 기꺼이 뛰어들어 위험을 감수한다는 건 누군가를 지지할 때 매우 매력적이죠.

칼리: 처음에는 바지만 판매하셨지만 지금은 남성복 라인 전체를 판매하고 계신데요. 처음부터 그런 비전을 갖고 있었나요?

앤디: 조엘이 투자를 결정하면서 앤디 래클레프Andy Rachleff에게도 프레젠테이션을 했어요. 그는 스탠퍼드의 유명 강연자고 벤치마크 캐피털Benchmark Capital의 공동 창업자이자 제가 아주 존경하는 인물이었죠. PPT 마지막에 우리가 수년간 바지에 집중하다가 나중에는 남성복 전반에 대한 사업을 구축할 거라는 슬라이드가 있었어요. 셔츠와 양복, 액세서리를 선보인 다음 개인 관리와 더불어 8~10년 정도 어떻게 꾸준히 확장할 건지에 관한 비전도 소개했고요. 그때 앤디가 이렇게 말한 게 기억납니다. "바지로 성공할 때까지는 셔츠는 꿈도 꾸지 마십쇼." 첫 번째 제품으로 1,000만 매출을 올리기 전까진 두 번째 제품에 대해선 생각하지도 말라는 얘기도 했던 것 같고요.

나중에 엔젤투자자가 됐을 때 저는 창업자들이 너무 성급하게 두 번째 제품을 내놓으려는 모습을 자주 봤습니다. 제가 보노보스에서 배운 게 있다면 첫 제품이 제대로 성공하기 전까진 아무도 두 번째 제품에 눈길도 주지 않을 거라는 겁니다. 그러니 당장은 최대한 많은 바지를 파는 데 집중해야 했지요. 하지만 우리의 비전은 보노보스 브랜드라는 측면에서 첫째, 여러 라인을 갖춘 남성 의류 브랜드를 구축하고, 둘째, 인터넷 기반에 우선하는 새로운 비즈니스 모델이야말로 앞으로 브랜드 구축의 핵심이라는 걸 증명하는 브랜드를 만드는 것이었습니다.

칼리: 단기적인 집중과 장기적이고 포괄적인 비전을 함께 제시할 때 갈등이나 긴장감은 없었나요?

앤디: 단기적인 집중과 장기적인 비전이라는 조합에 수반되는 긴장 감은 실제로 때에 따라 우리에게 도움이 될 수도 있고 해가 될 수도 있었죠. 5년 뒤가 되자 저는 완전히 새로운 브랜드 생태계가 형성되고 있다는 걸 알 수 있었어요. 그래서 그걸 뒷받침할 멀티 브랜드 플랫폼을 만들자고 했죠. 그러곤 수많은 투자자를 만나 열심히 프레젠테이션했습니다.

한번은 앤드리슨 호로위츠에서 보노보스 이야기를 하고 앞으로 어떻게 발전시킬 것인지에 관한 비전을 이야기한 게 기억납니다. 나중에 알게 됐는데 그 장기적인 비전 때문에 제가 사업에 제대로 집중하고 있다는 인상을 받지 못해서 관심을 잃었다고 하더군요.

수닐: 그렇지만 사람들은 미래에 대한 비전을 좋아합니다. 조엘과 처음 만났을 때도 차세대 브랜드 구축에서 선구자가 되고 싶다고 이야기 했다고 했지요. 몸에 잘 맞는 바지를 판매한다는 아이디어에서 어떻게 '우리는 차세대 브랜드 구축에서 선구자가 되고 싶다'라는 아이디어로 도약할 수 있었나요?

앤디: 과거는 미래를 예측하는 기준입니다. 미래를 보고 싶다면 과거 를 돌아보면 됩니다. 제가 2002년에 랜즈엔드Lands' End에서 컨설턴트 로 일한 건 정말 행운이었어요. 덕분에 이 D2C 카탈로그 업체가 소비

자들과 맺고 있는 친근한 관계가 얼마나 강력한 힘을 발휘할 수 있는지 목격했으니까요.

랜즈엔드 콜센터를 방문했던 일이 기억나는군요. 그땐 이메일이 널리 사용되기 전이었는데요. 벽에 이런 메모가 붙어 있었어요. "엘리자베스에게. 결혼식 날 아침에 전화로 깨워 줘서 고마워요. 신부 들러리들은 늦잠을 잘 뻔했고 어머니는 너무 지치셨거든요. 그날 전화해 줘서 정말 감사해요. 진심을 담아, 캐서린." 그걸 보자 머릿속에 이런 생각이 들더군요. '말도 안 돼. 콜센터 사람들이 고객과 이런 관계를 맺을 수 있다고?'

그리고 2007년 스탠퍼드 경영대학원에 다닐 때, 인터넷이 미친 듯이 퍼져나가고 있었고 온라인 소비자 시장은 아직 초기 단계였고 페이스북은 겨우 3년밖에 안 됐고 트위터는 1년, 인스타그램은 아직 생기지도 않았을 때…. 뭔가 번쩍 머리를 치더군요. 잠깐만, 인터넷으로 작업하면 더 나은 카탈로그를 만들 수 있지 않나? 더 개인적이고 페이지 수에 제한도 없잖아.

칼리: 그리고 정말 그렇게 됐죠.

앤디: 2009년에 와튼 스쿨Wharton School 학생들이 우리 사무실에 와서 보노보스의 안경 버전을 만들겠다고 한 적이 있었어요. 그때 "잠깐만, 안경은 정말 어려울 텐데." 하고 말한 게 기억납니다. 하지만 이야기를 듣고 나니 정말 흥분되더라고요. 제 공동 창업자가 엔젤투자를 했

고 저도 나중에 와비 파커의 엔젤투자자가 됐죠. 그러곤 갑자기 D2C가 폭발적으로 도약하는 과정을 지켜봤습니다. 거기에 참여한 건 정말 신나는 일이었죠. 어웨이와 글로시어, 해리스Harry's와 와비 같은 회사의 엔젤투자자로서 저는 인터넷 기반 DTC 혁신이 발전하는 현장을 맨 앞줄에 앉아 지켜봤습니다. 결국은 모든 소비자 소매 생태계가 그쪽으로 이동할 거라고 봐요. 벌써 그렇게 되고 있고요.

수닐: 어떤 면에서 그건 당신이 조엘을 처음 만났을 때 한 얘기와 일치하네요.

앤디: 보노보스가 월 매출 10만 달러를 찍었을 때가 생각나네요. 사이트를 열고 6개월이 됐을 때였습니다. 새벽 세 시에 일어났어요. 그때 전 물건이랑 같이 잠을 잤는데요. 제 침실에 바지 400벌이 쌓여 있었거든요. 집에서 상품을 고르고 포장하고 발송했죠. 일과 삶의 균형이 별로 좋은 편은 아니었어요.

어쨌든 새벽 세 시에 이런 생각이 들더군요. '빌어먹을, 난 비밀을 알고 있어. 난 인터넷 온라인 상점 창고에서 잠을 자고 있고 언젠가는 세상 모든 브랜드가 이런 전자상거래 모델을 운영할 거야. 디지털 회사들이 문자 그대로 거의 모든 상품 시장을 교란할 거고. 그런데 아무도 내 말을 안 믿어.' 당시 뉴욕 의류업계 사람들을 만나고 다녔는데 그 사람들이 이랬거든요. "상품을 어디서 판매하시나요?" 보통은 바니스Barneys나 블루밍데일Bloomingdale's이라고 할 텐데 전 "온라인이요."라고 했어요. 그러면 사람들이 불쌍하다는 눈빛으로 쳐다봤죠. "저런, 유통업체가 없나 보네."라고 말하는 것 같았어요.

수닐: 지금은 다른 초기 창업가들에게 투자와 자문을 하고 계신데요, 어떤 회사들인가요?

앤디: 네. 2020년만 해도 10곳이 넘게 엔젤투자를 했습니다. 예를 들어 얼마 전에 진짜 끝내주는 무독성 주방용품 회사를 운영하는 사람을 만났어요. 캐러웨이Caraway라는 회사인데 부모님이랑 봤던 〈다크 워터스〉라는 영화와 깊은 관련이 있습니다. 실화를 바탕으로 한 이 영화는 듀폰Dupont이 부식성 테프론 제품을 출시했다가 많은 사람이 그 독성에 중독된 이야기를 다루고 있죠. 그래서 무화학성분 식기류라는 개념에 관심이 갔고 코로나19 덕분에 더욱 인기를 타게 됐어요. 그냥 그 창업가가 좋았어요. 아주 끈질긴 데다 성공할 것 같았거든요. 하지만 어떤 투자자는 시장이 너무 작다고 하더군요.

수닐: 그 끈질긴 창업가가 무독성 주방용품 회사를 더 큰 비전으로 발전시킬 수 있을까요? 주방용품은 빙산의 일각일 뿐이고 제대로만 한다면 그보다 훨씬 더 큰 규모로 이어지지 않을까요? 그리고 지지자들이 그런 이야기를 듣고 싶어 할까요?

앤디: 물론이죠. 다음 세대의 주방용품 윌리엄스소노마를 만들 수도 있겠죠. 누군가를 지원할 때는 주위를 구석구석 둘러봐야 합니다. 새

회사가 제일 확고한 첫 번째 제품에 집중한대도 제품 2, 3, 4에 대한 비전이 있는 사람도 많아요. 주방용품은 그런 브랜드의 핵심 제품 중 하나겠죠. 하지만 어떤 기업가가 시간이 지날수록 혁신에 뛰어난 능력을 보일지 벤처 투자자가 항상 내다볼 수 있는 건 아닙니다. 그런 건 쉽지 않아요. 누가 그럴 수 있을지 알아차리는 건 어렵습니다.

칼리: 두 개의 내러티브를 따로 생각해 본 적은 없나요? 혼자 생각해 둔 아이디어가 있는데 기회를 주는 사람들에겐 말하지 않은 적은요?

앤디: 친구와 펌킨 파이라는 걸 한번 해보자고 생각 중이에요. 우리끼리 자금을 즉시 조달할 수 있어서 특히 흥미로운데요. 그 친구는 기업가고 또 이제까지 회사 둘을 성공시킨 경험이 있죠. 그런 갈등을 느낄 필요는 없어요. 어차피 투자자는 전부 다르고 우리의 비전에 동의하지 않을 수도 있으니까요. 뭘 하든 스타트업을 시작하는 것 외에는 해결할 방법이 없어요.

그리고 3~5년 뒤에 어떻게 될지 미리 얘기해 봤자 아무 소용도 없을 겁니다. 왜냐하면 그전에 1~2년을 버텨 내는 게 먼저니까요. 단기적이지 않은 것에 관한 토론은 비생산적입니다. 그런 관점이 있다고 알려두는 건 도움이 될지 몰라도 미리 이야기하는 건 아무 소용도 없어요. 어제 친구 하나랑 이 새로운 콘셉트에 대해 말해 봤는데 어느 쪽으로 발전할지 상당한 입씨름을 했어요. 하지만 결국 어차피 상관없다는 결론을 내렸죠. 지금에 집중해야 합니다. 최소기능제품 Minimum Viable

Product, MVP에 초점을 맞추세요. 아직 닿지도 않은 미래를 얘기하는 데 너무 많은 시간을 투자하지 마십시오.

앤디 던 Andy Dunn
보노보스의 공동 창업자이자 전 CEO로 2017년 3,000억 달러 이상의 액수로 회사를 월마트에 매각했다. 우리의 대화는 보노보스가 다른 기업들, 예를 들어 와비 파커와 올버즈Allbirds, 어웨이Away 같은 회사들이 어떻게 인터넷 기반 브랜드를 구축할 수 있도록 앞길을 다졌는지에 관한 이야기로 이어졌다. 던과 공동 창업자인 브라이언 스펠리는 당시 투자자들이 상당한 의구심을 품고 있을 때 최초의 인터넷 전문 소매 스타트업을 창업한 기업가 중 한 명이다.

누구나 공감하는 '스토리'가
가장 독창적인 이유

브라이언 그레이저, 프로듀서

"중요한 건 스토리, 스토리라고 했죠. 사람들은 숫자를 좋아하지 않습니다. 숫자는 확실히 중요하지만 사람들은 그걸 기억하지 않아요. 숫자는 마음에 와닿지 않으니까요. 뭐든 마음에 가닿아야 행동을 하거나 하지 않죠."

수닐: 완전히 새롭고 참신한 아이디어를 '케이스 빌딩'case building 하는 과정을 좋아하신다고 하셨죠. 케이스 빌딩이란 게 뭔가요?

브라이언: 말하자면 이런 겁니다. 전 모든 걸 스토리로 봅니다. 브라이언 체스키와 잭 도시, 팀 쿡, 사티아 나델라Satya Nadella 그리고 다른 친구들과도 얘기해 봤는데요. IT 쪽 사람들도 자기들 사업을 일종의 스

토리로 생각하고 최대한 단순하게 만들려고 해요. 가끔 스토리를 고쳐야 할 필요가 있다 싶으면 수정하기도 하고요. 하지만 어쨌든 거기엔 이유가 있습니다. '왜 이런 게 있어야 하지?' 그게 제가 영화로 하는 일입니다. 제 영화 중에 하나만 골라보세요. 케이스 빌딩을 해줄게요. 고르기 어렵다면 〈아폴로 13〉은 어때요?

수닐: 좋아요. 그것으로 케이스 빌딩을 해주세요.

브라이언: 〈아폴로 13〉은 짐 러벨Jim Lovell의 12쪽짜리 원고에서 시작됐어요. 전 짐 러벨이 누군지도 몰랐죠. 항공우주나 아폴로 계획이나 그런 것들에 대해서도 아는 게 하나도 없었고요. 그래서 읽어 봤는데 겨우 12쪽에 정말 많은 게 들어 있더군요. 〈아폴로 13〉은 우주를 개척하는 영화일 수도 있고, 항공우주나 우주선 영화일 수도 있어요. 여하튼 항공역학과 관계된 거라면 뭐든 될 수 있었죠. 생존에 관한 이야기일 수도 있었고요. 전 항공우주에 대해 아는 게 없어서 처음에 마음에 든 이유가 그건 아니었어요. 제가 제일 흥미롭게 느낀 건 이 영화 속에 생생히 살아 있는 주제로 바로 인간의 기지와 생존이었습니다.

우주비행사가 출발 준비를 하는 모습은 영화적으로나 시각적으로나 사람들 가슴을 벅차게 하는 데가 있죠. 전 '무섭지도 않나?'라고 생각했어요. 그냥 마음이 끌렸습니다. 전 그 사람들이 저 너른 우주로 가고 싶어 한다는 것 자체가 흥미롭다고 생각해요. 우주 공간으로 날아가서 달 주위를 빙빙 도는 거요. 생각해 보면 미친 짓이잖습니까.

수닐: 그러니까 그건 본질적으로 생존에 관한 영화였군요.

브라이언: 그 12쪽짜리 스토리를 구입한 뒤에 매일 아침 눈을 뜨면 그런 게 왜 있어야 하는지, 그걸 왜 영화로 만들어야 하는지 케이스 빌딩을 했어요. 거기다 유니버설 픽처스Universal Pictures가 제게 6,500만 달러를 줘야 하는 이유에 대해서도 답해야 했죠. 제 내면에서 치열하게 여러 질문에 대한 답변을 해야 했죠. 끊임없이 이유를 공격했어요. 왜 이런 게 존재해야 하는가? 생존은 보편적인 주제예요. 이 영화의 경우 우주비행사들의 생존은 영웅주의와 애국주의, 국가를 위해 할 수 있는 일을 한다는 동기가 있었고요.

수닐: 케이스 빌딩을 할 때 시장이나 경쟁 같은 것보다 기본 주제를 더 중요하게 여기신다고 들었어요.

브라이언: 그래요. 궁극적으로 우리가 만들고 또 받아들이고 싶은 건 영화의 전반적인 주제입니다. 영화 〈뷰티풀 마인드〉에서는 사랑이었죠. 〈프라이데이 나이트 라이트〉에서는 자존감이었고요. 영화 〈8마일〉의 주제도 자기 존중감이었습니다. 〈아폴로 13〉은 살아남기 위해 이제껏 자기에게 있는지도 몰랐던 능력과 기지를 발견하고 발휘하는 거였고요.

우주비행사들은 지적 능력도 10점 만점이고 신체적으로도 10점 만점이죠. 그런 사람들이 우주에 나갔는데 그런 일이 벌어진 겁니다. 난데없는 위기 상황이 예고도 없이 찾아온 거죠. 이제 이 사람들은 그들이 처한 문제를 어떻게 해결할지 알아내야 합니다. 동그란 구멍에 사각형 블록을 끼워 맞출 방법을 알아내는 것과 비슷하죠. 살아남기 위해서는 이런 문제를 어떻게 해결해야 할까요? 이 영화의 주제는 우주 공간에 갇힌 세 우주비행사뿐만 아니라 지구에서 평범한 일상을 살아가고 있는 우리 같은 사람들하고도 연관되어 있어요.

수닐: 하지만 숫자만 중요하게 여기고 6,500만 달러의 투자수익률에만 관심이 있는 사람을 마주하게 되면요?

브라이언: 전 투자수익률은 스토리랑 다르게 주제별로 다룹니다. 스토리로 숫자를 만들려고 하면 그저 맞춤법과 문법 그리고 돈을 주는 사람이 하는 "그건 말이 안 되는데?" 같은 반응으로만 판단할 테니까요. 하지만 사랑은 말이 되잖습니까.

수닐: 어째서 제작사는 사랑 같은 주제는 영화에 적합하다고 여기는 건가요?

브라이언: 왜냐하면 세상 모든 사람이 원하는 게 다른 누군가와 감정적으로 연결되는 것이고 사랑이야말로 그 결합 조직이니까요. 그러니 스토리 속에 사랑이 있다는 걸 보여 줘야 합니다. 〈아폴로 13〉의 경우 생존이라는 주제를 보여 줘야 했는데 때때로 그건 감정적 생존이었죠. 제 말은 세 주인공이 감정적으로 무너져서 제대로 생각하고 움직이지도 못한 상태가 됐다고요.

영화의 겉모습이 스토리라면 내적 부분은 6,500만 달러, 아니 1억 6,500만 달러를 줄 경영진에게 제가 판매할 감동이지요. 하지만 그건 문자로는 증명할 수가 없어요. 문자로 증명하려고 하면 곧장 퇴짜를 먹을 테죠. 일단 꿈을 꿔야 합니다. 그런 다음 그 꿈을 현실과 올바르게 결합시켜야죠.

수닐: 그 원칙을 할리우드 밖에서 적용하려면 어떻게 해야 할까요? 스타트업에도 손을 대 보신 적이 있죠? 스타트업으로 예를 들어 주실 수 있을까요?

브라이언: 에어비앤비의 브라이언 체스키 같은 경우는 아마 사회 공동체였겠죠. 당신은 지금 알고 있는 온갖 이유로 그들이 사업을 시작했다고 생각하겠지만 사실 그들이 원한 건 사람들이 서로 알고 교류하게 되는 커뮤니티를 만드는 것이었습니다. 사회화는 우리 삶에 필수적인 요소니까요.

수닐: 브라이언 체스키가 에어비앤비 아이디어를 갖고 당신을 찾아와서, 그러니까 그게 한 8년 전인데 "투자자들에게 프레젠테이션해야 하는데 당신의 도움이 필요합니다."라고 했다면 그에게 뭐라고 말씀해 주셨을까요?

브라이언: 글쎄요. 실제로 그를 도와주긴 했습니다. 중요한 건 스토리, 스토리라고 했죠. 사람들은 숫자를 좋아하지 않습니다. 숫자는 확

실히 중요하지만 사람들은 그걸 기억하지 않아요. 숫자는 마음에 와닿지 않으니까요. 뭐든 마음에 가닿아야 행동을 하거나 하지 않죠.

수닐: 스토리로 시작하라는 말씀이군요.

브라이언: 스토리와 그 스토리로 무엇을 달성하고 싶은지에 관한 이야기로 시작해야 합니다.

수닐: 이제껏 수많은 프레젠테이션을 보고 들으며 양쪽 모두의 입장을 다수 경험하셨는데요. '예스'보다 '노'라고 말한 적이 훨씬 많았을 것 같고요. 지금까지 봐온 수많은 프레젠테이션 중에 당신에게 긍정적인 인상을 주는 게 있다면 무엇일까요?

브라이언: 독창성입니다. 케이스 빌딩이라면서 너무 일반화된 걸 가져오면 당장 쫓아냅니다.

수닐: 그런 일반적인 것의 예를 들어 주실 수 있나요? 가령 〈아폴로 13〉이 어떻게 평범했다면 프레젠테이션을 거절하셨을까요?

브라이언: 여기서 일반화란 '모든 사람, 즉 인류는 모험에 관심이 있다. 우주에서 모험하는 것만큼 더 흥미로운 건 없다'라는 식으로 말하는 겁니다. 하지만 누가 그 말에 동의하겠어요? 그런 게 일반화인 겁니다. 예전에 〈인류의 새로운 시작, 마스〉라는 시리즈를 만든 적이 있는데요. 네, 일론 머스크랑요. 내셔널 지오그래픽이었죠.

수닐: 기억납니다. 아주 좋은 프로그램이었죠.

브라이언: 아, 고마워요. 영상도 근사했죠. 하지만 전 누구든 그 프로그램을 보는 사람들이 우리가 왜 화성에 가려고 시도하는지 '이유'를 알게 되길 바랐습니다. 하지만 그 질문에 우리가 성공적으로 대답한 것 같진 않아요. 〈아폴로 13〉은 주제에 더 집중할 수 있었죠. 부모와 아이들, 성직자를 배제했으니까요. 그런 걸 쳐내고 나니 주제와 관련된 인간적인 특성을 상기시킬 수 있었죠. 초반부터 용기와 희생이 관련되어 있다고 믿게 했습니다. 전 사람들이 그 영화에서 인간성에 대해 배울 수 있었다고 생각합니다. 그게 우리가 바라던 거였고요.

수닐: 어떤 면에서 그건 모두가 이해할 수 있는 주제, 반박할 수 없는 주제를 독창적인 아이디어와 결합하는 것과 비슷하군요.

브라이언: 그래요, 독창적인 아이디어. 전 다른 사람이 이미 다룬 아이디어는 다시 하고 싶지 않아요. 그래서 매주 이런 '호기심 대화'curiosity conversation를 나누는 거고요. 배우는 게 많거든요. 독창적인 아이디어를 포착할 수 있죠. 어떤 사람들은 그걸 감이라고 부르는데요. 사실 감이라는 것도 기본 지식이 있어야 합니다. 전 "내 감이야.", "촉이 왔어." 같은 말을 하는 사람들을 믿지 않습니다. 확실한 정보가 뒷받침되어야 관심이 가죠. 저는 이미 입증된 것을 좋아합니다.

수닐: 독창적 아이디어와 입증된 것, 그 두 가지가 균형 있게 결합된

사례를 혹시 말씀해 주실 수 있을까요?

브라이언: 저는 문화적인 것을 선택하고 분석하고 영화나 TV 쇼를 만듭니다. 우탱 클랜Wu-Tang Clan도 그랬어요. 그들이 성공할지는 알 수 없었지만 그들이 평범하지 않다는 건 알았습니다. 어떻게 알았냐고요? 힙합 쪽 사람들을 많이 만나봤거든요. 요즘 나오는 젊은 애들과 초창기 래퍼들을 만나서 얘기를 나누곤 합니다. 닥터 드레에게도 물어보고 아들 패트릭에게도 물어보죠. 그 열네 살짜리 녀석의 의견도 드레만큼이나 중요해요. 이런 건 항상 크로스체크를 해야 합니다.

저는 제가 선택하지 않은 힙합 래퍼들 이름을 백 명은 댈 수 있어요. 하지만 제가 우탱 클랜을 선택한 이유가 있습니다. 그 사람들이 너무 허황되지 않느냐고요? 너무 과하다는 느낌은 안 드냐고요? 거기에 대한 대답은 '아니요'입니다. 전 그들이 과하다고 생각하지 않아요. 그들의 스토리가 뭐죠? 우탱 클랜은 모두 스태튼 아일랜드에서 자랐죠. 구치소를 들락날락했고 성공적인 밴드를 만들었어요. 아주 특이한 음악 스타일의 창시자가 됐고요. 전 그런 걸 좋아합니다.

수닐: 당신의 강연을 본 적이 있는데요. 한 청중이 손을 들고 이렇게 물었습니다. "브라이언, 제 아이디어를 적어 왔습니다. 종이에 펜으로 열심히 썼죠. 이제 어떻게 하면 이걸 만들 수 있을까요?" 당신의 대답은 그 아이디어를 가장 섹시하고 사람들이 혹할 법하게 말해 보라는 거였죠. 그게 당신의 조언이었어요. 당신이 생각하는 섹시하지 않고 혹할

것 같지 않은 사례를 말씀해 주실 수 있나요?

브라이언: '데이비드 프로스트와 리처드 닉슨의 대화에 관한 영화를 만들고 싶습니다.' 이런 게 섹시하지 않은 겁니다.

수닐: 전혀 섹시하지 않군요.

브라이언: 그래요. 섹시하게 말하려면 데이비드 프로스트와 리처드 닉슨의 대화가 당신이 본 중에 가장 무자비한 싸움 같았다고 말해야 하죠. 다윗과 골리앗처럼요. 닉슨은 아주 똑똑하고 공격적인 못된 인간이었습니다. 그리고 이 작은 토크쇼 사회자는 영국 악센트로 미국 대통령을 침몰시켰고요.

수닐: 질문할 게 아직 많지만 1분밖에 안 남았군요. 지금도 문밖에서 사람이 기다리고 있을 겁니다. 조금 있다 여기 들어와서 당신에게 자기 아이디어를 열심히 설명하겠죠. 그들에게 성공을 위해 어떤 조언을 해 주시겠습니까?

브라이언: "조지아주 애틀랜타에 한 고등학교가 있는데, 우리가 아는 많은 래퍼가 거기 출신이에요. 안드레 3000, 빅 보이, 다 한 고등학교를 나왔죠. 알고 계셨나요?" "아뇨, 몰랐는데요. 계속 이야기해 보시죠." 이런 식으로 하면 됩니다.

수닐: 초장에 바로 관심을 사로잡는 거군요.

브라이언: 전 "이런 일이 있었다는 거 알아요? 이런 게 있는 거 알아요?"라고 궁금증을 불러일으키게 질문하는 사람을 좋아합니다. 프레젠테이션 뒤에 이어질 이야기에 집중할 수 있도록 호기심을 자극하는 사람이요.

브라이언 그레이저 Bryan Grazer

론 하워드와 함께 이매진 엔터테인먼트를 설립했다. 그가 제작한 영화 및 텔레비전 드라마는 총 40개의 아카데미상과 190개의 에미상 후보에 올랐다. 인터뷰하려고 우리가 기다리던 대기실은 그레이저에게 새 아이디어를 보여주고 싶어 안달이 나 있는 사람들로 북적거렸다. 그때까지만 해도 별로 긴장되지는 않았지만 그레이저와의 대화는 순조로웠다. 아마 그가 기회를 얻는 아이디어를 만들어 내는 삶을 살고 있기 때문인지도 모른다.

조용하지만 강한
스토리텔링의 매력

앤 미우라코, 벤처캐피털리스트

"다르다는 건 좋거나 나은 것보다도 더 설득력이 강합니다. 다르다는 건 사람들의 마음에 가닿아요. 다르다는 건 기억에 남습니다. 다르다는 건 중요합니다. 다름은 이미 존재하는 다른 개념에 바탕을 두지 않습니다. 기회가 된다면 남들보다 더 나은 것보다는 남들과 다른 것을 추구하세요."

수닐: 당신은 리프트의 가장 초창기 투자자인데요. 엄밀히 말하자면 리프트도 아니고 별로 인기도 없던 짐라이드 시절에 투자를 시작했죠. 어째서 그들에게 기회를 주기로 했나요?

앤: 그렇게 말하니 제가 사실 이상으로 선견지명이 있었던 것처럼 들

리네요. 사실 같은 시기에 우리는 에어비앤비와 핀터레스트를 퇴짜 놨거든요. 우리가 가능성을 보지 못한 회사들도 아주 많답니다. 하지만 제가 그 회사와 두 창업자가 마음에 들었던 건 당시만 해도 운송 시장에 스타트업이 없었기 때문이에요. 존과 로건은 그게 앞으로 엄청난 영향을 미칠 거대 비즈니스의 기반이 되리라는 걸 우리에게 아주 효과적으로 어필했죠.

수닐: 어떻게요?

앤: 첫 프레젠테이션에서 그들은 운송 수단이 미국의 물리적 지형을 여러 번 변화시켰고 만일 운송 시장에 새로운 혁명을 일으킨다면 미국에 그만큼 엄청난 영향을 미칠 거라고 했어요. 사람들의 생활 방식을 바꾸고, 거주하는 장소를 바꾸고, 일과 가정생활의 관계를 바꾸고, 휴가 방식을 바꾸고, 그 외에도 아주 많은 것을 바꿀 거라고요.

수닐: 아주 대담한 비전이네요. 우리가 인터뷰하면서 계속 반복되는 이야기 중 하나가 프레젠테이션이 설득력이 있으려면 대담한 비전이 중요하다는 겁니다. 하지만 대담한 비전과 실현 가능성이 있는 비전의 균형을 어떻게 절충할 수 있을까요?

앤: 비전이 있는 창업자와 허황된 꿈을 꾸는 창업자의 차이는 좀 모호합니다. 테라노스Theranos(창업자 엘리자베스 홈즈Elizabeth Holmes가 세운 바이오벤처로 자금 조달에 극적인 성공을 거두었으나 사기극으로 판명이 났

다. ─옮긴이)나 파이어 페스티벌(2017년 바하마에서 벌어진 음악 페스티벌 사기극─옮긴이)에 관한 다큐멘터리를 생각해 보세요. 모두가 그들이 비전이 있는 리더라고 생각했지만 실은 몽상가에 불과했죠. 우리가 찾고자 하는 창업자는 뭔가를 만들기 위해 점과 점을 잇고 있으면서도 그 선을 완성하려는 강한 의지를 갖고 있습니다. 그들은 절대로 그 부분을 남들에게 맡기지 않아요.

수닐: 그걸 어떻게 알 수 있죠? 그들이 진짜라는 걸 어떻게 알 수 있습니까?

앤: 그런 사람들은 목표를 달성하기 위한 실험에 깊숙이 관여하고 참여합니다. 결론에 다가가기 위한 다음 단계를 찾는 데 적극적으로 참여하지요. 그건 신제품일 수도 있고 새로운 비즈니스 모델일 수도 있어요. 아니면 새로운 가격 설정 방식일 수도 있고요. 하지만 그들은 절대로 옆에서 얼쩡거리지 않습니다. 내부 깊숙한 곳에서 활동하지요.

존과 로건은 플랫폼을 판매할 뿐만 아니라 어떤 것들이 통하지 않는지도 확실히 알고 있었어요. 그리고 그들이 만든 것이 제대로 작동한다면 어떻게 보일지, 그게 무슨 의미일지를 알아내기 위해 노력했죠. 그 모든 걸 빠르게 하나로 통합할 방법을 알아내려고 애쓰고 있었지만 중요한 건 속도뿐만이 아니죠. 그들이 꿈꾸는 비전을 이룩할 수 있는 모든 구성 요소를 어떻게 모을 것이냐도 중요했으니까요.

예를 들어 그들은 이렇게 생각했어요. 만일 이 모든 걸 한데 모을 수 있다면 사람들이 모이는 고밀도의 공간이 형성될 것이고 애플리케이션 내에서 한꺼번에 많은 활동이 발생할 것이라고요. 그래서 처음에는 앱을 대학에 판매하려고 했죠. 하지만 그러다 이렇게 생각했어요. 만약에 이 모든 공동체를 하나로 연결할 수 있다면? 스탠퍼드 대학과 회사를 묶을 수도 있지 않을까? 그러면 휴렛팩커드와 페이스북을 연결할 수 있지 않을까? 그러고 나면 사람들이 탈 것을 공유하는 이 비전을 실현할 밀도 높은 환경이 만들어지지 않을까?

하지만 그런 일이 발생하지 않는다면 또 다른 메커니즘을 찾아내야 했죠. 샌프란시스코와 LA, 아니면 샌프란시스코와 타호호를 잇는 장거리 여행 같은 거요. 이런 공동체들을 연결할 다른 방법이 있지 않을까? 창업자가 제품의 시장 적합성을 위해 중간에 여러 번 실험한다면 그가 단순히 공상하는 게 아니라는 걸 알 수 있죠.

수닐: 네. 그 일에 개인적으로 얼마나 헌신적으로 전념하고 있는지 알 수 있죠.

앤: 그래요. 로건은 실제로 밴을 몰고 샌프란시스코와 LA를 왕복했다니까요.

수닐: 로건은 아주 온화하고 내성적인 사람이라고 하던데요. 보통 그런 일을 할 사람으로 생각되지 않는 성격이라고 들었어요. 로건 같은 사람들에게 설득되는 이유가 뭘까요?

앤: 리더는 스토리텔링이라는 놀라운 능력을 갖추고 있어요. 하지만 그건 외향적인 사람에게만 주어지는 초능력이 아니랍니다. 스토리텔링은 연습만 하면 누구든 가질 수 있는 능력이에요. 전 심각한 독서 장애가 있는데도 누구보다 뛰어난 스토리텔링 능력이 있는 사람을 알아요. 내성적인 리더, 조용한 리더들도 스토리텔링에는 뛰어날 수 있죠. 로건이 그런 경우라고 생각해요. 로건과 존은 스토리를 들려줬어요. 세상 곳곳의 차 안에 영웅 그리고 악당들이 있다고요. 하지만 이들 대부분은 활약하지 않고 있고, 활약한다고 해도 안에 한 사람만 타고 있을 때나 그렇대요. 그렇다면 도로 흐름을 더 효과적으로 만들려면 어떻게 해야 할까요? 어떻게 해야 이들이 더 나은 경험을 하도록 만들 수 있을까요? 이런 종류의 질문과 스토리는 사람들에게 깊은 공감을 줍니다.

또 이들이 다를 수 있었던 이유는 훌륭한 스토리텔링을 했고 무모한 경쟁을 피했기 때문이에요. 특히 고도로 경쟁적인 분야를 피해 갔죠. 아주 효과적인 스토리텔링을 한 덕분에 우버는 당신의 개인 운전사지만 리프트는 당신을 데리러 온 친구라는 이미지를 심어 줄 수 있었습니다. 그들의 스토리는 너무도 달랐고 또 흥미로웠어요. 다르다는 건 좋거나 나은 것보다도 더 설득력이 강합니다. 다르다는 건 사람들의 마음에 가닿아요. 다르다는 건 기억에 남습니다. 다르다는 건 중요합니다. 다름은 이미 존재하는 다른 개념에 바탕을 두지 않습니다. 기회가 된다면 남들보다 더 나은 것보다는 남들과 다른 것을 추구하세요.

수닐: 스토리텔링은 여러 사람에게 각자 다른 의미를 지닐 수 있습니다. 스토리텔링의 잘못된 방식에는 어떤 것들이 있을까요?

앤: 잘못된 비유를 들 수 있겠군요. 우리는 이미 존재하는 다른 것과 비슷하다고 말하는 거요. 우리는 X계의 우버입니다. 하지만 제가 듣고 싶어 하는 건 그런 게 아니라 이런 거예요. 지금 얼마나 끔찍한 상황인가? 고객들은 얼마나 잘못된 서비스를 받고 있는가? 누가 고객들에게 이런 잘못을 하고 있고 그 이유는 무엇인가? 왜 이 잘못을 고치지 않는가? 왜 고칠 수가 없는가? 이 이야기에서 영웅은 누구인가? 이들은 어디서 왔고 어째서 이 문제를 해결하려 하는가?

수닐: 어떻게 해야 상대방을 설득할 수 있을 만큼 자기 자신을 설득할 수 있을까요?

앤: 이렇게 생각해 봐요. 당신에겐 직감이 있고 경쟁력 있는 데이터가 있어요. 어쩌면 실제로 시장에 제품을 출시했을 수도 있겠죠. 아주 초기 단계든, 이미 성숙한 단계든 제품에 대한 데이터도 갖고 있고 고객들과의 인터뷰 데이터도 있을 겁니다. 어쩌면 그중 일부는 경쟁하지 못하고 있을 수도 있어요. 왜냐고요? 그 분야에서 경쟁 업체의 시장 진입을 가로막는 특유의 역학이 있을 수도 있고 그걸 우회하는 방법을 이제야 알아냈을 수도 있죠. 어쩌면 고객들이 특정한 이유로 현재의 해결책에 만족하지 못하고 있다는 걸 알아차렸을 수도 있고요.

아니면 뭔가가 실제로 바뀌고 있는지도 모르죠. 예를 들면 공장에서 특정한 데이터를 구할 수 있게 됐지만 아무도 그 데이터를 활용할 엄두를 못 내고 있다든가. 변화가 일어나고 있음을 인식해야 하는 이유에는 여러 가지가 있고 그 결과 새로운 기회들이 창출되고 있어요. 여기서 습득한 비결이 내가 듣고 싶어 하는 스토리의 기반이 되죠.

수닐: 당신이 투자한 몇몇 회사들은, 심지어 리프트처럼 크게 성공한 회사도 당신이 처음 수표를 썼을 때와 다음 자금 조달 라운드 사이에 상당한 어려움을 겪곤 했습니다. 그 단계를 경험할 사람들에게 가장 중요한 것은 무엇일까요?

앤: 어떤 사람에게는 끈기일 수도 있고 어떤 사람에게는 투지일 수도 있겠네요. 존과 로건은 모두 좋은 사람들이에요. 2011년에 운송 부문이 한창 떠오를 때 사람들은 그런 종류의 시장이 초공격적이어야 한다고 생각했죠. 그래서 벤처캐피털에서 우리에게 계속 "존과 로건, 그 사람들은 너무 착한 거 아냐?" 같은 질문을 하곤 했어요.

그래서 두 사람을 만나 이렇게 말했죠. "호랑이 피를 마시고 호랑이 굴에 들어가서 당신네들이 얼마나 사나운지 좀 보여 줄 필요가 있어요. 당신들도 그런 면이 있잖아." 얼마 뒤 두 사람은 메이필드Mayfield의 라즈 카푸어Raj Kapoor에게서 투자를 따냈죠. 로건이 제게 보내는 이메일에 주요 거래 조건 서류를 첨부하고는 본문엔 딱 한 문장만 썼더라고요. '호랑이 피 첨부.'

수닐: 그리고 지금 리프트는 상장회사죠.

앤: IPO를 마치고 짧은 축하 메시지를 보냈는데 이런 답변을 받았어요. '믿어 주셔서 감사합니다. 그때는 선택지가 많은 양 허풍을 떨었지만 사실은 당신이 유일한 투자자였어요.' 우리가 그들을 믿는 유일한 사람일 때도 있었는데 그들은 아주 잘 버텨 냈죠.

사방에서 온갖 투자자들이 앞다퉈 투자하려 했던 회사도 있지만 그런 곳이라고 다 좋은 결과를 낸 건 아니에요. 특히 스타트업 초기에 모두가 다 잘될 거라고 해서 그 회사가 진짜 잘될 거라는 보장은 없어요. 핀터레스트가 좋은 예시죠. 시드 라운드 때 문자 그대로 거의 모두가 그들을 실망시켰으니까. 시간이 지나면서 이런 회사들이 변해 가는 모습과 투자자로서 뭘 잘 몰랐는지 인식하고 겸손해지는 걸 보는 건 정말 흥미로운 일이에요. 우리는 회사가 앞으로 어떻게 될지 모르고 그저 사람에게 투자할 뿐이고, 그들이 방법을 알아내길 바랄 뿐이에요.

수닐: 다른 모든 조건이 동일하다고 할 때 성격적으로 더 대담한 사람이 초기 프레젠테이션에서 더 앞서는 경향이 있다고 생각하시나요?

앤: 전 그렇게 생각 안 해요. 테스토스테론이 높은 환경에서라면 눈에 더 잘 띌지도 모르지만 그게 근본적인 장점으로 작용하는 건 본 적이 없어요. 다양한 투자 집단이 관여하는 게 바람직하다고 생각하는 이유도 그래서고요.

사람들은 경쟁심이 강한 사람은 착할 수가 없다고 생각하죠. 인류이트Intuit의 전 CEO 브래드 스미스Brad Smith가 이런 말을 한 적이 있어요. "친절함을 약점이라고 착각하지 마라." 실리콘밸리 최고의 CEO 중 한 명이 그렇게 말했으니 저도 그 사람 말을 믿어요. 사실은 그게 상당한 강점이라고 생각해요. 훌륭한 가치관이 있어야 훌륭한 조직을 구축할 수 있죠.

앤 미우라코 Ann Miura-ko
라이즈에 처음으로 기회를 준 전문 투자자로 그녀가 투자를 결정하자 그녀의 명성에 힘입어 다른 투자자들이 뒤를 따랐다. 앤은 리프트와 체그Chegg, 트위치Twitch를 비롯해 여러 초창기 스타트업을 지원한 플러드게이트Flood-Gate의 공동 설립자다. 《포브스》의 '미다스의 손'에 여러 차례 선정되었으며 〈뉴욕타임스〉 선정 '세계 최고 벤처캐피털리스트 20인' 중 한 명이다.

'나랑 같이 놀든가
아니면 나가든가'

트레버 맥페드리스, 레코딩 아티스트·DJ·기업가

"DJ로 일할 때 나이트클럽에 들어가서 양키즈 모자를 쓴 사내들이 바글거리는 걸 보면 '젠장, 오늘은 제이지랑 뉴욕 랩을 틀어야겠군' 하고 생각했죠. 하지만 제가 진짜로 성공을 거둔 건 진심으로 좋아하는 음악을 틀었을 때였어요. 나중에 창업하기로 한 것도 그 때문이고요. 스탠퍼드 MBA 사람들이 좋아하는 말을 하지 않고 제가 잘 아는 방식으로 말을 했어요. 그래야 올바르게 전달되고 또 연결될 테니까요."

수닐: 지난번에 유명 클럽에서 힙합 DJ로 당신을 초청했지만 실제로 당신은 힙합을 별로 좋아하지 않는다고 말씀하셨죠.

트레버: 네. 제가 음악을 만들고 클럽에서 공연할 때만 해도 주류 클럽 문화에서 댄스음악을 튼다는 개념이 별로 없었습니다. 릴 존이나 랩이 인기를 타던 시절이었죠. 특히 미국에서는요. 저는 하우스뮤직을 작곡했는데 때때로 힙합만 틀어 달라는 곳에 고용될 때가 있었어요. 처음엔 사람들이 원하는 거라면 그냥 다 해주려고 했어요. 힙합을 좋아하는 곳에서는 힙합 음악만 틀고요. 그땐 잘 몰랐으니까요. 하지만 위선자가 된 느낌이었죠.

수닐: 그래서 달라지기로 한 건가요?

트레버: 저 자신이 되기로 한 거죠. 제가 제일 잘 알고 좋아하는 음악으로 한 방 먹이기로 한 거예요. 그러자 왠지 좀 더 응집력이 느껴졌어요. 왜냐하면 그건 진짜였으니까. 진짜라는 분위기가 느껴졌으니까. 관중들이야 제가 음악을 트는 대로 따라오는 사람도 있었고 아닌 사람도 있었는데 절 따라오는 사람들은 평소랑 다른 걸 좋아했어요. 진짜 신이 나기도 했고요.

수닐: 처음 변화를 만들기 시작했을 때 어떤 반응이었나요?

트레버: 가차 없었죠. 하지만 처음엔 아닌 척하다가 중간에 갑자기 이제까지 다 가짜였다고 하고 싶지 않았어요. 당당하게 걸어 들어가서는 "이게 진짜 나다. 나랑 같이 놀든가, 아니면 꺼져." 하는 식이었죠. 그러면 전하고는 뭔가 달라도 좋은 걸 접한 사람들이 대개 그러듯 그냥

개의치 않고 따라왔어요. 그래서 "자, 여러분. 처음 한 10분 정도는 마음에 안 들지 몰라도 그다음부턴 아주 좋아할 겁니다."라고 했죠.

수닐: 특별히 기억에 남는 반응은 없었나요?

트레버: 뭐, 별별 반응을 다 받아 봤으니까요. 한번은 저지에 있는 잘나가는 클럽에서 디제잉을 하다가 하우스뮤직을 틀었어요. 그랬더니 〈소프라노스〉에 나올 것 같은 덩치들이 와서는 이러더라고요. "야, 나 너 진짜 마음에 안 들어. 너 같은 놈들도 안 좋아하고. 근데 내 여친이 이거 완전 좋아하더라. 나 게이는 한 번도 안 만나 봤는데 네가 지금 하는 건 마음에 들어." 제가 하우스뮤직을 틀고 있으니까 게이라고 생각한 겁니다. 아주 묘한 칭찬이었죠. 수백 달러를 줄 테니 제발 그런 음악 좀 그만 틀라고 부탁하는 사람도 있었고요.

수닐: 하지만 DJ라면 사람들을 만족시켜야 하지 않나요?

트레버: 모든 사람이 원하는 걸 다 해줄 순 없어요. 명백한 해결책처럼 보이는 것도 결국엔 모두를 화나게 만들죠. 왜냐하면 모두를 반쯤 엿 먹이는 것처럼 느껴지거든요. 그쯤 되면 "됐어. 그냥 나 자신이 돼서 여기서 제일 즐기고 있는 사람이랑 눈이나 맞춰야지."가 되고 나중엔 "그래요, 감사합니다. 가서 당신 친구들도 데려와요."가 되는 거죠. 그럼 댄스 플로어에 사람들이 조금씩 늘어나고 그 사람들을 쳐다보면서 꼬드기는 거예요. 당신들이 계속 춤을 추면 당신들이 좋아하는 음악을

틀어 주겠다고 암묵적인 약속을 하는 거죠. 즐기는 사람들이 점점 늘기 시작하면 옆에서 보기만 하던 사람들도 합류하게 돼 있어요.

수닐: 틀고 싶은 음악을 틀기 시작하니 정말로 새로운 기회가 찾아오던가요?

트레버: 그럼요. 있는 그대로의 저를 내보이자 점점 나아지기 시작했어요. 만약에 제가 모든 사람이 매일같이 듣는 음악을 틀었다면 절대 차별화되지 못했을 거예요. 그런데 클럽에 가서 하우스뮤직을 열심히 틀고 나면 끝날 무렵 누군가 다가와서 "이번 여름에 이스라엘에 갔다 왔는데 이거랑 비슷한 음악을 들었어요. 진짜 마음에 들었었죠. 전 워너 브라더스 부회장입니다. 당신을 우리 파티에 초대하고 싶어요." 같은 말을 하는 거예요.

또 당신과 비슷한 사람들도 많이 만나게 되죠. 시리얼 통로에 가득 늘어서 있는 다 똑같이 생긴 상자가 되는 게 아니라 글루텐프리 그래놀라가 되는 거죠. 당신이 글루텐프리가 되면 글루텐프리를 좋아하는 사람들이 당신을 발견하고 신이 나서는 글루텐프리를 좋아하는 친구들에게 소문을 내요. 세상이 이렇게 단순한데도 그땐 몰랐다니까요.

수닐: 진정한 자기 자신이 되어야 한다고 끊임없이 상기해야 하는 거군요. 그렇다면 그 시발점이 무엇이었나요? 어떻게 뉴욕의 나이트클럽에서 코첼라 페스티벌까지 가게 됐죠?

트레버: 제가 한창 디제잉을 할 때 힙합 팬인데 제가 트는 음악도 좋아하던 출연 계약 에이전트가 있었어요. 그 사람이 "이거 꽤 멋진데요. 요즘에 누가 이런 종류의 음악을 하는지는 모르겠지만. 잠깐 얘기 좀 하겠어요?" 하고 접근하더라고요. 그러니까 이번에도 다른 사람이 듣고 싶은 걸 하는 게 아니라 제가 하고 싶은 걸 해서 좋은 결과를 끌어낸 셈이죠.

수닐: 하지만 아티스트로서는 어려움을 겪고 있었고…. 드디어 에이전트 앞에서 보여 줄 기회를 얻은 거군요. 대부분 사람이라면 그 사람에 대해 알아보고 그가 힙합을 좋아한다는 걸 알고는 그걸 틀었을 겁니다. 그 사람이 원하는 걸 줬을 테죠. 그게 안전한 접근법이니까요.

트레버: 맞아요. 그 말엔 동의합니다. 누가 봐도 그게 당연해 보이죠. 전 우리 시대에 해결해야 할 가장 큰 문제 중 하나가 이런 데이터 기반 세상에 살고 있다는 거라고 봅니다. 전 데이터를 좋아하지만 데이터에 끌려다니기보다는 그냥 하나의 정보로서 냉정하게 받아들이는 게 더 좋다고 생각해요.

당신이 관심 있는 갖가지 작은 것들의 원형 차트를 그렸는데, 데이터상 다른 사람이 그 차트에 있는 뭔가에 관심이 있다면 그건 좋은 거죠. 하지만 데이터에만 지나치게 몰두해서 '이 사람들은 이러이러한 걸 좋아하니까 이쪽으로 가야지' 하면 안 된다는 거예요. 먼저 당신이 누구고, 당신을 특별하게 만들어 주는 게 뭔지 알아야 합니다.

수닐: 그래서 결국 그런 지지자이자 에이전트인 조니 마로니Johnny Maroney를 만난 거군요. 그 뒤로 어떻게 됐나요?

트레버: 대형 페스티벌부터 일렉트릭 포레스트Electric Forst, 대규모 레이브, 베이징 신년 행사에 호주 투어까지 참여하게 됐죠. 이게 전부 "어딘가 이런 걸 이해해 주는 사람이 있을 거야."라고 말한 사람과 연결된 결과였어요. 하나가 생기자 다른 하나로 꼬리를 물고 이어졌고요. 초창기 EDM 붐의 일부가 된다는 건 케샤의 프로듀서가 연락해서 그들과 라이브 투어를 같이 다닐 수 있게 된 걸 의미합니다. 케이티 페리랑 투어를 다니고 1년 동안 아레나에서 연속 공연을 할 수 있었던 것도 진짜 나를 드러낸 결과였고요. 팝 음악을 사랑하면서도 하우스뮤직에 열정적일 수 있고, 저는 그런 사람들을 진정한 방식으로 이어 줄 수 있었어요.

수닐: 몇 년 뒤로 가 보죠. 어떻게 새 스타트업의 프레젠테이션에 그런 진정성을 적용할 수 있었나요?

트레버: 투자자들 앞에서 프레젠테이션을 시작할 때 저는 이렇게 말하곤 했습니다. "당신들은 보통 저와는 다른 방식으로 옷을 입는 사람들, 저와 다른 방식으로 말하는 사람들에게 투자하죠. 저는 오늘 제 진정한 모습이 아니라 가능한 최고의 모습을 보여 줄 겁니다." 하지만 실은 반대로, 제 진짜 모습으로 프레젠테이션을 하고 다른 사람이 믿고 싶어 하는 게 아니라 제가 진심으로 믿고 싶은 것을 세상에 보여 줄 때 일이 풀리기 시작하더군요.

수닐: 어떤 면에서 회의실에 앉아 있던 벤처캐피털리스트들은 클럽에서 양키즈 모자를 쓴 사람들과 똑같았던 거군요?

트레버: 그래요. 조금은요. 제 말은 방 안에 앉아 있는 벤처 펀드에서 나온 파트너 13명을 둘러보고는 '어디 보자. 브룩스 브라더스Brooks Brothers랑 파타고니아Patagonia 조끼, XY, 올버즈Allbirds네'라고 판단을 내린 다음 '좋아, 당신들이 뭘 좋아하는지 알겠어. 내가 당신들이 좋아할 언어를 만들어 낼 수 있을지 모르겠네' 하는 건 실수라는 겁니다.

그럴 때 올바른 접근법은 그냥 내가 되는 거예요. 어쩌면 13명이 전부 절 싫어할지도 모르죠. 하지만 그중 한 사람이라도 저를 마음에 들어 한다면 그가 자기 파트너를 설득할 수도 있잖아요. "저기요, 우린 이거 못 할 것 같습니다. 그런데 여기 관심 있어 할 친구를 알아요." 그러면서 당신 비즈니스에 흥미를 보일 사람을 소개해 줄 수도 있고요.

트레버 맥페드리스 Trevor McFedries
트레버를 처음 만났을 때 그는 새 스타트업 브루드Brude에 600만 달러의 투자 자금을 모집한 상태였다. 브루드는 인스타그램에서 가상 인플루언서를 만드는 회사다. 트레버는 IT 창업자가 되기 전에 '영 스키터'라는 이름으로 롤라팔루자Lollapalooza와 코첼라 등 뮤직 페스티벌에서 음악 프로듀서 겸 아티스트, DJ로 활동했으며 케이티 페리와 아젤리아 뱅크스, 스티브 아오키 등과 함께 공연했다. 2008년에는 〈페이퍼〉Paper에서 최고 DJ 인기상을 받기도 했다.

기침과 열정은 숨길 수도,
꾸며 낼 수도 없다

존 팰프리, 비영리재단 활동가 겸 교육자

"열정을 가짜로 꾸며 내는 건 어렵습니다. 진정으로 뭔가에 몰두하고 파고들고자 하면 숨길 수가 없어요."

수닐: 맥아더 재단이 영재상 수상자를 선정할 때 세 가지 점을 고려한다고 들었습니다. 독창성, 통찰력, 잠재성이요. 잠재성에 관해 이야기해 보죠. 당신에게 잠재성이란 무엇을 의미하나요?

존: 아주 흥미롭고 좋은 질문이군요. 맥아더 상의 경우 미래가 창창한 젊은 사람들을 일부러 선정하는 것이냐는 질문을 자주 듣습니다. 하지만 그건 나이로 정의할 수 없어요. 사람들은 삶의 다양한 단계에서 성취를 이루고 일정량의 자본이나 명성, 지원이 잠재력을 최대한 발휘

하게 도와줄 수 있는 단계도 각자 다르니까요. 저는 잠재성이란 수많은 여러 요소로 이뤄져 있다고 생각합니다. 그래서 궁극적으로는 도박이나 다름없죠.

수닐: 잠재성이란 언젠가는 실현될 수 있지만 지금은 아직 실현되지 않은 것이라고 이해하고 계시나요?

존: 그래요. 아직 일어나지 않았지만 언제든 일어날 수 있는 것이요. 기대감하고도 관련이 있고요. 어떤 사람들에게는 그게 커다란 압력으로 작용할 거라 생각합니다. 다음번 책, 다음번 연극, 다음번 콘서트는 더 좋을 것이라는 기대감이요. 은근한 압박감이 가미되어 있지요. 그래요, 전 그렇게 생각합니다. 아직 이루지 못한 것이 있고 그 사람이 더 큰 기회를 얻으면 세상이 더 나아질 수 있다고요.

수닐: 그 사람이 당신의 존재 여부와 상관없이 잠재력을 발휘할 수 있다는 사실이 중요하게 작용하나요?

존: 제가 '…가 없다면' 분석이라고 부르는 게 있습니다. 그러니까 '이 돈이 없다면' 혹은 '이 기회가 없다면' 그 또는 그녀가 그것을 성취할 수 있을까? 미셸 오바마를 예로 들어 봅시다. 그녀는 평생 의미 있고 창의적이고 혁신적인 일을 했습니다. 그렇게 할 수 있는 많은 자원을 보유하고 있고 명성도 자자하지요. 하지만 우리는 그렇게 유명하거나 유능한 사람이 가진 자원이나 가능성을 아직 갖고 있지 않은 사람을 선정

할 확률이 높다는 겁니다. 그래요. 우리의 지원이 없다면 자신의 잠재력을 온전히 발휘하지 못할 것이라 생각되는 인물을 뽑는 분위기가 있습니다.

수닐: 앤도버에 입학할 신입생을 고를 때도 똑같이 '…가 없다면' 분석을 활용하시나요?

존: 대학 신입생의 경우 교실 안에서 다양한 계층의 학생이 섞였을 때 어떤 학생이 앤도버 교육을 받음으로써 많은 것을 기여할 수 있고 어떤 학생은 그럴 잠재성이 적은지 고려하는 부분이 있죠.

수닐: 선별 시스템에 지원하는 사람들은 자신의 강점을 어필해야 한다는 압박감을 느끼죠. 하지만 그게 최고의 전략이 아니라는 거군요.

존: 맥아더 영재상의 경우를 예로 들면 후보 선발과 평가, 선정 과정으로 이뤄져 있습니다. 본인이 직접 지원하는 건 아니지만요. 그냥 상을 타려는 게 아니라 상금을 노린다고 칩시다. 제 생각엔 기존에 어떤 업적을 이뤘는지 보여 주는 게 제일 중요할 겁니다. 하지만 그렇다고 모든 게 완벽해야 한다는 의미는 아닙니다. 어려움을 극복하고 재단이든 교육기관이든 부유한 기관의 자원을 최대한 활용할 수 있다는 사실을 보여 주는 것, 그게 가장 중요한 핵심이라고 봅니다.

수닐: 자신의 약점을 미리 공개해야 한다는 뜻인가요? 성취하고 싶

은 것을 설명하고 이 프로그램이 없다면 목표를 달성할 수 없다는 걸 알려 주기 위해서요?

존: 물론이죠. 당신에게 교육의 가치란 무엇이고, 당신은 공동체를 위해 무엇을 할 것인가? 이 두 가지 대답이 필요합니다. 자신의 가능성을 보여 줘야 해요. 당신에게 어떤 가능성이 있으며 재단의 도움으로 당신이 그걸 성취할 수 있음을 보여 줘야 합니다.

수닐: 영재상을 수상한 린마누엘 미란다는 "아이디어란 아주 오랜 시간 동안 작업해야 하기 때문에 그것과 진정으로 사랑에 빠져야 한다."라고 말했는데요. 어떤 사람이 자기 아이디어와 진정으로 사랑에 빠져 있다는 걸 어떻게 알 수 있나요?

존: 열정을 가짜로 꾸며 내는 건 어렵습니다. 진정으로 뭔가에 몰두하고 파고들고자 하면 숨길 수가 없어요. 이달의 맛 같은 것과는 완전히 다르단 말입니다. 또 이력서를 보면 그 사람이 한동안 무엇에 매달려 있었는지 대충 감을 잡을 수 있습니다.

오늘도 어떤 사람의 면접을 봤는데 한 회사에서 15년 동안 아주 흥미로운 일을 했더군요. 무엇보다 그 사람이 그렇게 오랫동안 한곳에서 일하며 그 일을 아주 잘해냈다는 데 깊은 감명을 받았습니다. 제 생각엔 목소리 톤과 주제에서 느껴지는 일종의 울림에서 티가 나는 것 같아요. 또 매년 여기저기 옮겨 다니지 않았다는 기록도 중요하고요. 전 뭔가에 꽂히면 꽤 오랫동안 깊숙이 파고드는데 다른 사람을 볼 때도 이

점을 봅니다. 다시 말하지만 이제껏 해온 것이 중요해요.

수닐: 우리가 30분 간 함께 있어야 하는데, 제가 어떤 아이디어에 대해 얼마나 깊은 열정이 있는지 알고 싶다면 무슨 질문을 하시겠습니까?

존: 아주 다양한 질문을 하겠죠. 여러 주제에 대해 논할 수 있으니까요. 제 생각에 그건 당신이 어떤 주제에 대해 만화경 같은 방식으로 살펴봤다는 걸 보여 주는 것 같습니다. 여러 각도로 돌아가면서 살펴봤고 또 깊이 고려해 봤다고요. 당신이 진짜로 그 주제에 열정적이라면 제가 아직 생각지 못한 부분을 건드릴 때 전구가 켜진 것처럼 얼굴이 환해질 겁니다. "거기에 대해선 아직 생각 안 해봤습니다. 여러 사람이랑 이야기해 봤는데 그런 걸 물어본 사람은 처음이에요." 하면서 좋아하겠죠.

그게 당신과 같은 사람들과 보내는 30분의 본질입니다. 우리는 그냥 면접을 보는 게 아니라 우리의 질문을 통해 그 주제가 어떻게 발전하고 있고, 또 어떻게 발전할 수 있을지 이해하고 배우길 바라는 겁니다.

존 팰프리 John Palfrey

일명 '영재상'을 수여하는 존 D. 맥아더와 캐서린 D. 맥아더 재단의 대표다. 그는 맥아더 재단에서 일하기 전에 매사추세츠주 앤도버의 필립스 아카데미Phillips Academy의 교장으로 재직했으며 하버드 법학대학원 학장이었다. 우리는 대학교 입학 부문에서 기회를 주는 방법에 관해 대화를 나눴으며 팰프리는 무엇보다도 열정과 꾸준함이 기회를 얻는 조건이라고 강조했다.

'언젠가'가 아닌
'지금'이라는 게임을 하라

나는 20대 초반에 처음으로 실리콘밸리에 가봤다. 야후!와 이베이, 핫메일이 잘나가던 2000년대 초반의 일이다. 나는 실리콘밸리에 매료되었지만 불행히도 아는 사람이 아무도 없었다. 그래서 순진하게도 이름을 들어 본 IT 유명 인사들에게 무작정 전화를 걸기 시작했다. 그중에는 비노드 코슬라Vinod Khosla와 존 도어John Doerr 같은 유명 투자자도 있었다. 당연하지만 누구에게서도 다시 연락을 받지 못했다.

그러나 그들에게 접근할 방법을 찾아 정보를 검색하던 중 우연히 벅스 우드사이드Buck's Woodside라는 레스토랑에 관한 기사를 발견했다. 그곳은 실리콘밸리 사람들이 자주 아침 식사를 하는 곳이었다. 기사에는 식당 주인인 제이미스 맥니븐Jamis MacNiven이 안경을 쓰고 볼링 셔

츠를 입은 채 다정한 미소를 짓고 있는 사진이 첨부되어 있었다. 나는
어차피 손해 볼 게 없다는 생각에 맥니븐에게 전화를 걸어 혹시 그의
레스토랑에 가서 만나도 되겠느냐고 물었다. "그럼요, 오세요." 그가
대답했다.

벅스 우드사이드에 들어가자마자 나는 주춤주춤 뒤로 물러나 제대로
찾아온 게 맞는지 주소를 다시 한번 확인했다. 여기가 잘나가는 벤처
투자자와 창업가들이 모이는 곳이라고? 가게 안에 들어서자마자 제일
먼저 마주친 건 커다란 멕시코 모자를 쓰고 손에는 아이스크림콘을 들
고 있는 자유의 여신상 모조품이었다. IT 업계 거물들이 모이는 곳이라
기보다는 꼬마들 생일 파티를 여는 곳 같았다.

창가 자리에 앉아 온갖 기념품과 천장에서부터 매달려 있는 장식품
에 넋을 잃고 쳐다보고 있으려니 맥니븐이 다가와 나를 반기며 맞은편
에 앉았다. 그는 하와이안 셔츠와 구겨진 면바지를 입고 있었다. 〈월스
트리트 저널〉The Wall Street Journal 이 실리콘밸리의 실세라고 부른 사내
는 마치 마가리타 마을에서 튀어나온 것 같았다.

맥니븐과 나는 마주 앉아 11월의 아침 식사 스페셜인 호박 팬케이크
를 흡입했다. 그는 앉은 자리에서 내게 식당 내부를 이리저리 가리키며
설명해 주었다. "저기가 마크 앤드리슨Marc Andreesen 이 넷스케이프Nets-
cape 투자를 받아 낸 곳이에요." 그가 왼쪽을 가리키며 말했다. "핫메일
은 바로 저 테이블에서 탄생했죠." 그러곤 앞쪽을 향해 고개를 까딱이
며 덧붙였다. "페이팔은 저기서 투자 유치를 해냈고요."

맥니븐은 키치한 불상부터 케이스에 들어 있는 낸시와 로널드 레이건의 슬리퍼에 이르기까지 특이한 주변 장식품에 정신이 팔린 나를 아침 식사 중인 주변 사람들에게로 관심을 돌리게 했다. 20년 전 그때 내 눈에 들어온 광경은 놀라웠다. 내가 지금 이 책을 쓰고 있는 것은 궁극적으로 그때 내가 봤던 것들 때문이다.

모든 테이블이 비슷비슷한 모양새였다. 한쪽에는 희끗희끗한 머리에 단정한 정장을 입은 사람이 앉아 있고 맞은편에는 마치 나같이 생긴 사람이 있었다. 내 나이에, 나 정도의 경험이 있을 법한, 오늘이 토요일이었다면 내가 입었을 법한 후디를 입고 있었다. 나는 후디를 입은 사람이 정장을 입은 사람에게 무슨 말을 하고 있을지 궁금했다. 갑자기 맥니븐의 목소리가 들려와 깜짝 놀랐다.

"지금 한창 아이디어를 설명 중이랍니다."

나는 이런 말을 해도 될지 잠시 망설였지만 참지 못하고 그만 말하고 말았다.

"하지만 너무 젊잖아요. 그러니까, 저와 비슷한 나이 같은데요."

그러자 맥니븐은 '듀카키스를 주지사로!'라고 적힌 머그잔을 들어 커피를 한 모금 홀짝이더니 창밖을 내다보았다. 마치 내게 사실을 말해 줘야 할지 말아야 할지 고민하는 것 같았다. 중서부에서 온 이 스물한 살짜리 청년이 진실을 감당할 수 있을까? 나는 순간 〈매트릭스〉에서 모피어스가 네오에게 빨간 약과 파란 약을 내미는 장면을 떠올렸다. 맥니븐이 몸을 슬며시 기울이더니 내 눈을 똑바로 바라보며 창밖을 가리켰다.

"이곳을 돌아가게 만드는 사람들도 실은 전부 당신과 비슷한 나이랍니다."

목구멍이 뜨거워지는 것 같았다. 빨간 약이었다.

그날 비행기를 타고 디트로이트로 돌아오는 내내 가슴이 두근거렸다. 식당에서 봤던, 내가 모르는 것을 이미 알고 있는 젊은 후디 청년들이 머릿속에서 떠나지 않았다. 나는 수년 뒤에야 깨달을 수 있었다. 세상에는 두 부류의 사람들이 있다. '언젠가'라는 게임을 하는 사람과 '지금'이라는 게임을 하는 사람이다.

내가 만난 기회를 얻는 사람들은 모두 어느 시점에서는 반드시 '지금'이라는 게임에 뛰어들었다. 브라이언 그레이저는 할리우드에 진출하려고 마음먹었을 때 영화업계에서 가장 영향력 있는 인물 중 한 명인 루 와서먼Lew Wasserman에게 조언을 구했다. 만난 지 2분쯤 지나 그레이저가 자신의 배경을 설명하려 하자 와서먼이 불쑥 말했다. "알았습니다. 됐으니까 종이나 꺼내 봐요."

와서먼은 그레이저에게 글 쓰는 이야기는 그만하고 빨리 써 보라고 말했다. 이때 그레이저가 쓴 원고는 톰 행크스 주연의 〈스플래시〉가 되었다. 이후 그레이저는 론 하워드Ron Howard와 함께 이매진 엔터테인먼트Imagine Entertainment를 설립했다. 그는 그날 종이 위에 아이디어를 적은 단 하나의 행동이 자신의 앞날을 결정지었다고 믿는다. 그가 '지금'이라는 게임을 시작한 순간이었다.

나는 청중 앞에서 연설할 때면 먼저 간단한 참여를 부추긴다. "뭔가 창의적인 아이디어가 있는 사람이 있으면 지금 일어나 보세요. 뭐든 새로운 거면 됩니다. 아주 간단한 것일 수도 있고 세상에 다시없을 획기적인 것일 수도 있겠죠. 신제품이나 새로운 공정, 뭐든 여러분이 의미 있는 변화를 만들 수 있다고 생각하는 거면 다 괜찮습니다."

그러면 그 자리에 있는 거의 모든 사람이 자리에서 일어난다. 그런 다음 나는 그 아이디어를 다른 사람에게 아직 말하지 않은 사람만 계속서 있으라고 말한다. 그러면 그중 절반은 자리에 앉는다.

나는 이런 실험을 수년 동안 해왔는데 결과는 거의 항상 똑같았다. 많은 기업이 수십억 달러를 퍼부어 외부 컨설턴트를 고용하고 어마어마한 돈을 주고 싱크탱크를 구성해 새로운 아이디어를 내놓으라고 요구하지만, 사실 그중 대부분은 직원들도 이미 알고 있는 것들이다. 평범한 이들의 천재성은 뻔한 곳에 숨어 있다.

마하트마 간디는 이렇게 말했다. "우리가 하는 일과 우리가 할 수 있는 일의 차이는 세상 대부분 문제를 해결하기에 충분하다." 이제 우리는 '언젠가'라는 게임을 그만두고 '지금'이라는 게임에 착수해야 한다. 그리고 그 시작은 바로 당신이 될 것이다.

정신 나간 듯 보이는 기발한 아이디어는 세상을 바꿀 확률이 가장 높지만 대부분은 판매하기가 어렵다. 하지만 그렇다고 처음부터 포기해야 한다는 뜻은 아니다. 우리는 기회를 얻는 기술을 배우고 노력을 투자해야 한다. 기회를 얻는 사람들이 궁극적으로 깨달았듯이 거절을 당할 때마다 항상 또 다른 기회가 있음을 명심해야 한다.

이 모든 것에도 불구하고 지금이라는 게임을 시작하기에 충분하지 않다면 이 점을 기억하라. 설령 우리의 아이디어가 목표에 닿지 못하더라도 거기까지 가는 과정에 누군가에게 닿거나 영감을 줄 것이다. 솔직히 고백하자면 라이즈는 내가 기대한 것만큼 크게 성장하지 못했다. 원메디컬에 회사를 매각했을 때 직원들과 주주들에게 만족스러운 수익을 안겨 주긴 했지만 나는 다소 착잡한 마음으로 서류에 최후의 서명을 했다. 나는 이보다 더 크게 성공할 줄로만 알았다.

그러나 회사를 매각하고 수년 뒤 나는 그들만의 새로운 라이즈를 만들고 있는 사람들을 만났다. 《포춘》에서 개최한 콘퍼런스에서는 한 창업가가 개발한, 정신치료 비용을 극적으로 줄일 수 있는 서비스에 관한 강연을 들었는데 어떻게 그런 발상을 했냐는 질문을 받자 그는 이렇게 대답했다.

"라이즈라는 서비스에서 영감을 얻었습니다."

그는 내가 그 자리에 있다는 것을 몰랐고 나는 그의 대답에 깜짝 놀랐다. 우리는 전혀 모르는 사이였다. 지금이라는 게임을 플레이한다면 우리가 한 일의 직접적인 결과만이 이야기의 끝이 되는 게 아니다.

나는 대부분 사람을 지금이라는 게임으로부터 멀어지게 만드는 한 문장을 알고 있다. '난 아직 준비가 안 됐어.' 내 사업을 시작할 준비가 안 됐어, 기획서를 쓸 준비가 안 됐어, 내 생각을 털어놓을 준비가 아직 안 됐어…. 사람들은 모두 이렇게 느낀다. 내가 이 원고의 마지막 문장을 타이핑하고 있을 때도 마음 한구석에서 속삭이는 목소리가 들렸다. 왜 너야? 누가 네가 하는 말을 읽고 싶어 하겠어?

그러나 5년에 걸친 시간 동안 세상을 바꾼 사람들을 만나고 대화를 나누고 그들을 연구하자 내게도 변화가 찾아왔다. 준비된 사람은 아무도 없다. 창업 경험이 없는 헤지펀드 매니저가 온라인 서점을 열 준비가 되어 있을 필요는 없었다. 디자인스쿨에서 만난 친구들은 숙박업계를 교란할 준비가 되어 있지 않았다. 스톡홀름 출신의 15세 소녀도 전 세계 환경운동을 이끌 준비가 되어 있지 않았다. 그러나 오늘날 아마존은 세계 최대의 서점을 넘어 세계 최대의 온라인 소매점이 되었고, 날마다 수만 명이 에어비앤비를 사용한다.[1] 그레타 툰베리Greta Thunberg는 《타임》에서 최연소 올해의 인물로 선정되었다.

포드 최초의 여성 엔지니어였던 내 어머니는 당신뿐만 아니라 가족을 포함해 주변 모든 사람을 위한 기회를 창조했다. 1967년에 앤아버 외곽에서 자동차가 고장 나자 어머니는 공중전화를 찾아 전화번호부를 뒤져 당신이 생각할 수 있는 가장 흔한 인도 이름을 찾았다. 그 전화를 받은 사람이 내 아버지인 수바쉬 굽타Shubhash Gupta였다. 두 분은 1년도 안 돼 결혼식을 올렸고 두 아들을 낳았다. 바로 산제이와 나다.

우리 형제는 어머니가 경험한 일들을 접할 기회도 없이 지루할 정도로 안전한 교외에서 자랐다. 그런데도 산제이와 나는 어머니의 난민으로서의 마음가짐을 물려받았다. 인생무상이라는 생각과 낙관주의의 기묘한 혼합 말이다. 우리에게 목표가 생기면 어머니는 그것을 '지금' 그리고 어떻게 해야 할지 알아내라고 격려해 주었다. '언젠가'라는 게임은 허용되지 않았다.

세월이 지나고 형 산제이는 디트로이트 출신의 의사도 전국 TV 방송 국의 기자가 될 수 있다고 생각했다. 형은 방송과 관련된 경험이 전무했지만 어머니는 자기 자신을 믿고 방법을 생각해 내라고 조언해 주었다. 그리고 어머니가 포드에 취직할 방법을 찾아낸 것처럼 산제이도 CNN 경영진 및 프로듀서와 면접을 할 방법을 찾아내는 데 성공했다.

산제이는 사실상 승산 없는 일이라는 걸 알면서도 숙고 기간을 거치며 면접을 준비했다. 카메라 앞에 선 경험이 없다는 반론을 정면 돌파했고 의사로 일했기에 그의 중심 캐릭터인 환자들과 더 깊은 유대감을 구축할 수 있다고 강조했다. 그는 이미 CNN이 원하는 스토리 안에 있었고 자신만의 비결을 습득하고 있었다.

내가 제이미스 맥니븐을 그의 특이한 레스토랑에서 만나고 몇 주일 뒤에 산제이 굽타 박사는 CNN에서 첫 데뷔전을 치렀다. 그 후 20년간 나는 형이 9.11부터 코로나19에 이르기까지 수많은 사건을 보도하는 모습을 뿌듯한 마음으로 지켜보았다. 그는 우리가 이 모든 일을 함께하고 있으며 '지금'이라는 게임을 해야 한다는 사실을 상기시킨다.

내가 지방의원 선거에 나가기 위해 미시간주로 이사하기로 했을 때 가장 먼저 전화한 사람도 산제이였다. 2016년 도널드 트럼프가 1만 1,000표도 안 되는 차이로 대통령에 당선되었고 민주당원인 나는 고향으로 돌아가 흐름을 반대쪽으로 되돌리고 싶었다.

출마를 한다는 건 여러 면에서 스타트업을 설립하는 것과 비슷하다. 늘 신속하게 판단해 움직여야 하고 실수를 저지르고 항상 자금에 쪼들린다. 그러나 우리는 아주 중요한 자산을 갖고 있었다. 바로 어머니였다. 76세의 어머니는 은퇴 생활을 떨치고 일어나 내 선거 캠프에 합류했고 어떤 운동원보다도 더 열성적으로 집집마다 현관문을 두드렸다. 선거 당일 우리가 접전을 벌이고 있을 때 어머니는 최종 결과를 확인하기 위해 리나나 나보다도 더 늦게까지 깨어 있었다.

다음 날 아침 눈을 뜬 나는 선거에서 졌다는 사실을 알게 되었다. 침대에 누운 채 전화기로 결과를 보고 있는데 어머니가 아래층에서 인도차이 밀크티를 끓이는 소리가 들렸다. 그 나직한 소리가 나를 어린 시절로 데려갔다. 어렸을 적 나는 늘 어머니를 기쁘게 해드리고 싶었다. 마치 학부모 상담 다음 날이 된 기분이었다. 나는 선거 결과가 달랐다면 어머니가 나를 얼마나 자랑스러워했을지 생각했다. 어머니의 말씀대로 지금이라는 게임을 했고, 그래서 이겼더라면 말이다.

나는 느린 발걸음으로 1층으로 내려가며 어머니의 실망한 목소리를 들을지도 모른다고 각오했다. 하지만 부엌에 들어갔을 때 어머니는 나를 보고 아무 말도 하지 않았다. 그저 컵을 내려놓고 나를 껴안아 주었을 뿐이다.

지금이라는 게임이 항상 성공으로 이어지는 건 아니다. 그러나 성공의 반대말이 실패인 건 아니다. 성공의 반대말은 바로 지루함이다. 그러니 우리 모두 이 게임에 뛰어들어 보자. 우리의 삶에 활력을 주고 좋은 사람들이 게임에 참여하도록 영감을 주는 아이디어를 위해 싸워 보자. 설령 조금은 상처 입을지라도 영원히 소중하게 간직할 순간들을 경험해 보자. 이제 당신은 준비가 됐다.

$$\text{감사의 말}$$

칼리 애들러를 처음 만났을 때 그녀는 이미 저명한 사상가 및 비즈니스 리더들과 함께 많은 저서를 저술한 경험 많은 작가였다. 나는 그런 경험이 없었기에 그녀가 공동 저자가 되어 주겠다고 수락했을 때 얼마나 기뻤는지 모른다. 칼리가 없었다면 이 책은 단편적인 생각들을 이어 붙인 것에 불과했을 것이다. 그녀는 이 안에 담긴 아이디어들이 영혼을 가질 수 있도록 하나로 관통하는 뼈대를 제공했다.

디크란 오네키안은 이 프로젝트가 완성되기 10개월 전에 우리 팀에 합류했다. 절친한 친구가 평생을 함께하는 조력자가 된다는 건 인생에서 보기 드문 축복이다. 빌리지 옥스 초등학교 옆에 있는 리틀리그 경기장에서 처음 만난 이래 나는 디크란이 재미없고 지루한 것들을 놀랍도록 창의적으로 되살리는 모습을 수도 없이 목격했다. 이 책도 예외가 아니었다.

조엘 스타인과 앤드루 월러Andrew Waller, 캠벨 슈네블리Campbell Schnebly는 귀중한 시간을 내어 이 책의 초고를 읽고 검토해 주었고 참신한 아이디어를 보태 더욱 개선할 수 있도록 도와주었다.

우리 편집자인 필 마리노Phil Marino는 이 책의 잠재성을 마지막 한 방울까지 끌어내 주었다. 나는 원래 창업자들을 대상으로 하는 책을 쓸 생각이었지만 필은 이 프로젝트가 그보다 더 크게 성장할 수 있음을 알고 있었다. 마리노를 비롯해 리틀, 브라운 앤드 컴퍼니Little, Brown and Company의 많은 유능한 직원이 내게 더 크고 넓게 생각할 수 있는 여유와 자신감을 불어넣어 주었다. 브루스 니콜스Bruce Nichols에겐 이 책을 선택해 주어 감사하다는 말을 전하고 싶다. 영국의 클로디아 코널 Claudia Connal과 페이 롭슨Faye Robson은 이 책을 세세히 검토하고 전 세계 독자들이 읽기 좋도록 다듬어 주었다.

데이비드 비글리아노David Vigliano는 최고의 에이전트다. 출판업계에서 그는 신비한 육감을 지니고 있고 그가 일하는 모습을 지켜보는 것은 최고의 운동선수가 시합을 뛰는 모습을 보는 것과도 비슷하다. 책을 집필한 경험도, 잘 해낼 수 있다는 증거도 없던 나를 고객으로 받아 준 그에게 진심으로 감사한다.

밥 토머스Bob Thomas와 월드와이드 스피커스 그룹Worldwide Speakers Group은 일찍부터 이 책에 기대를 걸고 우리가 전 세계의 훌륭한 청중 앞에서 이 주제를 이야기할 수 있도록 도와주었다. 불안한 팬데믹 시기에도 프로젝트가 계속 전진할 수 있도록 많은 도움을 주었다.

이 책은 나 자신의 이야기에 뿌리를 두고 있지만 많은 사람의 도움으로 탄생할 수 있었다. 부모님은 내게 목표를 설정하고 열심히 노력하는 법을 가르쳐 주었다. 형인 산제이는 그 목표가 진정한 나와 부합하는지 끊임없이 검토하고 확인해야 한다는 것을 가르쳐 주었다. 앤디 마호니Andy Mahoney는 약 10년 동안 내 삶과 비즈니스에서 코치 역할을 맡아 주었다. 그의 격려가 없었다면 이 책을 쓰는 길에 도달하지 못했을 것이다.

팬데믹 기간에 두 딸 사마라 '새미'와 세레나 '주주'는 우리 집을 기쁨과 행복으로 채워 주었다. 집필 활동이란 본질적으로 고독한 행위지만 나는 이 아이들 덕분에 전혀 외롭지 않았다. 여덟 살인 새미는 책의 표지가 될 그림을 그려 주었다. 세 살인 세레나는 내가 원고를 읽어 줄 때마다 잠자코 들어 주었고 내 눈을 똑바로 들여다보며 말했다. "참 잘했어요, 아빠." 이 책이 내 딸들에게 그리 필요하진 않을 것 같지만 이 책을 완성하는 데 이들이 얼마나 중요한 역할을 했는지 알아줬으면 좋겠다.

아내 리나는 심지어 나조차 회의감이 들 때도 '결정적 기회를 만드는 힘'을 믿어 주었다. 여기서 책의 제목을 '나'로 바꿔도 된다. 그리고 나는 결정적 기회를 만드는 힘을 가진 사람이다. 그렇기에 리나가 나를 믿고 기회를 준 것이다.

들어가며 시작하지 않으면 달라지는 것도 없다

1   Alistair Barr and Clare Baldwin, "Groupon's IPO biggest by U.S. Web company since Google," Reuters, November 4, 2011, accessed April 8, 2020, https://www.reuters.com/article/us-groupon/groupons-ipo-biggest-by-u-s-web-company-since-google-idUSTRE7A3520 20111104.

2   Dominic Rushe, "Groupon fires CEO Andrew Mason after daily coupon company's value tumbles," *Guardian*, February 28, 2013, accessed April 8, 2020, https://www.theguardian.com/technology/2013/feb/28/andrew-mason-leaves-groupon-coupon.

3   Eric Johnson, "Why former Groupon CEO Andrew Mason regrets telling everyone he was fired," *Vox*, December 13, 2017, accessed September 2, 2020, https://www.vox.com/2017/12/13/16770838/groupon-ceo-andrew-mason-descript-audio-startup-recording-word-processor-recode-decode.

4   Howard Berkes, "Challenger engineer who warned of shuttle disaster dies," NPR, February 21, 2016, accessed January 30, 2020, https://www.npr.org/sections/thetwo-way/2016/03/21/470870426/challenger-engineer-who-warned-of-shuttle-disaster-dies.
Sarah Kaplan, "Finally free from guilt over Challenger disaster, an engineer dies in peace," *The Washington Post*, March 22, 2016, accessed August 20, 2020, https://www.washingtonpost.com/news/morning-mix/

wp/2016/03/22/finally−free−from−guilt−over−challenger−disaster−an−engineer−dies−in−peace/.

William Grimes, "Robert Ebeling, Challenger Engineer Who Warned of Disaster, Dies at 89," *The New York Times*, March 25, 2020, accessed August 8, 2020, https://www.nytimes.com/2016/03/26/science/robert−ebeling−challenger−engineer−who−warned−of−disaster−dies−at−89.html.

5   *Encyclopaedia Britannica Online*, Editors of *Encyclopaedia Britannica*, s.v. "Christa Corrigan McAuliffe," accessed September 2, 2020, https://www.britannica.com/biography/Christa−Corrigan−McAuliffe.

6   Berkes, "Challenger engineer."

7   U.S. Justice Department, U.S. Attorney's Office Southern District of New York, "William McFarland Sentenced To 6 Years In Prison In Manhattan Federal Court For Engaging In Multiple Fraudulent Schemes And Making False Statements To A Federal Law Enforcement Agent," October 11, 2018, accessed September 1, 2020, https://www.justice.gov/usao−sdny/pr/william−mcfarland−sentenced−6−years−prison−manhattan−federal−court−engaging−multiple.

"Fyre: The Greatest Party that Never Happened," Directed by Chris Smith. Originally aired on Netflix, January 18, 2019.

8   *Time*, "Groundbreaker: Damyanti Gupta, First female engineer with an advanced degree at Ford Motor Company," July 29, 2018, accessed August 20, 2020, https://time.com/collection/firsts/5296993/damyanti−gupta−firsts.

9   *Time*, "Groundbreaker."

10 Dr. Sanjay Gupta, "The Women Who Changed My Life," CNN.com, February 2, 2016, accessed September 2, 2020, https://www.cnn.com/2016/01/13/health/person−who−changed−my−life−sanjay−gupta/index.html.

11 Reshma Saujani, "Girls who code," filmed July 13, 2011, in New York, NY, TED video, 6:49, accessed September 2, 2020, https://youtu.be/ltoLOeE7

K4A?t=119.

제1단계 나 자신을 먼저 설득하라

1 Mark Patinkin, "Mark Patinkin: Recalling when Mister Rogers softened a tough Rhode Island senator," *Providence Journal*, May 31, 2017, accessed September 2, 2020, https://www.providencejournal.com/news/20170531/mark-patinkin-recalling-when-mister-rogers-softened-tough-rhode-island-senator.

2 "Sir Ken Robinson on how to encourage creativity among students," *CBS This Morning*, March 13, 2019, accessed September 2, 2020, video, 7:02, https://www.youtube.com/watch?v=4DDRNvs6D1I. https://www.ted.com/talks/sir_ken_robinson_do_schools_kill_creativity.

3 Minda Zetlin, "Elon Musk fails Public Speaking 101. Here's why we hang on every word (and what you can learn from him)," *Inc.*, September 30, 2017, accessed January 28, 2020, https://www.inc.com/minda-zetlin/elon-musk-fails-public-speaking-101-heres-why-we-hang-on-every-word-what-you-can-learn-from-him.html.

4 Mic Wright, "The original iPhone announcement annotated: Steve Jobs' genius meets Genius," Next Web, September 9, 2015, accessed September 2, 2020, https://thenextweb.com/apple/2015/09/09/genius-annotated-with-genius/.

5 "Making life multiplanetary," SpaceX, September 29, 2017, accessed September 2, 2020, video, 1:34, https://www.youtube.com/watch?v=tdUX3ypDVwI.

6 "Mugaritz—back from the brink," *Caterer*, February 17, 2011, accessed September 2, 2020, https://www.thecaterer.com/news/restaurant/mugaritz-back-from-the-brink.

7 The World's 50 Best Restaurants list.

8 Noel Murray, "A new Netflix docuseries heads inside Bill Gates' brain, but

it keeps getting sidetracked," *Verge*, September 18, 2019, accessed September 2, 2020, https://www.theverge.com/2019/9/18/20872239/inside−bills−brain−decoding−bill−gates−movie−review−netflix−microsoft−documentary−series.

9   "How to convince investors," August 2013, PaulGraham.com, accessed September 2, 2020, https://paulgraham.com/convince.html.

10 Bel Booker, "Lego's growth strategy: How the toy brand innovated to expand," Attest, September 12, 2019, accessed April 2, 2020, https://www.askattest.com/blog/brand/legos−growth−strategy−how−the−toy−brand−innovated−to−expand.

11 Booker, "Lego's growth strategy."

12 Hillary Dixler Canavan, "Mugaritz is now serving moldy apples," Eater, July 31, 2017, accessed September 2, 2020, https://www.eater.com/2017/7/31/16069652/mugaritz−noble−rot−moldy−apples.

13 Elizabeth Foster, "LEGO revenue increases 4% in fiscal 2018," Kidscreen, February 27, 2019, accessed April 2, 2020, https://kidscreen.com/2019/02/27/lego−revenue−increases−4−in−fiscal−2018/.
    Saabira Chaudhuri, "Lego returns to growth as it builds on U.S. momentum," *Wall Street Journal*, February 27, 2019, accessed April 2, 2020, https://www.wsj.com/articles/lego−returns−to−growth−as−it−builds−on−china−expansion−11551259001.

14 "Hello Monday: Troy Carter," LinkedIn Editors, February 26, 2020, video, 33:01, accessed September 2, 2020, https://www.youtube.com/watch?v=qAtj1HUuZC0.

15 Lisa Robinson, "Lady Gaga's Cultural Revolution," *Vanity Fair*, September 2010, accessed August 21, 2020, https://archive.vanityfair.com/article/2010/9/lady−gagas−cultural−revolution.
    "'Pick Yourself Up'—Lady Gaga's West Virginia Roots and Her Grandma's Inspiring Words That Helped Make a Star," *Moundsville: Biography of a Classic American Town*, PBS, March 11, 2019, accessed August 21, 2020, https://

moundsville.org/2019/03/11/pick-yourself-up-lady-gagas-west-virginia-roots-and-her-grandmas-inspiring-words-that-helped-make-a-star/.

16 Joseph Lin, "What diploma? Lady Gaga," Top 10 College Dropouts, *Time*, May 10, 2010, accessed March 23, 2020, https://content.time.com/time/specials/packages/article/0,28804,1988080_1988093_1988083,00.html. Grigoriadis, Vanessa, "Growing Up Gaga," *New York* magazine, March 26, 2010, accessed August 21, 2020, https://nymag.com/arts/popmusic/features/65127/.

17 Sissi Cao, "Jeff Bezos and Dwight Schrute both hate PowerPoint," *Observer*, April 19, 2018, accessed September 2, 2020, https://observer.com/2018/04/why-jeff-bezos-doesnt-allow-powerpoint-at-amazon-meetings/.

18 Shawn Callahan, "What might Amazon's 6-page narrative structure look like?" Anecdote, May 8, 2018, accessed September 2, 2020, https://www.anecdote.com/2018/05/amazons-six-page-narrative-structure/.

19 Jonathan Haidt, *The Happiness Hypothesis*, Basic Books, Perseus Book Group, 2006, https://www.happinesshypothesis.com/happiness-hypothesis-ch1.pdf.

20 "Playwright, composer, and performer Lin-Manuel Miranda, 2015 MacArthur Fellow," MacArthur Foundation, September 28, 2015, video, 3:25, accessed September 2, 2020, https://youtu.be/r69-fohpJ3o?t=15.

21 Vinamrata Singal, "Introducing Jimmy Chen—Propel," Medium, August 8, 2017, accessed September 2, 2020, https://medium.com/social-good-of-silicon-valley/introducing-jimmy-chen-propel-ed02c3014e75.

제2단계 이야기의 중심 캐릭터를 창조하라

1 Eric Savitz, "Kirsten Green," *Barron's*, March 20, 2020, accessed September 2, 2020, https://www.barrons.com/articles/barrons-100-most-influential-women-in-u-s-finance-kirsten-green-51584709202.

Kirsten Green, "Empowerment: Forerunner and Fund IV," Medium, October 8, 2018, accessed September 2, 2020, https://medium.com/forerunner−insights/empowerment−forerunner−at−fund−iv−1dd0cc 1b6bc9.

2   Dave Nussbaum, "Writing to persuade: Insights from former New York Times op−ed editor Trish Hall," *Behavioral Scientist*, March 16, 2020, accessed September 2, 2020, https://behavioralscientist.org/writing−to−persuade−insights−from−former−new−york−times−op−ed−editor−trish−hall/.

3   *Inside Bill's Brain*, episode 2, directed by Davis Guggenheim, released September 20, 2019, on Netflix.

4   Stephanie Rosenbloom, "The World According to Tim Ferriss," *New York Times*, March 25, 2011, accessed August 19, 2020, https://www.nytimes.com/2011/03/27/fashion/27Ferris.html?src=twrhp.

5   Tim Ferriss, The Tim Ferriss Show Transcripts: The 4−Hour Workweek Revisited (#295), February 6, 2018, accessed September 2, 2020, https://tim.blog/2018/02/06/the−tim−ferriss−show−transcripts−the−4−hour−workweek−revisited/.

6   "Here's how Airbnb and Pixar use storytelling to bring great experiences to travelers," Next Generation Customer Experience, accessed September 2, 2020, https://nextgencx.wbresearch.com/airbnb−pixar−use−storytelling−better−travel−experience−ty−u.

7   Sarah Kessler, "How Snow White helped Airbnb's mobile mission," *Fast Company*, November 8, 2012, accessed September 2, 2020, https://www.fastcompany.com/3002813/how−snow−white−helped−airbnbs−mobile−mission.

8   DocSend and Tom Eisenmann, "What We Learned From 200 Startups Who Raised $360M," July 2015, accessed August 21, 2020, https://docsend.com/view/p8jxsqr.

9   Russ Heddleston, "Data tells us that investors love a good story," *TechCrunch*, April 12, 2019, accessed September 2, 2020, https://techcrunch.

com/2019/04/12/data-tells-us-that-investors-love-a-good-story/.

10 Christopher Steiner, "Groupon's Andrew Mason did what great founders do," *Forbes*, February 28, 2013, accessed September 2, 2020, https://www. forbes.com/sites/christophersteiner/2013/02/28/groupons-andrew-mason-did-what-great-founders-do/#89ff8d58810d.

11 Eric Newcomer, "In video, Uber CEO argues with driver over falling fares," *Bloomberg*, February 28, 2017, accessed September 2, 2020, https://www. bloomberg.com/news/articles/2017-02-28/in-video-uber-ceo-argues-with-driver-over-falling-fares.

12 Johana Bhuiyan, "A new video shows Uber CEO Travis Kalanick arguing with a driver over fares," *Vox*, February 28, 2017, accessed May 1, 2020, https://www.vox.com/2017/2/28/14766964/video-uber-travis-kalanick-driver-argument.

제3단계 상대를 홀리는 나만의 비결을 습득하라

1 September 2, 2020, https://a16z.com/2018/08/04/earned-secrets-ben-horowitz-interns-2018/(start at 8:15).

2 https://getpaidforyourpad.com/blog/the-airbnb-founder-story/#:~:text= It's%20late%202007%20in%20San.just%20moved%20from%20New%20 York.&text=They%20bought%20a%20few%20airbeds,and%20breakfast%20 in%20the%20morning.

3 Steven Levitt, "The freakonomics of crack dealing," filmed February 2004 in Monterey, California, TED video, 21:03, accessed September 2, 2020, https://www.ted.com/talks/steven_levitt_the_freakonomics_of_crack_ dealing/transcript?language=en.

4 Jessica Bennett, "Inside a Notorious Street Gang," *Newsweek*, January 31, 2008, accessed August 23, 2020, https://www.newsweek.com/inside-notorious-street-gang-86603.
"Researcher Studies Gangs by Leading One," NPR, January 12, 2008,

retrieved August 23, 2020, https://www.npr.org/transcripts/18003654.

5   Shannon Bond, "Logan Green, the carpooling chief executive driving Lyft's IPO," *Financial Times*, March 8, 2019, accessed August 24, 2020, https://www.ft.com/content/8a55de94-414e-11e9-b896-fe36ec32aece.
Mike Isaac and Kate Conger, "As I.P.O Approaches, Lyft CEO Is Nudged into the Spotlight," *New York Times*, January 27, 2019, accessed September 1, 2020, https://www.nytimes.com/2019/01/27/technology/lyft-ceo-logan-green.html.

6   Nick Romano, "Howard Stern to release first book in more than 20 years," *Entertainment Weekly*, March 12, 2019, accessed January 29, 2020, https://ew.com/books/2019/03/12/howard-stern-comes-again-book/.

7   "Simon & Schuster's Jonathan Karp Calls Howard Stern His White Whale," The Howard Stern Show, May 14, 2019, retrieved January 28, 2020, https://www.youtube.com/watch?v=BOddXs4uzxc.

제4단계 왜 이 아이디어가 '불가피'한지 증명하라

1   Malcolm Lewis, "AirBnB pitch deck," March 12, 2015, slide 4, accessed September 2, 2020, https://www.slideshare.net/PitchDeckCoach/airbnb-first-pitch-deck-editable.

2   "Rent the Runway: Jenn Hyman," *How I Built This with Guy Raz*, NPR, August 7, 2017, retrieved August 18, 2020, https://www.npr.org/2017/09/21/541686055/rent-the-runway-jenn-hyman.

3   Adrian Granzella Larssen, "What we've learned: A Q&A with Rent the Runway's founders," *The Muse*, accessed September 2, 2020, https://www.themuse.com/advice/what-weve-learned-a-qa-with-rent-the-runways-founders.

4   Kantar, Worldpanel Division US, Beverages Consumption Panel, 12 March 2014.

5   Daniel Kahneman, "Daniel Kahneman," Biographical, The Nobel Prize,

2002, accessed August 25, 2020, https://www.nobelprize.org/prizes/
economic–sciences/2002/kahneman/biographical/.

Amos Tversky and Daniel Kahneman, "Loss Aversion in Riskless Choice: A
Reference–Dependent Model," *The Quarterly Journal of Economics* 106, 4
(November 1991): 1039 – 1061, https://doi.org/10.2307/2937956.

6   Minda Zetlin, "Blockbuster could have bought Netflix for $50 million, but
the CEO thought it was a joke," *Inc.*, September 20, 2019, accessed
September 2, 2020, https://www.inc.com/minda–zetlin/netflix–block
buster–meeting–marc–randolph–reed–hastings–john–antioco.html.

Marc Randolph, "He 'was struggling not to laugh': Inside Netflix's crazy,
doomed meeting with Blockbuster," *Vanity Fair*, September 17, 2019,
accessed September 2, 2020, https://www.vanityfair.com/news/2019/09/
netflixs–crazy–doomed–meeting–with–blockbuster.

7   Matt Novak, "GM Car of the Future," Paleofuture, https://paleofuture.com/
blog/2007/6/29/gm–car–of–the–future–1962.html.

8   Bill Cotter, *Seattle's 1962 World's Fair* (Mount Pleasant, SC: Arcadia, 2015), 28,
accessed September 2, 2020, https://books.google.com/books?id=LefRCg
AAQBAJ&pg=PA27&lpg=PA27&dq=In+1962,+General+Motors+showcased
+its+Firebird+III&source=bl&ots=kcVBkz9SCX&sig=ACfU3U2ZV_NV–fQQ
cqgINenD8l3jsWH6fw&hl=en&sa=X&ved=2ahUKEwj0tdT0pdDpAhUBgnIE
Hc2hBBEQ6AEwC3oECAsQAQ#v=onepage&q=In%201962%2C%20
General%20Motors%20showcased%20its%20Firebird%20III&f=false.

9   Dan Primack and Kirsten Korosec, "GM buying self–driving tech startup for
more than $1 billion," *Fortune*, March 11, 2016, accessed September 2,
2020, https://fortune.com/2016/03/11/gm–buying–self–driving–tech–
startup–for–more–than–1–billion/.

10   "Ford invests in Argo AI, a new artificial intelligence company, in drive for
autonomous vehicle leadership," Ford Media Center, February 10, 2017,
accessed September 2, 2020, https://media.ford.com/content/fordmedia/
fna/us/en/news/2017/02/10/ford–invests–in–argo–ai–new–artificial–

intelligence—company.html.

11 Megan Rose Dickey, "Waymo expands autonomous driving partnership with Fiat Chrysler," *TechCrunch*, May 31, 2018, accessed September 2, 2020, https://techcrunch.com/2018/05/31/waymo—expands—autonomous—driving—partnership—with—fiat—chrysler/.

12 "Uber to use self—driving Mercedes—Benz cars," Fleet Europe, February 1, 2017, accessed September 2, 2020, https://www.fleeteurope.com/fr/connected—financial—models—smart—mobility/europe/news/uber—use—self—driving—mercedes—benz—cars?a=FJA05&t%5B0%5D=Daimler&t%5B1%5D=Mercedes—Benz&t%5B2%5D=Uber&curl=1.

13 Jefferies, "The Millennial's New Clothes: Apparel Rental and the Impact to Retailers," August 19, 2019, https://drive.google.com/file/d/1dzBxn1l2l3S9Ew4BqeWOn_Ky—4sGaNdz/view.

14 Case study: https://www.zuora.com/our—customers/case—studies/zoom/.

15 Sarah Lacy, "Amazon buys Zappos; the price is $928m., not $847m.," *TechCrunch*, July 22, 2009, accessed September 2, 2020, https://techcrunch.com/2009/07/22/amazon—buys—zappos/.

16 Collen DeBaise, "Cinderella dreams, shoestring budget? No problem," *Wall Street Journal*, February 16, 2011, accessed January 28, 2020, https://www.wsj.com/articles/SB10001424052748703373404576148170681457268.

17 Jessica Klein, "35% of the U.S. workforce is now freelancing—10 million more than 5 years ago," *Fast Company*, October 3, 2019, accessed September 2, 2020, https://www.fastcompany.com/90411808/35—of—the—u—s—workforce—is—now—freelancing—10—million—more—than—5—years—ago.

18 Dakin Campbell, "How WeWork spiraled from a $47 billion valuation to talk of bankruptcy in just 6 weeks," *Business Insider*, September 28, 2019, accessed September 2, 2020, https://www.businessinsider.com/weworks—nightmare—ipo.

19 Madeline Cuello, "What is the gig economy?" WeWork, November 27, 2019, accessed January 30, 2019, https://www.wework.com/ideas/what—

is—the—gig—economy.

20 Eliot Brown, "How Adam Neumann's Over—the—Top Style Built WeWork: 'This Is Not the Way Everybody Behaves,'" *The Wall Street Journal*, September 18, 2019, retrieved August 20, 2020, https://www.wsj.com/articles/this—is—not—the—way—everybody—behaves—how—adam—neumanns—over—the—top—style—built—wework—11568823827.

21 Gary Krakow, "Happy birthday, Palm Pilot," MSNBC.com, March 22, 2006, accessed January 30, 2020, https://www.nbcnews.com/id/11945300/ns/technology_and_science—tech_and_gadgets/t/happy—birthday—palm—pilot/.

22 Alexis Madrigal, "The iPhone was inevitable," *Atlantic*, June 29, 2017, accessed January 30, 2020, https://www.theatlantic.com/technology/archive/2017/06/the—iphone—was—inevitable/531963/.

제5단계 그들을 같은 팀으로 끌어들여라

1 Laura Spinney, "The hard way: Our odd desire to do it ourselves," *New Scientist*, December 20, 2011, accessed September2, 2020, https://www.newscientist.com/article/mg21228441—800—the—hard—way—our—odd—desire—to—do—it—ourselves/.

2 Michael I. Norton, Daniel Mochon, and Dan Ariely, "The 'IKEA effect': When labor leads to love" (working paper 11—091, Harvard Business School, 2011), accessed September 2 2020, https://www.hbs.edu/faculty/publication%20files/11—091.pdf.

3 Norton, Mochon, and Ariely, "The 'IKEA effect.'"

4 Salman Rushdie, *Midnight's Children* (London: Everyman's Library, 1995).

5 Phil Alexander, "One Louder!", *Mojo*, February 2010, p. 77.

6 Matthew Creamer, "Apple's first marketing guru on why '1984' is overrated," *AdAge*, March 1, 2012, accessed January 28, 2020, https://adage.com/article/digital/apple—s—marketing—guru—1984—overrated/

232933.

7   "Steve Jobs: The man in the machine," CNN, January 9, 2016, accessed January 28, 2020, https://archive.org/details/CNNW_20160110_020000_ Steve_Jobs_The_Man_in_the_Machine/start/1080/end/1140.

8   Regis McKenna, "My biggest mistake: Regis McKenna," *Independent*, November 11, 1992, accessed January 28, 2020, https://www.independent. co.uk/news/business/my−biggest−mistake−regis−mckenna−1556795. html.

9   Sarah Buhr, "Piper Pied imitates HBO's Silicon Valley and creates lossless compression for online images," *TechCrunch*, May 3, 2015, accessed September 2, 2020, https://techcrunch.com/2015/05/03/ppiper−pied− imitates−hbos−silicon−valley−and−creates−lossless−compression−for− online−images/.
    Kyle Russell, "Facebook acquires QuickFire Networks, a 'Pied Piper' for video," *TechCrunch*, January 8, 2015, accessed September 2, 2020, https:// techcrunch.com/2015/01/08/facebook−acquires−quickfire−networks−a− pied−piper−for−video/.

10 "Inaugural address of John F. Kennedy," January 20, 1961, Avalon Project, Yale Law School, accessed September 2, 2020, https://avalon.law.yale. edu/20th_century/kennedy.asp.

11 "MBA entering class profile," Stanford Graduate School of Business, accessed September 2, 2020, https://www.gsb.stanford.edu/programs/ mba/admission/class−profile.

12 https://www.aspeninstitute.org/programs/henry−crown−fellowship/ nominate−henry−crown−fellowship/.

13 Amy Larocca, "The magic skin of Glossier's Emily Weiss," *New York* magazine, January 8, 2018, accessed September 2, 2020, https://www. thecut.com/2018/01/glossier−emily−weiss.html.

14 Staff of Entrepreneur Media, *Entrepreneur Voices on Growth Hacking* (Irvine, CA: Entrepreneur Press, 2018), accessed September 2, 2020, https://books.

google.com/books?id=6KBTDwAAQBAJ&pg=PT126&lpg=PT126&dq=into
+the+gloss+ten+million+page+views&source=bl&ots=yilRPWW8Sn&sig=A
CfU3U0Y0CPWr8M6JS87mnmRtejfARRx7w&hl=en&sa=X&ved=2ahUKEwjiq
MnOm9DpAhVrkeAKHbP_D6kQ6AEwCXoECAoQAQ#v=onepage&q=in
to%20the%20gloss%20ten%20million%20page%20views&f=false.

15 Staff of Entrepreneur Media, *Entrepreneur Voices on Growth Hacking*.

16 Anthony Noto, "Kirsten Green's Forerunner Ventures raises $350M," *Business Journals*, October 9, 2018, accessed September 2, 2020, https://www.bizjournals.com/bizwomen/news/latest-news/2018/10/kirsten-greens-forerunner-ventures-raises-350m.html.

17 Bridget March, "Glossier is now valued at more than $1.2 billion," *Harper's Bazaar*, March 20, 2019, accessed September 2, 2020, https://www.harpersbazaar.com/uk/beauty/make-up-nails/a26881951/glossier-valuation-unicorn/.
Lawrence Ingrassia, "Meet the Investor Who Bet Early on Warby Parker, Glossier, and Dollar Shave Club," Medium, February 13, 2020, accessed August 26, 2020, https://marker.medium.com/meet-the-investor-who-bet-early-on-warby-parker-dollar-shave-club-and-glossier-9809fc9ea1e.

18 Polina Marinova, "Stitch Fix CEO Katrina Lake joins the board of beauty products company Glossier," *Fortune*, June 26, 2018, accessed September 2, 2020, https://fortune.com/2018/06/26/katrina-lake-stitchfix-glossier/.

19 Masters of Scale, "The Reid Hoffman Story (Part 2) Make Everyone a Hero," https://mastersofscale.com/wp-content/uploads/2019/02/mos-episode-transcript-reid-hoffman-part-2.pdf.

20 Penelope Burk, *Donor-Centered Fundraising, Second Edition* (Chicago: Cygnus Applied Research Inc., 2018), https://cygresearch.com/product/donor-centered-fundraising-new-edition/.

1 Hunter Walk, "Do it in real time: Practicing your startup pitch," *Hunter Walk* (blog), July 25, 2019, accessed September 2, 2020, https://hunterwalk. com/2019/07/25/do-it-in-real-time-practicing-your-startup-pitch/.

2 Life Healthcare, Inc. (form S-1 registration statement, U.S. Securities and Exchange Commission, January 3, 2020), accessed September 2, 2020, https://www.sec.gov/Archives/edgar/data/1404123/000119312520001429/ d806726ds1.htm.

3 Melia Robinson, "After trying One Medical, I could never use a regular doctor again," *Business Insider*, January 28, 2016, accessed January 29, 2020, https://www.businessinsider.com/what-its-like-to-use-one-medical- group-2016-1#the-freedom-to-easily-see-a-doctor-in-40-locations- nationwide-makes-one-medical-group-the-best-practice-ive-ever- used-22.

4 "The World's 50 Most Innovative Companies 2017," *Fast Company*, accessed September 2, 2020, https://www.fastcompany.com/most-innovative- companies/2017/sectors/health.

5 Esther Perel, "The secret to desire in a long-term relationship," TEDSalon NY 2013, https://www.ted.com/talks/esther_perel_the_secret_to_desire_ in_a_long_term_relationship/transcript?language=en#t-247887.

6 "The Tim Ferriss Show transcripts: Episode 28: Peter Thiel (show notes and links at tim.blog/podcast)," 2017-2018, accessed September 2, 2020, https://tim.blog/wp-content/uploads/2018/07/28-peter-thiel.pdf.

7 "Charlie Munger on Getting Rich, Wisdom, Focus, Fake Knowledge and More," https://fs.blog/2017/02/charlie-munger-wisdom/.

8 "Obama 4: Wait Your Turn," from *Making Obama*, Chicago Public Media, March 1, 2018, accessed September 2, 2020, https://www.wbez.org/ stories/obama-4-wait-your-turn/34d62aec-cd06-49bc-86a6- 4cdf33766055.

9 John Sepulvado, "Obama's 'overnight success' in 2004 was a year in the making," OPB, May 19, 2016, accessed September 2, 2020, https://www.opb.org/news/series/election-2016/president-barack-obama-2004-convention-speech-legacy/.

10 Jodi Kantor and Monica Davey, "Crossed Paths: Chicago's Jacksons and Obamas," *New York Times*, February 24, 2013, accessed September 1, 2020, https://www.nytimes.com/2013/02/25/us/politics/crossed-paths-chicagos-jacksons-and-obamas.html.

11 "Obama 1: The Man in the Background," from *Making Obama*, Chicago Public Media, February 8, 2018, accessed September 2, 2020, https://www.wbez.org/stories/obama-1-the-man-in-the-background/52566713-83d4-4875-8bb1-eba55937228e.

제7단계 '나'를 내려놓을 때 비로소 길이 드러난다

1 "George P. Schaller, PhD: Wildlife Biologist and Conservationist," Biography, Academy of Achievement, accessed August 20, 2020, https://achievement.org/achiever/george-b-schaller-ph-d/.

   "Jack Kornfield: Awakening the Buddha of Wisdom in Difficulties," accessed August 28, 2020, https://jackkornfield.com/awakening-buddha-wisdom-difficulties/.

   Jack Kornfield, *A Lamp in the Darkness: Illuminating the Path Through Difficult Times* (Sounds True, 2014).

2 "Pizza trivia," Pizza Joint website, accessed September 2, 2020, https://www.thepizzajoint.com/pizzafacts.html, and Packaged Facts, New York.

3 Yoni Blumberg, "Domino's stock outperformed Apple and Amazon over 7 years—now it's the world's largest pizza chain," CNBC, March 1, 2018, accessed January 30, 2020, https://www.cnbc.com/2018/03/01/no-point-1-pizza-chain-dominos-outperformed-amazon-google-and-apple-stocks.html.

4   Parmy Olson, "Inside The Facebook–WhatsApp Megadeal: The Courtship, The Secret Meetings, The $19 Billion Poker Game," *Forbes*, March 4, 2014, accessed August 20, 2020, https://www.forbes.com/sites/parmyolson/2014/03/04/inside−the−facebook−whatsapp−megadeal−the−courtship−the−secret−meetings−the−19−billion−poker−game/#2a3c0945350f.

5   Peter Kelley, "The King's Speech mostly true to life, UW expert on stuttering says," *UW News*, January 12, 2001, accessed January 28, 2020, https://www.washington.edu/news/2011/01/12/the−kings−speech−mostly−true−to−life−uw−expert−on−stuttering−says/.

6   "Charges baby food maker utilized scare tactics," *Standard-Speaker* (Hazleton, Pennsylvania), January 10, 1976, p. 8, accessed September 24, 2020, https://www.newspapers.com/clip/23773011/.

7   Adam Braun, *The Promise of a Pencil* (New York: Scribner, 2014), 122 – 123.

나가며 '언젠가'가 아닌 '지금'이라는 게임을 하라

1   "Airbnb statistics," iProperty Management, last updated March 2020, accessed September 1, 2020, https://ipropertymanagement.com/research/airbnb−statistics.